ciel



Kadaré, … (mais en existe-t-il d'au… uelques années, n'a jam… ation, que d'un sujet un… a donc, dans les neuf nou… *iel et autres récits*, parler encore une fois de son pays et … e la voix de son peuple pour dresser le patient entrelacement de ses aventures, de ses humiliations et de ses révoltes. Sans oublier, bien entendu, le courage, la ténacité, l'endurance de ces paysans et montagnards albanais aussi irréductibles que le sol de granit qui les porte, cette étroite bande de terre coincée entre la Yougoslavie et la Grèce, en bordure de l'Adriatique, et qui a connu au cours des siècles le joug de tant d'envahisseurs : Grecs, Romains, Byzantins, Turcs et Italiens ! Les voilà donc, les thèmes chers à Kadaré : l'oppression, la tyrannie, la violence des lois tribales, la rupture avec « le grand frère soviétique » puis avec la Chine, les mille et une souffrances de la vie quotidienne !

L'écrivain ne parle donc que de l'Albanie. Mais attention ! Il le fait à la manière d'Homère qui, en ne parlant que de la Grèce, maîtrisait aussi le temps et l'Histoire. Kadaré de son côté veut hisser le particulier au rang de l'universel et dégager les fondements métaphoriques de l'humanité. N'est-ce pas au juste le propre de tout écrivain ? Rien d'étonnant à ce que son recueil de nouvelles s'ouvre sur le vieux mythe grec de Prométhée, un mythe revisité par lui, adressé « *à tous les vrais révolutionnaires du monde* », et dont la morale ne laisse pas d'être énigmatique. Faut-il y voir une sorte de mise en garde en faveur des libertés toujours à conquérir ou d'appel à la vigilance contre les bourreaux ou les victimes qui finissent par les chérir ? Prométhée enchaîné au sommet du mont Caucase est depuis trois jours abandonné par son aigle. Le soulagement du géant est de courte durée quand il constate avec angoisse que son foie sans cesse renaissant s'enfle démesurément jusqu'à l'envelopper de la tête aux pieds. Au bord de l'asphyxie, il aperçoit l'aigle tant désiré. « *Et quand, en un choc puissant et sourd, le bec alla de nouveau se fourrer dans le creux de son foie, il se dit alors : “ Enfin, je suis sauvé ! ”* »

Kadaré situe « La caravane des féredjés », la seconde de ses nouvelles, durant l'occupation turque. Sur l'ordre du sultan, des milliers de voiles noirs, destinés à recouvrir la tête et le visage des femmes, sont distribués aux confins occidentaux de l'Empire ottoman, c'est-à-dire en Albanie. Le fonctionnaire musulman chargé de cette tâche funèbre devient fou de désespoir en imaginant le long rideau sombre, aussi lourd qu'une chape de plomb, qu'il a ainsi déployé sur ce pays jadis libre et joyeux. « *On avait déjà connu des éclipses de soleil, des éclipses de lune, et voilà qu'on assistait maintenant à un troisième phénomène de cet ordre : l'éclipse des femmes. La terre entière en demeurait saisie d'étonnement.* »

*(Suite au verso.)*

L'Albanie sous la domination turque inspire encore « La commission des fêtes ». A l'occasion d'une amnistie générale en faveur des chefs albanais le sultan a organisé une gigantesque fête. Mais la « réconciliation » n'est qu'un piège sanglant. Une fois réunis dans l'enceinte de l'hippodrome, les Albanais sont tous impitoyablement massacrés.
D'une façon générale, les épisodes tragiques des quatre siècles de domination ottomane dans les Balkans obsèdent Kadaré au point qu'il leur a consacré une grande partie de son œuvre. Deux livres comme *Le Pont aux trois arches* ou *La Niche de la honte* en donnent de bons exemples. Né en 1936, Kadaré a pu lui-même connaître et interroger les témoins de cette occupation qui devait durer jusqu'en 1912, et recueillir ainsi une multitude de renseignements. Mais au-delà de la mémoire politique de son peuple, l'écrivain a toujours pris en compte ses légendes, ses ballades, ses épopées, ses chansons de geste, bref ce patrimoine que des générations se transmettent et qui fonde l'imaginaire, c'est-à-dire l'identité d'un pays.
Tout bascule avec le dernier récit qui donne son titre au recueil : « L'invitation à un concert », chef-d'œuvre d'humour noir où Kadaré donne libre cours à sa verve et à son goût pour la farce et la bouffonnerie (il a d'ailleurs repris le même sujet dans son roman *Le Concert*). Skender Bermena, un écrivain albanais, va assister à Pékin à un grand concert. Chaque invité se prépare pour la soirée. Skender Bermena relit ses notes sur l'histoire burlesque de l'amitié sino-albanaise. L'œil ironique et impitoyable de Kadaré se glisse pendant ce temps dans la chambre de Zhou Enlai qu'il surprend, planté devant son miroir, le teint cireux, presque aussi malade que Mao lui-même, puis chez Pol Pot le maître du Cambodge et Juan Maria Kohn le maoïste franco-espagnol... Tous attendent le message que l'on dit caché dans le pas d'une danseuse et qui se rattacherait, dit-on, à la mort imminente de Mao et au choix de son successeur. Le concert officiel de cette Chine d'opérette se termine en mascarade grotesque et en farce sinistrement grandiose. L'Histoire est bien un cauchemar dont Kadaré ne finit pas de s'éveiller.

Nicole Chardaire

*Paru dans Le Livre de Poche :*

LE GÉNÉRAL DE L'ARMÉE MORTE.
AVRIL BRISÉ.
QUI A RAMENÉ DORUNTINE?

ISMAÏL KADARÉ

# Invitation à un concert officiel et autres récits

TRADUIT DE L'ALBANAIS PAR
JUSUF VRIONI ET ALEXANDRE ZOTOS

FAYARD

## PROMÉTHÉE

*A tous les vrais révolutionnaires du monde*

CELA faisait trois jours que l'aigle n'était pas venu lui manger le foie, contrairement à son habitude. Pour la première fois au bout de dix mille ans, la terrible douleur lui était épargnée et son corps adossé à la paroi du rocher goûtait ce répit. Le sommeil le trouvait enfin.

« Quelqu'un a dû intervenir auprès de Zeus », songea-t-il nonchalamment.

Le quatrième jour, il s'aperçut que son foie commençait à grossir et à lui peser sur le côté gauche du ventre. A l'endroit même où, jusque-là, l'aigle piquait son bec, il sentait à présent une masse amorphe, douce et indolore, qui enflait peu à peu et débordait sur tout son corps.

Ses muscles qui, jour après jour, avaient dû se bander contre la souffrance, s'amollissaient et se relâchaient maintenant, comme engourdis par le sommeil.

« Qu'arrive-t-il donc ? se demanda-t-il le cinquième jour, comme réveillé soudain d'un cauchemar. Où donc est passé l'aigle ? Pourquoi ne vient-il pas ? »

Le foie, maintenant, avait gonflé jusqu'à rebondir sur lui comme une volumineuse éponge, souple et agréable au toucher.

Le sixième jour, il sentit la masse flasque l'envelopper tout entier.

« Si l'aigle ne revient pas, c'est ma mort assurée », pensa-t-il, l'esprit en révolte. Il se voyait condamné à mourir de la molle paix qui lui était imposée.

Jamais de sa vie il n'avait accepté le moindre compromis. Nombreux étaient ceux qui avaient voulu le réconcilier avec Zeus, mais ces tentatives n'avaient essuyé que dédain de sa part.

« Qui a osé s'entremettre à nouveau pour moi? » tonnait sa voix.

Personne ne passait alentour qui pût l'entendre. Une écharpe de brume s'étirait devant lui. Au-delà, la pluie s'était mise à tomber.

Le septième jour, il crut apercevoir au loin les ailes déployées de l'aigle qui revenait vers lui. Mais non, ce n'était pas son aigle. C'était un avion de tourisme qui volait lentement au-dessus des montagnes.

Il laissa retomber sa tête sur sa poitrine et, stoïquement, attendit la mort. Mais à l'instant même où la flamme de ses yeux allait s'éteindre, il distingua au loin, très loin là-bas, entre deux nuages, la petite tache noire qui se dirigeait sur lui, grossissant de plus en plus au fil de son approche.

Il leva la tête et, tous muscles tendus, se prépara à recevoir le terrible coup de bec. Et quand, en un choc puissant et sourd, le bec alla de nouveau se fourrer dans le creux de son foie, il se dit alors : « Enfin, je suis sauvé! »

De gros nuages noirs couraient au-dessus de sa tête, comme de gigantesques corbeilles chargées de brume, de grondements de tonnerre et d'électricité.

*Traduction d'Alexandre Zotos*

# LA CARAVANE DES FÉREDJÉS

## *Islamo nox*

### 1

JAMAIS, dans ses précédents voyages, Hadji Milet n'avait reçu autant de vœux de bonne route qu'en ce début de septembre, alors qu'il s'apprêtait à gagner le pays des Balkans. Cela faisait des années qu'il travaillait comme caravanier auprès du service d'Intendance du palais du Sheh-ul-Islam, et il était maintenant rompu à ces missions dans les zones les plus reculées de l'Empire. Il transportait toutes sortes de fournitures, depuis de vieux tapis de laine qu'on avait retirés des mosquées de la capitale, parce que trop usés, et que l'on destinait à des mosquées de province, aux exigences plus modestes, jusqu'à ces tentures portant des inscriptions coraniques qu'il allait livrer dans certains bourgs ou villages perdus, voire des camps militaires, lesquels, selon des rapports d'inspection, ou même des lettres anonymes, possédaient cet article en quantité insuffisante, quand il ne faisait pas complètement défaut.

Pourtant, si habitué qu'il fût à ces expéditions et aux sentiments divers qui les accompagnaient,

Hadji Milet n'en ressentait pas moins une sorte de trouble à la veille de ce voyage dans la péninsule balkanique. Ce n'était pas du fait qu'il n'avait jamais foulé ces contrées de l'Empire; non, la raison était autre. Elle tenait peut-être à la nature du chargement qu'il devait transporter (une immense quantité de féredjés[1] dont on allait voiler les femmes de ces pays), à quoi s'ajoutaient tous les murmures qui lui étaient parvenus à ce sujet durant le temps des préparatifs.

Il s'efforçait parfois de ne plus penser à tout cela. C'était là une mission comme toutes les autres et le chargement en question ne différait en rien des habituels empilements de tapis de prière, des tenues de prêtres et autres objets qu'il avait acheminés en tous lieux des dizaines de fois avec sa caravane de mules. Il parvenait ainsi à se persuader du caractère tout à fait ordinaire de ce voyage, jusqu'au moment où lui revenaient à l'esprit ces interminables vœux de « bonne route » que les gens lui adressaient – et alors renaissait l'idée que ce voyage ne ressemblait, en effet, à aucun autre, ce dont il n'était pas le seul à se rendre compte, puisque tous ces gens, apparemment, le pressentaient aussi; telle était l'unique raison du nombre soudain accru de ceux qui, en cette occasion particulière, lui souhaitaient bonne route.

Tout cela s'agitait vaguement dans sa tête au moment où Hadji Milet retirait son chargement au dépôt central de l'Intendance. C'était là une livraison de poids : presque un demi-million de féredjés enroulés et tassés dans des ballots qui portaient chacun le nombre de pièces contenues à l'intérieur. D'une voix monotone, le chef magasinier

1. *Féredjé :* sorte de voile ou capuche qui recouvrait la tête et le visage. Le mot est d'origine turque. (*N.d.T.*)

énonçait les chiffres entre ses dents, tandis que son regard faisait le va-et-vient entre les ballots que l'on chargeait et le registre des factures qu'il tenait entre les mains.

Un demi-million, se dit Hadji Milet. Comment avaient-ils pu en rassembler de telles quantités en un temps si court ?

Il avait entendu dire qu'en dix villes au moins de l'Empire, tous les métiers à tisser auxquels travaillaient les femmes avaient été mobilisés pour cette seule tâche, et ce durant tout l'été. Et l'on disait aussi qu'un murmure chargé de malveillance avait accompagné le coupage et le piquage de ce drap noir dont on fabriquait les féredjés. Elles pouvaient bien souffrir à leur tour, ces demoiselles des Balkans et des pays d'Europe ! Elles avaient eu jusqu'ici le visage découvert, et peut-être même avaient-elles ri de ce masque qui couvrait le leur. Mais leur heure était arrivée. Elles avaient assez longtemps gambadé comme des juments folles, elles allaient comprendre enfin ce qu'il en est d'avoir le visage pris sous un féredjé !

C'est là ce que racontaient les uns. Mais d'autres venaient les démentir. Peu nombreuses, selon eux, avaient été les femmes qui avaient ainsi laissé éclater leur dépit. La plupart avaient poussé des soupirs pleins de compassion pour ces femmes et filles des Balkans : « Les malheureuses, voici venu leur jour fatal... »

Hadji Milet s'était appliqué à détourner son attention de tous ces bruits qui se chuchotaient. Jamais, du reste, il n'avait songé qu'il pût exister des femmes au visage dévoilé. C'était comme d'imaginer le monde livré au seul cycle des jours, sans les nuits. Or c'est ainsi qu'Allah avait conçu le monde, moitié jour et moitié nuit. Et de même, il avait partagé le genre humain en deux moitiés, l'une sans voile, l'autre sous le voile.

De fait, Hadji Milet avait toujours ignoré que, dans certaines parties de l'Empire, des femmes sortaient dans la rue sans porter de féredjé, et cette découverte l'avait même plutôt ébranlé. Mais un de ses amis, assez bien informé des affaires de l'État, l'avait alors rassuré en lui expliquant que l'annexion de ces territoires était toute récente et que l'autorité impériale venait donc à peine d'y prendre racine. C'est ce même ami qui l'avait mis au fait de la lutte qui avait opposé, ces derniers mois, le clan des Urajt[1] au Sheh-ul-Islam, précisément à propos de cette affaire des féredjés. Comme toujours, cette puissante famille des Urajt s'était heurtée à la personne du Sheh-ul-Islam en se déclarant hostile au « féredjéfirman »; toutefois, l'influence des Urajt était alors quelque peu sur son déclin puisqu'ils venaient de perdre, cette même année, le poste de grand vizir; aussi durent-ils s'avouer vaincus dans cet affrontement. Le Sheh-ul-Islam, à ce que l'on disait, voyant que le vent soufflait en sa faveur, s'était tourné, lors d'une réunion du divan, vers les frères Urajt – les deux vizirs du cabinet précédent – et, faisant allusion à leur origine albanaise, leur avait déclaré, non sans une pointe d'ironie empoisonnée : « Ne pleurez pas sur le sort de vos rieuses petites Albanaises. Comme toutes les autres filles des Balkans, elles seront sauvées de leur propre démon. Elles subiront le voile et deviendront très sages. »

Enfin le décret avait été promulgué en termes solennels, aussi sombres que ceux d'une commé-

1. *Urajt :* de *ura,* « le pont » en albanais. C'est le nom original de la famille plus connue dans l'histoire de l'Empire ottoman sous le patronyme turc de Köprulu. (*N.d.T.*)

moration funéraire : chaque femme et chaque fille des terres impériales qui s'étendaient à l'Occident, Albanaises, Grecques, Serbes, Roumaines, Bosniaques, Bulgares, Hongroises, auraient désormais le visage recouvert du féredjé dès leur treizième année accomplie, comme toute jeune fille de la foi musulmane.

Hadji Milet avait reçu ces nouvelles bouche bée. Ainsi donc allait le train des choses. L'Empire ne pouvait abriter deux sortes de lois, non plus que deux sortes de femmes.

Tout en songeant à nouveau à ces murmures de femmes devant leur métier à tisser, Hadji Milet suivait le relevé des chiffres sur les factures, tandis que le chef magasinier continuait à virevolter au milieu des ballots qu'il devait éviter à chaque pas. « Un demi-million ! » se dit-il, enflammé soudain d'un sentiment de fierté devant cette preuve de puissance qu'affichait l'État pour lequel il travaillait lui aussi, en sa qualité d'employé. Et dire que c'était là le premier contingent de la distribution ! D'autres convois le suivraient jusqu'au jour où cette vaste contrée de l'Empire – il en était arrivé à l'imaginer comme la partie honteusement dénudée d'un corps de femme –, jusqu'au jour, donc, où cette vaste contrée serait prise tout entière sous le drap.

## 2

Peu avant le lever du jour, Hadji Milet et sa caravane de mules avaient quitté la capitale. Il faisait un temps frais, presque froid. Le vent ne cessait de souffler, arrivant de la mer de Marmara.

Il marcha tout le jour sans faire halte nulle part,

afin d'atteindre le soir même Orman Tchiflik pour y passer la nuit. C'était une règle absolue imposée à tous les courriers ou fonctionnaires en déplacement vers les provinces d'Occident ou qui en rentraient : ils devaient faire halte en ce lieu pour une nuit. Nul ne savait le pourquoi d'une telle mesure et Hadji Milet ne songeait guère à se poser la question. Comme à tout fonctionnaire qui se rendait pour la première fois dans la partie européenne de l'Empire, on lui avait rappelé ce point du règlement, et il se l'était mis en tête sur-le-champ, car il n'était pas dans ses habitudes d'examiner dans le détail les prescriptions de l'État. Celle-ci, pourtant, avait de quoi étonner un peu : quelle que fût l'heure d'arrivée à Orman Tchiflik, il n'était pas question de poursuivre sa route sans y avoir fait cette halte d'une nuit. Ainsi, que l'on se trouvât de retour sur le coup de midi, que le courrier ou les documents transportés fussent de la plus haute importance, que l'on eût hâte de revoir les siens, et si proche que fût alors la capitale, il n'était pas permis de pousser plus loin sa route, pour être rentré le même jour. Non, il fallait d'abord attendre là, à Orman Tchiflik, jusqu'à l'heure du coucher, y passer la nuit et n'en repartir qu'au matin.

Chemin faisant, Hadji Milet s'était demandé plusieurs fois à quoi pouvait ressembler cet Orman Tchiflik, mais son humble esprit ne parvenait pas à se former d'autres images que celle d'un bois, comme le suggérait le nom même de l'endroit. De fait, en arrivant, il aperçut d'abord un bosquet dont la masse sombre se faisait plus opaque encore dans l'obscurité du soir tombant. Quelques lanternes allumées ici et là laissaient entrevoir ensuite des bâtiments à deux étages qui paraissaient inhabités. Un homme surgit sous une de ces lumières et alla au-devant d'Hadji Milet; il lui demanda qui il était et où il se rendait. Hadji Milet présenta alors ses papiers, que l'autre examina très attentivement, tout en promenant plusieurs fois son regard entre les chariots et les mules.

« C'est bon, dit-il à la fin. Tu n'as qu'à conduire tes mules là-derrière », et il indiqua le côté droit d'un geste de la main. « Quant à toi, tu dormiras là-bas. »

Hadji jeta un regard sur le bâtiment de briques rouges que l'homme lui désignait.

« Et après ? » demanda-t-il.

L'autre leva les sourcils, comme surpris de la question.

« Après ? Tu sais mieux que personne le travail qui t'attend. Tu reprends bien la route demain matin, n'est-ce pas ?

– Pour sûr, en effet, balbutia Hadji Milet, quelque peu décontenancé.

– Ainsi, te voilà parti pour un long voyage, à ce que j'ai pu voir. Dans les zones les plus dangereuses, on te fournira certainement une escorte.

– Vraiment ?

– C'est mon avis, car tu transportes là un précieux chargement, me semble-t-il.

– Ah oui, en effet !

– Mais que cela ne te donne nulle inquiétude ! Dans chaque pachalik, ils savent très bien les mesures qu'exige la sécurité des convois de l'État. Et maintenant, bonne nuit.

– Bonne nuit », répondit Hadji.

Il pensait qu'il aurait tôt fait de s'endormir, après les fatigues de la route, mais, curieusement, il n'en fut rien. Il se retourna longtemps dans son lit, et les brefs moments de sommeil qu'il parvint à trouver ne faisaient qu'appesantir sa fatigue de la veille, lui semblait-il... Il se leva une fois pour aller voir ses mules, à moitié dévêtu, mais il n'eut pas le temps d'arriver jusqu'à elles, car une voix sortie de l'ombre l'arrêta.

« Où vas-tu donc, aga ?

– Là derrière, pour voir un peu mes mules.

– Ne te fais pas de souci pour elles. L'endroit est des plus sûrs.

– Vraiment ? Eh bien, ma foi, tant mieux ! »

Il retourna dans sa modeste chambre, que la faible lumière d'une lampe à pétrole rendait plus triste encore. L'endroit est des plus sûrs, se répétait-il intérieurement, comme si la magie de cette phrase eût dû le livrer enfin au sommeil.

## 3

Paradoxalement, en dépit de cette nuit agitée, Hadji Milet se sentit un homme neuf au moment où il reprit la route, au point du jour. « C'est peut-être ce bois qui a pesé sur ma nuit », se dit-il, quand il eut laissé Orman Tchiflik derrière lui et se fut engagé avec son convoi sur la route du littoral. Bleu était le ciel, et bleue l'eau de la mer, qui se mariait à lui comme la doublure d'une étoffe de luxe. « C'est une belle journée qui commence », pensa Hadji Milet. Plus il s'éloignait d'Orman Tchiflik et plus il se sentait le cœur léger. Elles n'avaient pas tort, ces vieilles qui disaient que nulle ombre ne pèse comme celle des arbres.

Le soleil se leva au bout d'une étape déjà longue. Il avait vu plus d'un lever de soleil, au cours de ses voyages, mais aucun qui ressemblât à celui-ci. L'horizon se cribla de flèches d'or, et la mer, en guise de parade, se couvrit de mille plaques d'argent qui faisaient comme autant de petits boucliers dansant et miroitant à la surface des eaux. Bientôt tout s'embrasa en une vapeur rouge, au travers de laquelle roulait l'écume d'une lumière ardente qui, peu à peu, inonda le monde entier.

Hadji Milet se sentait le cœur en joie, libre de tout souci, d'une légèreté d'hirondelle. Ce n'est qu'au moment où sa caravane s'arrêta pour déjeuner, après deux heures de route, qu'il put reprendre le fil de ses pensées ordinaires, comme à chacun de ses voyages.

Il était encore très tôt quand il se remit en route. C'était un grand jour clair, sans la moindre trace de nuage aussi loin que le regard plongeât dans le ciel, lequel lui parut plus beau qu'en toute autre région de l'Empire. Or, il avait pensé tout le contraire jusque-là. Il s'imaginait, en effet, que plus on approchait des terres chrétiennes et plus l'aspect des choses devenait gris et froid.

« Il n'en est pas de plus beau au monde », se disait-il, les yeux perdus dans cet immense azur. Et soudain, il lui vint une de ces idées folles, vaines, qui surgissent parfois en nous de manière abrupte et importune : il se demanda quelle étendue de ciel on aurait pu recouvrir en cousant bout à bout tous les féredjés qu'il transportait dans ses ballots.

Cela le fit rire en lui-même, mais il voulut se libérer aussitôt de cette désolante image. Après un instant il aspira une grande bouffée d'air et dit en poussant un soupir de soulagement : « Quel bonheur ! »

Quel bonheur, en effet, que ces féredjés ne dussent servir à voiler ni le ciel ni la mer, ni aucune des beautés que renfermait ce monde. Car autrement... « Autrement, quoi ? » se reprit-il. Pourquoi ruminait-il de telles sottises ? Et pourtant, malgré qu'il en eût, il ne parvenait plus à effacer de devant ses yeux la vision d'un homme – lui-même, en l'occurrence – traînant après lui un drap immense, long et pesant rideau noir dont il allait recouvrir les plaines et les lacs des pays traversés où chacun le maudissait dans son dos, comme on maudit le diable.

## 4

Au seuil du pays des Balkans, Hadji Milet aperçut au loin les montagnes sous la neige qui dressaient leurs pointes acérées, d'une teinte de bleu qu'on ne connaissait pas ailleurs. Il en était à son sixième jour de marche quand il remarqua, tout là-bas, au-dessus de la route, les premiers bourgs, si différents, par leur aspect, de ceux de l'autre partie de l'Empire. Il ne put s'expliquer d'où lui venait le sentiment d'alarme et d'inquiétude qui le saisit alors. Un peu plus loin, il vit se profiler les premiers clochers d'églises, et la réponse le frappa aussitôt : c'était ces édifices surmontés d'une croix qui répandaient dans l'air le trouble dont il s'était senti pénétré. Il avait entendu dire que le Sultan-Empereur, dans sa haute bonté, avait autorisé les chrétiens des pays conquis à conserver leur culte et leurs coutumes, mais jamais il ne s'était avisé que leurs églises pussent se dresser ainsi au grand jour, offertes à tous les regards, avec cette croix qui scintillait à leur sommet.

Puis il distingua les minarets qui s'élançaient de même, face aux églises, et cette vue lui remit quelque peu le cœur en place. Comparés à ces vieilles églises aux murs noircis par le temps, les minarets fraîchement bâtis brillaient de toute la blancheur de leurs pierres finement ciselées. « Par Allah, on dirait de jeunes mariées ! » s'exclama en lui-même Hadji Milet, transporté de ferveur. L'esprit du grand Padichah avait su pourvoir à toute chose. A portée de chaque église, il avait fait ériger une mosquée afin que la jeune mariée fût mise en regard de la vieille carcasse, en attendant le jour où il déciderait de l'abattre. « Hé ! Hé ! Affaires d'État que tout cela », se dit Hadji Milet. Et de ces affaires, il n'avait pas à se soucier jusqu'à s'en rendre malade. Il y avait des fonctionnaires appointés qui pensaient à tout, à qui rien ne pouvait échapper.

Ainsi se disait-il pour se conforter, mais sans pouvoir chasser un doute ultime qui ne cessait de le ronger au fond de lui-même : et si par hasard ces églises bossues, ces sorcières décrépites, venaient à assaillir les minarets ? Suffit ! grognait-il au bout d'un moment, et il se mettait à siffler un air quelconque pour dissiper ces mauvaises pensées. Hadji Milet était un homme simple, sans instruction, qui n'avait jamais lu le moindre livre; aussi ses accès de perplexité ne duraient-ils jamais longtemps.

Le lendemain, un incident se produisit qui lui fit complètement oublier la menace de ces églises. Pour la première fois de sa vie, il vit de ses yeux des femmes d'une autre nation que la sienne, au visage non voilé.

Cela se passa à midi. Fort assoiffé, il attendait depuis pas mal de temps de rencontrer quelque ruisseau ou une source pour s'y désaltérer et abreuver aussi ses mules. Les voix des femmes lui arrivèrent d'abord de loin, sans l'intriguer outre mesure. Dans chaque village et chaque ville de l'Empire, l'air était plein de voix de femmes, et il se figurait même que les musulmanes, sous le bâillon du féredjé, avaient tendance à élever la leur plus qu'il ne convenait. Mais ce qui lui causa le plus grand étonnement de sa vie, ce fut leur comportement, lorsqu'il les vit enfin. Rassemblées autour d'une grande fontaine à plusieurs bouches, elles faisaient leurs provisions d'eau tout en riant et en plaisantant. Hadji Milet se figea sur place : des femmes et des filles qui toutes avaient une coiffure différente, un bout de jambe et le cou découverts, et, chose plus étrange encore, dont rien ne dissimulait les yeux!

« Grand Dieu! » s'exclama-t-il intérieurement, en un cri d'admiration craintive où perçait aussi le repentir immédiat du pécheur. « Des yeux de femmes! se répéta-t-il à deux ou trois reprises, comme pour bien se convaincre de ce qu'il voyait. Des yeux de femmes et de jeunes filles! » Il n'était pas préparé à ce spectacle et il se sentit incapable de le soutenir plus longtemps. Ces yeux changeaient la face du monde. C'était comme de se réveiller et de trouver le matin éclairé de deux soleils : un grand soleil – celui que nous connaissons tous – et un autre qui avait éclaté en des milliers et des milliers de perles incrustées deux à deux sur le front des femmes.

Comme envoûté, il ne parvenait plus, malgré sa gêne, à détacher son regard de ces yeux-là. C'est donc ainsi qu'elles étaient, les filles des Balkans! Le murmure austère et sombre des femmes au teint basané de son pays arrivait peu à peu jusqu'à lui, tel un nuage lourd, réveillant sa mémoire. Mais il s'éfforçait de le maintenir à distance, afin qu'il ne vînt pas brouiller l'éclat de ces cheveux couleur noisette. « Ô Allah! » soupira-t-il à nouveau. On connaissait le mariage du jour et du soleil, de la lune et de la nuit, mais il y avait désormais autre chose : le jour marié à des yeux de femmes. Et c'était le premier jour de cette sorte qu'il vivait... Plusieurs autres suivraient, vingt, trente, autant que dureraient ce voyage puis la route du retour –

après quoi, il n'y aurait plus rien. La nuit serait tombée.

Comme dans un rêve, Hadji Milet s'approcha de la fontaine et les femmes s'aperçurent de sa présence. Il les entendit pousser des cris d'affolement, parmi lesquels il ne put saisir que le mot « Turc ». On lui avait déjà dit que les femmes et les filles de ces contrées se prenaient de panique à la seule vue des militaires ou fonctionnaires de l'État ottoman.

Il s'immobilisa à l'endroit où il était, comme un homme véritablement navré d'avoir effrayé une nichée d'oiseaux. Il voulut leur adresser un sourire, et il dut en ébaucher un, en effet, puisque deux ou trois des femmes osèrent le regarder sans plus manifester de peur. Presque aussitôt, elles se remirent à parler entre elles dans cette langue qu'il ne connaissait pas – le grec ou l'albanais, peut-être, car à l'auberge où il avait passé la nuit précédente, on lui avait appris que cette zone-là était partagée en villages grecs et albanais.

« Turc, Turc », les entendait-il se répéter l'une à l'autre. Tous ces mots signifiaient peut-être : « Voyez donc ce Turc qui se tient là-bas ! » ou bien : « Vite, partons d'ici, le Turc nous regarde. » Mais non, elles ne disaient pas cela, car le fait d'être regardées par un homme n'était pas pour elles chose inhabituelle.

« Allah ! Allah ! » s'exclama encore Hadji Milet en son for intérieur. Quel était donc ce monde où les regards dansaient librement, ceux des hommes comme ceux des femmes, balayant le même espace, se tolérant les uns les autres, comme il arrivait justement en cet instant où ses yeux à lui, d'un noir de café, se mêlaient à la clarté de ces yeux de femmes ? Il jeta un regard en coin, machinalement, sur sa caravane arrêtée à deux pas de lui. C'était ce convoi-là qui réglerait la question et remettrait les choses en ordre, comme l'avait déclaré quelqu'un la veille de son départ. On disait même que tels avaient été les mots dont s'était servi le Sheh-ul-Islam pour saluer cette caravane. La caravane du salut.

A peine Hadji Milet eut-il ramené son regard sur la fontaine qu'il oublia ces sombres propos. Il esquissa un autre sourire, comme un homme qui cherche à s'excuser d'une légère faute, puis, d'un pas hésitant, comme s'il marchait sur du verre, il avança jusqu'à la fontaine. Aucune des filles et des femmes qui se trouvaient là ne manifesta la moindre peur. Il était sans arme, d'un aspect on ne peut moins menaçant, et la caravane qu'il conduisait ne faisait qu'accentuer cet air inoffensif. Elles s'écartèrent de l'une des bouches d'eau, et comme il se penchait pour boire, l'une d'elles lui tendit sa cruche. Il remarqua sa jeunesse et ses yeux clairs, et faillit laisser échapper la cruche qu'il recevait de ses mains, tant il en éprouva une forte émotion.

« Merci à vous », dit-il, après avoir bu, en s'inclinant devant la jeune femme. Celle-ci reprit la cruche qu'il lui présentait du bout de ses doigts tremblants et lui répondit d'un franc sourire. Et toutes les autres lui sourirent à leur tour. Hadji Milet se sentit devenir léger, léger, comme si son être eût participé de l'air même qu'il respirait. Il ne parvenait toujours pas à détacher ses yeux de leurs visages et l'envie le prit de crier : « Souriez, souriez encore, par la grâce de Dieu, ne m'abandonnez pas ! » Et il eut véritablement l'impression, alors, que si elles cessaient de sourire, il serait aussitôt happé par les ténèbres. Mais cela ne dura qu'un instant. Les femmes et les filles se mirent bientôt à remuer la tête, chacune déplaçant son regard ici ou là, mais leurs sourires restaient comme suspendus tout autour de lui.

Par signes, elles invitèrent Hadji Milet à se rafraîchir le visage directement à l'eau de la fontaine, puis s'abandonnant à une gaieté naturelle, s'intéressèrent aux mules qui s'étaient approchées du ruisselet alimenté par la fontaine pour se désaltérer.

« Si seulement vous saviez, vous autres, ce qu'elles portent sur le dos, ces braves mules ! » Cette réflexion amère le traversa soudain, comme un éclair noir, mais il la chassa aussitôt de son esprit.

Si peu instruit qu'il fût des choses de ce monde, Hadji Milet comprit néanmoins qu'il ne pouvait s'attarder outre mesure au milieu de cet enchantement. Il lui fallait s'en éloigner, maintenant, pour ne pas se rendre importun et pour éviter, justement, que le charme vînt à se rompre par sa faute.

Il se rafraîchit à nouveau le visage, s'essuya de son mouchoir, et, après avoir fait quelques pas en arrière, s'inclina devant ces femmes dans une attitude pleine de respect et de reconnaissance. Celles-ci lui firent d'autres sourires et, tout en hochant la tête, lui adressèrent les propos les plus gais du monde – des vœux de bonne route, à n'en pas douter.

Hadji Milet n'avait jamais éprouvé un tel bonheur de sa vie. Il lui sembla en cet instant que le monde venait de renaître, lavé dans une lumière de larmes qui baignait toute la création. En dépit de ses trente ans passés, il n'avait jamais connu l'amour, comme la plupart des hommes et des jeunes gens de son pays. Suivant l'exemple de chacun, il s'était marié à la faveur d'une entremise familiale, après quoi il avait engendré deux enfants, et tout s'arrêtait là. Ce n'était pas cela, bien sûr, qui pouvait s'appeler l'amour. L'amour, c'était quand la femme était libre de promener son regard en tout lieu, et quand, de tout ce qu'elle avait vu sur la terre, elle ne choisissait que vous.

Hadji Milet se sentait encore plein d'ivresse. Pas de doute qu'il était tombé amoureux de ces jeunes grâces des Balkans. De sa vie il n'avait été aussi délicieusement regardé, et par les yeux de tant de femmes. Il sentait bien que depuis cette rencontre, le monde n'était plus ce qu'il avait été. Des femmes lui avaient souri, à lui, Hadji. Elles ne l'avaient pas trouvé sans charme...

Hadji Milet éprouva là-dessus un irrépressible besoin de chanter à tue-tête. Seule, autour de lui, s'étendait la grève déserte, et il pouvait donc s'égosiller à loisir. Ce qu'il fit, en effet. Il laissa éclater sa voix sous la voûte du ciel, affolant les mules par l'écho soudain de cette mélopée. C'était un chant traînant, langoureux, dont il avait oublié les paroles, mais cela n'importait guère. Il leur substituait des paroles de son cru, ou, plus exactement, ces deux seuls mots qu'il répétait indéfiniment :

« *Dynja, sevda... Dynja, sevda*[1]... »

Il chanta ainsi jusqu'à ce que sa voix commençât à s'enrouer. Alors il regarda encore une fois derrière lui, mais la fontaine n'était plus visible maintenant. Pour sûr, il se souviendrait de cet endroit ! Et qui sait même si, au retour, il n'y retrouverait pas ces mêmes femmes et ces mêmes filles avec leurs cruches ? Mais il repensa alors aux féredjés, et l'idée qu'il les reverrait peut-être le visage masqué l'assombrit aussitôt. Toutefois, ce dépit ne

1. « Le monde, l'amour... » : mots turcs qui ont subsisté en albanais (archaïsmes). (*N.d.T.*)

dura pas longtemps. Car ce lumineux souvenir qu'il emportait avec lui ne pouvait s'éteindre aussi vite; et puis, il pouvait espérer que d'ici à son retour, les féredjés n'auraient pas été distribués jusqu'en cette contrée, si jamais, par exemple, les quantités fournies se révélaient insuffisantes; il retrouverait alors, telle qu'il l'avait laissée, cette fontaine du bonheur.

Hadji Milet se sentit de nouveau le cœur à chanter, mais il vit se profiler au loin les coupoles d'une cité. Ce devait être la ville principale du pachalik où il devait livrer un premier lot de féredjés. De sa main gauche il tâta la poche où il transportait les factures et les bordereaux de livraison, et, au lieu du chant qui aurait voulu s'échapper de sa poitrine, il exhala un profond soupir.

## 5

Il avait déjà traversé sept villes et onze autres l'attendaient. Après les livraisons des étapes précédentes, une partie de ses mules n'avaient plus rien à porter. Le temps avait changé. Il s'était refroidi, et plus froids encore semblaient à Hadji Milet les dépôts où il devait faire halte des heures durant pour la remise des féredjés. Il lui venait des picotements aux yeux à force de feuilleter et refeuilleter les factures, tandis que les magasiniers, l'œil soupçonneux, contrôlaient et recontrôlaient chaque numéro de référence, chaque quantité indiquée et tous autres détails qui demandaient vérification.

« Quel pays! » soupirait-il. Il lui pesait moins de faire cent lieues de route que d'avoir à s'expliquer avec ces magasiniers à la mine rébarbative.

A chaque fois qu'il se trouvait libre de repartir, il poussait un « ouf! » de soulagement. Et quand, à l'occasion, il avait du temps devant lui, il en profitait pour parcourir un peu les rues de ces villes inconnues où il avait dû faire étape. Il y voyait partout des femmes, aux carrefours, aux portes des maisons, sur la place du marché. Il les regardait d'un œil trouble en rougissant. A la différence des femmes et des filles rencontrées à la fontaine, celles-ci faisaient naître en lui un sentiment mêlé, incertain. La même euphorie l'habitait encore, bien sûr, mais elle cédait vite le pas à une nervosité inexplicable. Il avait l'impression de les aimer et de les haïr en même temps, sans pouvoir lui-même déceler la cause de cette confusion.

« Pauvres de vous! Infortunées que vous êtes! Petits oiseaux que le destin a frappés! » se disait-il, le cœur gros de chagrin. Et souvent il passait incontinent de cette triste compassion à un mouvement de rage aveugle et sourde qui noircissait son regard.

« Aucune n'en réchappera, pas une seule, pensait-il, remâchant son dépit. A partir de treize ans, toutes, sans exception, vous serez prises sous le drap. » Une sueur froide lui inondait le front et il se répétait : « Je ne suis pas bien, pas bien du tout. C'est la première fois que je me trouve dans cet état. »

Mais il n'était pas le seul en proie à cette agitation. Une sorte de vent de folie soufflait en avant de la caravane. La rumeur annonçant son arrivée voyageait bien plus vite qu'elle, la précédait dans les cités détrempées par les pluies, bruissait dans les vieilles cheminées et tirait les hommes de leur sommeil comme des feuilles que l'air soulève du sol.

Cela faisait plusieurs mois que le « féredjé-firman » avait été publié, mais ce n'est qu'avec l'arrivée de la caravane, apparemment, que les gens en éprouvaient le poids réel. Sombre et désolée devait être l'attente des femmes, mais plus amer encore le cœur des hommes. Et cela se devinait d'emblée. Les yeux des femmes ne brillaient plus de cet éclat qu'ils avaient eu à la fontaine. Ils semblaient vides de toute lumière. Et quant aux yeux des hommes, on eût dit qu'ils n'avaient même plus de regard.

Ces mêmes hommes l'auraient sans doute mis en pièces s'ils avaient su qu'il conduisait lui-même cette maudite caravane. Et ce n'était pas sans raison que l'État avait pris soin de lui fournir une escorte sur la plus grande partie de la route qu'il parcourait d'un pachalik à l'autre.

Pour la première fois depuis son départ, Hadji Milet se sentait vaincu par la fatigue. Il avait laissé derrière lui la Grèce septentrionale, puis Monastir et Ochrid, et il marchait maintenant vers d'autres villes dont les noms étrangers avaient une curieuse résonance : Durrës, Shkodra, Sarajevo, Beograd, et, plus loin encore, des villes hongroises, et par-delà celles-ci... ô mon Dieu, ce voyage aurait-il jamais une fin ?

Le monde était peuplé de femmes, et charge lui revenait de porter en tous lieux ces cagoules de drap dont elles seraient recouvertes. Telle était la volonté du Sultan-Empereur et son ordre serait rigoureusement appliqué.

Dans les vieilles auberges envahies de punaises où il lui arrivait de passer la nuit, Hadji Milet essayait, mais en vain, de calculer les distances qui lui restaient à parcourir. Il n'avait guère fréquenté l'école et ne savait pas lire une carte. Quant à ceux qu'il interrogeait en passant pour savoir combien de lieues le séparaient encore de telle ou telle ville, aucun ne lui faisait la même réponse. « Désormais, je ne demanderai plus rien », se dit-il un soir qu'il logeait dans une hôtellerie toute délabrée, dont le porche de bois avait noirci sous les intempéries. Oui, il était dit et bien dit qu'il ne s'en remettrait plus à personne. Il irait de l'avant comme il le jugeait bon, tirant d'ahan ce long rideau noir aussi lourd qu'une chape de plomb, mais qu'il s'acharnerait à traîner aussi longtemps qu'il aurait la force de marcher, d'horizon en horizon, jusqu'aux ultimes frontières de l'Empire, là où se dressait une ville qui portait le nom de Vienne... « Jusqu'à cette limite », se répétait-il, tandis que sa tête fléchissait peu à peu, alourdie de sommeil.

## 6

Il arriva tout en fin d'après-midi dans une petite ville embourbée dont le nom même, impossible à prononcer, rendait l'aspect plus rebutant. C'était là qu'il devait se défaire de ses derniers lots de féredjés. Au-delà s'étendait la plaine hongroise, mais sa mission à lui s'arrêtait là. Peut-être devrait-il pousser plus loin encore, lors du prochain voyage, mais pour celui qu'il venait de faire, il n'avait que trop duré. Il le finissait sur les genoux.

Après avoir longuement tourné en rond, il tomba enfin sur le dépôt, un bâtiment d'un étage qui avait quelque chose de désolant, dressé comme il l'était en pleine boue, parmi les flaques d'eau et la cendre de charbon. Le magasinier, qu'il eut autant de mal à trouver, l'aida à décharger l'ultime ballot. Tout en multipliant les courbettes, celui-ci le priait de l'excuser de son retard, le gratifiant du titre d'« aga de la capitale », tant il craignait que le caravanier, une fois rentré à Istanbul, ne le dénonçât dans son rapport. Mais le visage d'Hadji Milet ne s'ouvrait pas aussi facilement. Cette petite ville dont l'humidité le pénétrait jusqu'à la moelle l'étouffait à en mourir. Il était impatient de pouvoir s'étendre enfin sur un lit dans la première auberge qui s'offrirait à lui et de s'y faire oublier de tout le monde.

Le magasinier finit de dénombrer les féredjés, puis se pencha attentivement sur la facture, au bas de laquelle il apposa sa signature. Hadji Milet laissait errer son regard sur sa caravane de mules, immobilisée face au dépôt. Et voilà, la tâche est accomplie, se dit-il.

« Une véritable inondation. Toutes les rues sont noyées sous la boue, lança le magasinier. Mais par bonheur, les mules n'ont plus leur fardeau. »

Hadji Milet ne lui répondit pas.

« Y a-t-il une auberge près d'ici ? demanda-t-il au bout d'un moment.

– Une auberge ? Mais bien sûr, aga. Tu la trouveras au-delà du croisement, sur le côté droit. Ce n'est pas très loin d'ici. Mais attends-moi un instant, aga, juste le temps de cadenasser le dépôt, et je t'y conduis moi-même. »

Hadji Milet poussa un soupir de soulagement quand le magasinier, une fois accompli son office de guide, puis d'interprète, vu que l'aubergiste ne parlait pas le turc, le quitta enfin. Il n'était pas d'humeur à causer avec qui que ce fût et se félicita à deux ou trois reprises de ce que cet aubergiste ne pût se faire entendre de lui.

Dehors, la pluie s'était remise à tomber, et, par la porte restée ouverte, Hadji Milet vit l'employé de la maison qui s'occupait de ses mules au milieu de la cour. Puis le patron alluma la lanterne de l'entrée et il se sentit alors accablé malgré lui d'une immense tristesse. Il ne savait que faire. Il alla s'asseoir dans un coin, près de la lampe à pétrole, et se mit à examiner ses factures. Par bonheur, aucune embrouille ne s'y était glissée, et toutes les quantités de féredjés avaient été livrées comme dû. Ainsi, tout s'était passé de la manière la plus régulière, sans la moindre complication. Mais cela ne le guérit pas pour autant de son angoisse. Maintenant qu'il avait remis l'ensemble de son chargement et que les mules mâchonnaient leur foin dans l'écurie de l'auberge, il se sentait étrangement vide. Que lui arrivait-il donc ? En quoi ces féredjés le concernaient-ils ? Il ne les avait pas fabriqués lui-même, à la sueur de son front, pas plus qu'ils ne constituaient un bien propre dont il lui aurait coûté de se défaire. Ils étaient, de fait, propriété de l'État, et à ce titre, il ne pouvait être que soulagé de les avoir remis à qui de droit, selon l'obligation de tout fonctionnaire. En outre, si ces carrés de drap fin avaient un moment jeté le trouble dans son esprit, maintenant qu'ils ne relevaient plus de sa responsabilité, il devait se sentir parfaitement serein.

C'est ainsi qu'il essayait de se raisonner, mais son cœur ne trouvait pas de paix. Cinq semaines durant il avait convoyé ces féredjés, et un étrange lien l'attachait désormais à eux. Tantôt il les imaginait comme une belle chose et tantôt comme une horreur. Il en reconnaissait toute l'importance et les exécrait en même temps. Un demi-million de visages devaient être recouverts de ces féredjés. Le front, la bouche, les murmures et les soupirs intimes viendraient s'y heurter. Et tout cela se rattachait à lui-même, puisque le conducteur de cette caravane des féredjés – cortège nuptial et convoi funèbre à la fois – n'était autre que lui.

Et maintenant, tous avaient été livrés. Nues étaient ses mules en train de manger aux râteliers de l'auberge, et nu aussi était son esprit à lui.

Partir, rentrer chez lui au plus vite, retrouver sa femme et ses enfants, c'est tout ce qu'il désirait. Que plus jamais on ne lui confiât un travail pareil et qu'on le laissât oublier toute cette aventure!

Dehors, la nuit était déjà noire. La pluie s'était mise à tomber, monotone, et l'envie lui venait de pleurer.

## 7

A la différence de ses précédents voyages, le retour lui parut plus long que l'aller. Les bourgs et villages lui semblaient plus petits qu'il ne les avait vus au premier passage, et le temps devenait plus mauvais au fur et à mesure qu'il avançait. A chaque fois qu'il entrait dans une ville, son premier mouvement était de chercher des yeux des femmes portant le féredjé, mais il n'en vit paraître nulle part. Tout comme les filles, elles allaient toujours par les rues sans rien qui leur couvrît le visage.

Il trouva cela quelque peu étrange. Puis il songea qu'il ignorait, en fait, comment le décret serait mis en application, de quelle manière s'opérerait la répartition des féredjés, et quel moyen de coercition choisirait l'État pour en imposer le port.

« Que m'importe tout cela? » se disait-il parfois, et il croyait alors s'armer vraiment d'indifférence. Mais un peu plus loin, dès qu'il entrait dans une nouvelle ville, c'était tout juste s'il ne s'enquérait pas à voix haute de l'arrivée de ses féredjés, ceux-là mêmes qu'il avait transportés à si grand-peine, suant et gémissant le long des routes, depuis l'autre bout de la terre. En fait, il ignorait lui-même s'il désirait vraiment les voir flotter et se gonfler dans l'air des rues comme des parements de deuil, ou s'il préférait que nul ne les retirât jamais du fond obscur des dépôts, qu'ils y restassent à pourrir comme une couche de charbon enfouie sous la terre.

Il en vint à se demander une fois si tout cela n'avait pas été qu'un rêve. Une autre fois, il alla jusqu'à imaginer une annulation possible du décret.

« Qu'ils en usent à leur guise ! » se disait-il, les yeux fixés sur l'horizon lointain où se perdait sa route. Il y avait beau temps qu'il avait quitté Sarajevo et il approchait maintenant de Shkodra. Ses églises et ses mosquées projetaient déjà, au travers de la brume, leurs silhouettes froides et majestueuses.

Une fine bruine se mit à tomber alors qu'il atteignait les abords de la ville, mais lorsqu'il fut arrivé à la Nouvelle Auberge – où il avait déjà dormi à l'aller –, cela devint une pluie qui ne semblait plus devoir s'arrêter. La cour était envahie de petites flaques d'eau, mais cela n'importunait guère Hadji Milet, qui n'avait nul désir, en tout état de cause, d'aller faire un tour par les rues de la ville.

Blotti dans un coin de la grande salle, il ne fit qu'attendre la tombée du soir. L'aubergiste alluma alors la lampe à pétrole suspendue au plafond et tous les hôtes vinrent prendre place à la table commune pour le dîner. On devinait d'emblée que certains d'entre eux logeaient là depuis plusieurs jours déjà, car ils se parlaient comme entre gens qui se connaissaient. C'était des fonctionnaires ou des inspecteurs dépêchés en province par des administrations centrales, tous impatients, visiblement, de rentrer au plus tôt dans la capitale. D'après les propos qu'ils échangeaient, Hadji Milet comprit que c'était des personnes investies de hautes responsabilités. Il se réfugia à l'un des bouts de la table, faisant tout ce qu'il pouvait pour passer inaperçu. Cependant, il n'échappa point à l'attention de tout ce monde, dont il fut même remarqué dès son arrivée. Tandis que l'aubergiste plaçait les couverts, l'un des hôtes, un homme au visage oblong dont les yeux mi-clos semblaient accentuer la morgue, lui demanda bientôt :

« Et toi, pour quelle affaire es-tu donc ici ?

– Moi ? lui répondit Hadji Milet, comme surpris de la question. J'ai conduit une caravane, aga. Un chargement de féredjés.

– Ah ! c'est donc toi qui les as apportés, les féredjés ? »

Toutes les têtes se tournèrent vers Hadji Milet, qui fit « oui » de la tête.

« Dans tout Shkodra, il n'est plus question, depuis quelques jours, que de ces féredjés, lança l'aubergiste, tout en installant au milieu de la table une grande terrine de haricots. Servez-vous à loisir, messieurs, il y en a pour tous, et plus qu'il n'en faut.

– Merci à toi, le maître de céans, firent deux ou trois voix.

– Chacun a bien sa cuillère et son écuelle, rien ne manque sur la table ? demanda l'aubergiste.

– Non, merci, nous avons tout ce qu'il faut. »

L'aubergiste était resté debout arborant un air satisfait.

« Toute la ville est en ébullition à propos de ces féredjés, reprit-il, tant il prenait plaisir à déclencher les conversations autour de sa table d'hôte. Et l'on comprend tout ce bruit, ajouta-t-il. C'est qu'il s'agit d'une affaire sans précédent dans nos régions à nous. Nos femmes n'ont pas été habituées à une telle contrainte, pas plus que les hommes. Tout le monde est au courant de la promulgation du féredjéfirman, bien sûr, mais personne ne sait comment il sera appliqué. Il y en a qui disent que les gendarmes vont arrêter toute fille ou toute femme rencontrée sans féredjé sur le visage. D'autres disent qu'elles écoperont d'une amende, voire d'une peine de prison.

– Et quelle mesure sera prise, finalement ? Tu dois bien le savoir, toi, demanda l'un des hôtes à l'adresse d'Hadji Milet.

– Je ne sais rien de tout cela, aga. Je n'ai fait que transporter ces féredjés. »

« Ah ! s'indigna-t-il sourdement. Comme s'il ne suffisait pas de les avoir convoyés de côté et d'autre, il faut encore que je sache ce qu'il va en advenir après ! »

« A-t-on observé des réactions hostiles ? demanda quelqu'un à l'aubergiste.

– Il faut bien avouer que par ici, les gens sont plutôt têtus, aussi bien les femmes que les hommes.

– Ils s'y feront, dit le visage oblong, comme ils se sont faits au reste.

– Tu le crois ? demanda quelqu'un.

– Ils s'y feront, vous dis-je, il n'y a pas d'autre issue possible.

– Qu'est-ce qu'on n'entend pas dire ! reprit l'aubergiste en souriant. Ici, la plupart des maisons sont bâties sur une grande surface, selon l'architecture propre aux Albanais, et hormis celles de quelques familles de haut rang, elles communiquent entre elles par des espèces de portillons qu'on appelle dans le pays des " arkapi ". Aussi dit-on que les arkapi vont rester ouverts jour et nuit pour permettre aux filles et aux femmes de se déplacer librement, du moment qu'elles ne peuvent le faire en empruntant les rues.

– Voyez-moi ça ! Voyez-moi ça ! enchaîna le visage oblong. Ce que le diable ne leur fait pas inventer, à ces gens-là, pourvu seulement qu'ils n'aient pas à porter le féredjé!

– Par Dieu, cela est invraisemblable, en effet! renchérit un autre en écartant les bras. Je suis prêt à comprendre bien des choses; mais que l'on veuille se soustraire à un décret du Sultan, voilà qui me dépasse!

– Tu as raison, lança un troisième. Du moment que le féredjéfirman a été promulgué, le ciel peut bien tomber sur la terre, il sera appliqué comme il se doit. »

Hadji Milet continuait de manger, mais sans entrain, comme à contrecœur. La conversation sur les féredjés l'avait tout d'abord intéressé, d'autant qu'il se trouvait être, en somme, parmi les principaux personnages de cette histoire. Mais subitement, et sans raison apparente, elle vint à lui porter sur les nerfs. Il était plus qu'impatient de voir ce repas prendre fin.

A son grand désespoir, la conversation se prolongea, certains membres de la compagnie s'étant commandé un café. Hadji voulut un moment se lever de table et aller se coucher, mais une gêne le retint. Presque tous les hôtes étaient plus âgés que lui et exerçaient, à n'en pas douter, des fonctions supérieures à la sienne.

Il s'avisa en outre qu'ils pouvaient profiter de son absence pour tenir sur lui des propos peu amènes, et cela le décida définitivement à rester.

« Quel miracle, que l'avènement de ce décret! disait l'un des hôtes. On peut même dire qu'il s'est fait longtemps attendre. Mais comme toujours, le Padichah a fait preuve de patience, il a mûrement pesé et mesuré l'affaire, jusqu'au jour où il a décidé de trancher.

– Nous en avons tous conçu une grande joie, je veux surtout parler des musulmans installés dans ce pays, au milieu des étrangers, intervint l'aubergiste, son aiguière à café à la main, prêt à servir quiconque en voudrait encore. Nous avons adressé au Sultan tant de lettres à ce sujet, mais toutes restaient sans réponse.

– Il a certainement dû en recevoir de tous les coins de l'Empire.

– On raconte que tout s'est décidé sur la foi d'un rêve, dit le visage oblong, dont les yeux, maintenant franchement clos, ressemblaient à deux cicatrices héritées d'une ancienne blessure. Oui, continua-t-il après une pause, un rêve qu'avait fait un hodja de Bosnie et qu'on a rapporté ensuite dans la capitale.

– Vraiment ? » s'étonnèrent deux ou trois voix à la fois.

Le visage oblong confirma d'un simple acquiescement de tête.

« Le rêve a été analysé par des experts des jours durant, et une fois découverte sa signification profonde, ils l'ont présenté au Sultan.

– Béni soit le sommeil de ce prêtre-là pour le rêve qu'il a enfanté ! déclara l'aubergiste. C'est bien à lui que nous devons notre salut. Et, croyez-moi, l'arrivée du féredjéfirman a été ici un vrai jour de fête. Dès avant l'aube on a commencé à battre les tambours, et tout le monde paraissait aux fenêtres, demandant ce qui se passait, quelle heureuse nouvelle on venait d'apporter.

– Je doute que cette joie ait été unanime, coupa l'un des hôtes.

– Cela est certain, aga, absolument certain, lui répondit l'aubergiste. Nous le disions tout à l'heure : dans leur majorité, les gens d'ici sont opposés à ce décret et ne cherchent que le moyen de s'y soustraire. Et qui pis est, les ennemis de l'État impérial, tous ceux qui ne songent qu'à l'insulter à la moindre occasion, ont aussitôt agité la langue.

– Il est clair que cela dérange tous les vils débauchés, car ils n'auront plus le loisir de violer des yeux les femmes et les filles qu'ils croiseront dans la rue, déclara soudain, rouge de colère, l'un des hôtes, un homme courtaud, qui avait gardé le silence jusque-là. Ils vont jurer contre le décret et pleurer le sort des femmes en versant des larmes de crocodile. Mais ce qu'ils oublient, justement, c'est que le décret va sauver ces femmes d'elles-mêmes, comme l'a déclaré le Sheh-ul-Islam, c'est-à-dire du démon qui se cache dans le secret de leur corps.

– Ce ne sont que des hypocrites, dit le visage oblong, qui, cette fois, donna l'impression d'avoir franchement glissé dans le sommeil tant ses traits paraissaient figés. Ce n'est pas un sentiment de compassion pour les femmes qui les pousse; en réalité, ils se servent d'elles pour saper l'État. Toute force de décomposition, on le sait, procède des femmes, et si des mesures adéquates n'étaient prises, la décadence et la dégénérescence qu'on voit régner en ce pays s'étendraient peu à peu jusqu'au nôtre. Nos femmes et nos filles exigeraient à leur tour d'aller le visage nu, comme si elles appartenaient à des giaours, et le monde serait sens dessus dessous.

– Dieu nous garde de ces calamités! soupira le plus âgé de tous.

– Nous allons vivre enfin dans la paix et la tranquillité, continua le visage oblong, car les femmes non voilées ont le don d'affoler les hommes; ce sont elles qui leur font perdre la tête. Et nous connaîtrons même moins de guerres, moins de rébellions. Car ce sont les femmes, on le sait, qui provoquent les désordres du monde, tout comme on dit que la lune agite les mers.

– Bénies soient ces paroles aussi douces que le miel! lui lança le vieil homme.

– Ainsi vont les choses, et elles iront en s'améliorant encore avec le temps, conclut le visage oblong. Quant à toi, l'homme qui a transporté les féredjés, ajouta-t-il en se tournant vers Hadji Milet, tu as fait là un bel acte de charité. La bénédiction des femmes te suivra désormais partout dans ce monde et dans l'autre. »

Tous les regards se portèrent alors sur Hadji Milet, le seul de cette compagnie qui ne se fût pas fait entendre et qui même avait pu se croire oublié jusque-là de tous ceux qui l'entouraient. Il devint pour un temps le centre de la conversation et s'entendit appeler le héros du jour, ce qui le fit rougir de confusion. Jamais de sa vie il n'avait reçu des compliments aussi élogieux, aussi finement tournés, et qui émanaient surtout d'esprits aussi éclairés. Ils glorifièrent en lui le sonnailler du convoi solennel, l'inlassable pourvoyeur de tous ces féredjés, et ce ne fut pas encore assez. Il devint bientôt le messager de l'Islam, le pacificateur de l'Empire, le dompteur du démon féminin, etc. Mais ce n'était pas tant la griserie de ces titres délirants qui faisait rougir Hadji Milet; sa confusion lui venait plutôt de ce manque de reconnaissance dont il avait témoigné précédemment, lorsqu'il avait répugné à rester assis auprès d'eux, et plus encore à écouter la suite de cette conversation sur les féredjés. Quelle impatience l'avait donc pris, quel coup de tête insensé? Il avait failli se lever et quitter brutalement cette table, il avait été près de fouler au pied son propre bien, à l'instigation du diable probablement. Car seul le diable pouvait lui souffler à l'oreille d'abandonner cette compagnie que la Providence avait suscitée autour de lui, lui offrant la chance, pour la première fois de sa vie, de se joindre à des hommes si éminents et de si sainte vertu. Le diable et les femmes... Voilà où l'avaient conduit tous ces visages nus qui l'avaient ensorcelé. De longs jours durant, ils avaient miné sa paix intérieure, ils avaient semé le trouble dans son âme, ils l'avaient induit en tentation, éveillant en lui des pensées coupables qui le traversaient comme des éclairs noirs échappés de l'enfer, de ces pensées qui mènent un homme droit au précipice. Quelle chance que le Sultan-Empereur eût fait recouvrir ces cous, ces cheveux et ces yeux qui paraissaient pleins d'une innocence angélique, mais étaient en fait voués à la ruine du monde! Lui-même, dès les premiers regards qu'ils lui avaient jetés, avait failli aller à sa perte. Il avait osé mettre en doute le bien-fondé du décret de son souverain, il était arrivé au bord de la rébellion contre l'État dont il était censé être l'indéfectible serviteur.

« Qu'Allah m'ait toujours en sa garde! » pria-t-il. Car c'est bien Allah qui l'avait sauvé. Quand lui, Hadji Milet, glissait déjà dans l'abîme, il avait placé sur son chemin cette auberge et cette table bénie pour assurer son salut. Sitôt rentré chez lui, il se rendrait en pèlerinage à l'Ancienne Téqé, puis sur la tombe du derviche Ali afin d'exorciser cet esprit du mal dont il avait été possédé. Aussi lui serait-il pardonné dans le respect des règles de la foi, et pas un seul jour on ne le verrait manquer aux cinq prières exigées du Coran ainsi qu'aux dévotions d'usage, comme c'est le devoir de tout bon musulman.

Il était déjà tard quand les hôtes se levèrent enfin de table pour aller dormir. Ils se souhaitèrent la bonne nuit en portant la main à leur cœur, et Hadji

Milet rendit la politesse à chacun d'entre eux d'une voix qui fondait d'émotion et de reconnaissance.

Le cœur en joie, libéré enfin de tous ses doutes, il se retira dans sa chambre. Avant de s'endormir, il pria plus longuement que de coutume, murmurant des versets qu'il n'avait pas récités depuis des années, mais il n'en eut pas moins le sommeil aussi agité que les nuits précédentes. Il vit en rêve, impuissant à la chasser de ses yeux, une lune rousse qui fendait le dos de la mer de Marmara d'une longue plaie. Il se réveilla deux ou trois fois, s'écria : « Dieu me garde ! » et replongea dans le sommeil. Le lendemain matin, il avait la tête aussi lourde qu'une masse de plomb.

## 8

Le temps se refroidissait de jour en jour et le ciel allait s'exilant de plus en plus haut, comme s'il eût voulu marquer son dédain des choses de ce monde.

Hadji Milet et sa caravane passaient d'étape en étape les cités et villages d'Albanie. Délestées de leur fardeau, ses mules allaient d'un pas plus vif, et l'absence de toute escorte facilitait aussi son avance; lui-même, enfin, dans les purs transports de son âme, sentait désormais la route plus légère à ses pieds.

A Durrës, tout d'abord, puis un peu plus au sud, à Elbasan et surtout à Ochrid, il constata pour la première fois que la présence des femmes dans la rue était devenue plus rare. L'application du décret, à ce qu'il semblait, était déjà en cours. Il sentit alors dans son cœur comme une vague brisure. Sans trop savoir pourquoi, il s'était imaginé que le décret n'entrerait en vigueur que bien plus tard, après qu'il aurait regagné sa maison seulement, ce qui excluait qu'il pût en observer lui-même les tout premiers effets. Mais voilà que la machine était d'ores et déjà en marche. Et c'était dans la logique des choses que les cités où la « féredjécaravan » était passée en premier fussent aussi celles où l'application du « féredjéfirman » eût déjà commencé.

Plus il avançait et plus la rareté des femmes se faisait remarquer. « Cela va nous faire un automne sans femmes, pensa-t-il. Et l'hiver aussi, elles seront absentes. Puis tous les hivers et tous les étés à venir. »

Hadji Milet s'efforça en vain de chasser ces pensées de son esprit. Le monde entier revêtit soudain à ses yeux une apparence froide, se noya dans une couleur de cendre, comme à la suite d'une éclipse. Tout semblait alangui dans une sorte de torpeur. Des images de femmes ou de filles le traversaient, parfois marquées de cette même froideur. Aussi désolés paraissaient les hommes, dont la silhouette reflétait pareillement cette couleur de cendre morne et glacée qui régnait partout.

Hadji Milet se sentit céder à nouveau à cette langueur d'âme dont il venait à peine de se libérer. C'est en vain qu'il ramenait sans cesse à son esprit tous les propos qui s'étaient tenus autour de la table d'hôte de Shkodra. Mais de ses commensaux d'un soir il ne ressuscitait qu'une image pénible et lointaine, tels des morts que l'on revoit en rêve.

Chaque fois qu'il croisait des filles ou des femmes au visage découvert, dans les rues de quelque cité, il songeait qu'elles étaient peut-être les dernières qu'il verrait ainsi sur cette terre. Si même il venait un jour à repasser par là avec sa caravane, ses yeux ne les rencontreraient plus. Les gens se désolaient pour de simples roses qui se fanent ou des lys qui se dessèchent; une séparation de quelques mois seulement leur était déjà une souffrance. Mais si quelqu'un les conviait à pleurer ces roses en leur révélant qu'elles mourraient à jamais, qu'elles n'auraient pas d'autre saison, qu'Allah avait décidé que plus une seule ne repousserait sur terre, de quel cœur supporteraient-ils alors cette calamité ?

C'était ainsi qu'il voyait maintenant la disparition des filles et des femmes. Peut-être aurait-il à repasser en ces lieux avec un chargement de pièces d'or ou de tapis cette fois, mais il ne les retrouverait plus sur son chemin. La nuit les aurait toutes englouties. Et c'est de lui-même que ce fléau était venu.

Hadji Milet tenta à plusieurs reprises de chasser son remords par la seule idée qu'il n'était pas l'auteur du « féredjéfirman », mais un modeste employé, un simple caravanier qui ne faisait qu'obéir aux ordres et rien de plus. Mais si sa raison se rendait à l'argument, celui-ci ne trouvait pas d'écho dans son cœur. Car une voix intérieure lui opposait cette autre vérité : « Ce n'est pas par hasard si le choix de l'homme chargé de répandre ce malheur est tombé sur toi! » Jamais son âme innocente n'avait été en proie à de telles tortures, et le sentiment de sa faute prenait du coup des proportions colossales. C'était lui, et bien lui, l'auteur d'un tel malheur, celui qui avait traîné de village en village, de cité en cité, l'interminable rideau noir, véritable démon au front marqué du signe de la nuit, horrible spectre qui avait éteint la lune dans le ciel, endrapeur de visages nus que toutes ses victimes poursuivraient à jamais d'une haine implacable. Il devait se hâter, quitter au plus vite ces pays qu'il traversait, sinon on finirait par le reconnaître, on devinerait ce qu'il avait transporté dans ses bagages, et femmes et filles n'auraient de cesse de l'avoir rattrapé pour l'étrangler de leurs mains.

A défaut d'arriver elles-mêmes jusqu'à lui, elles l'atteindraient encore de leur malédiction. Tel était le cours de ses pensées tandis que, l'amertume au cœur, il apercevait au loin les cheminées des villes qu'il laissait derrière lui. Au pied de ces cheminées, dans les onze langues des Balkans, on dévidait sans doute à longueur de veillées le même sujet de peine : le masque de drap noir. On avait déjà connu des éclipses de soleil, des éclipses de lune, et voilà qu'on assistait maintenant à un troisième phénomène de cet ordre : l'éclipse des femmes. La terre entière en demeurait saisie d'étonnement.

Un jour qu'il allait se balançant, à demi assoupi, sur le dos de sa mule, il sursauta soudain et ouvrit les yeux. A ses pieds s'étalait l'immensité blanche d'une grève. C'était celle-là même où il s'était mis à chanter tous les refrains qui lui passaient par la tête lors de son voyage d'aller... Et il aperçut plus loin le ruisselet, puis la fontaine même où, pour la première fois, il s'était trouvé au milieu de ces femmes... Mais, à présent, le lieu était complètement désert. Le petit lit de pierres où s'échappait l'eau, la mousse qui enveloppait les bouches, tout cela était gris et froid.

Il mit pied à terre et s'approcha à pas lents. Jamais il n'avait songé que l'eau même pouvait offrir l'image de l'abandon, aussi bien qu'un champ ou une vigne désertés. Cette eau-là semblait plus froide que l'eau de toute autre source, ou plutôt d'un froid différent. Elle glaçait du froid même de la mort.

Il n'eut pas envie de s'y pencher. Il jeta seulement un regard à droite puis à gauche, comme s'il eût espéré que les femmes et les filles réapparaîtraient devant lui. Puis, malgré lui, il en vint à les imaginer s'approchant lentement de la fontaine, étrangères et glacées, elles aussi, le visage recouvert du féredjé. Il réagit alors, refusant cette vision : non, mieux valait qu'elles ne revinssent plus jamais plutôt que de paraître ainsi, tels des fantômes de damnées.

Il tourna le dos à la fontaine et reprit sa place en tête de la caravane. Il n'avait pas fait cent pas que, tout à coup, sans s'y attendre le moins du monde, alors même que son amertume semblait s'effacer déjà, il éclata en sanglots et pleura comme jamais il n'avait pleuré de sa vie. Il ne songeait pas à essuyer ses larmes et ne faisait rien non plus pour se ressaisir. Il n'avait qu'une pensée : au moins les mules sont-elles inconscientes de tout cela.

La caravane arrivait maintenant aux approches de l'Orient. Elle avait depuis longtemps quitté le royaume des femmes. Au-devant d'elle s'étendait désormais l'univers séculaire du féredjé. Plus question de rencontrer des visages de femmes ni de tomber dans des pensées qui font perdre la tête. Lui-même, cependant, se sentait entrer dans ce pays comme un corps étranger. « Dieu me garde ! » s'exclama-t-il deux ou trois fois en son for intérieur, et son esprit se remit alors à battre la campagne, comme saisi d'un vent de folie. Il se remémora tout ce qu'il avait vu et entendu en cette dernière période de sa vie et faillit tout à coup s'écrier à haute voix : « Recouvre du drap noir le soleil et la lune, ô Padichah, les étoiles et la mer; mais elles, du moins, épargne-les... »

Il n'était plus guère éloigné des bords de la mer de Marmara, et, sous peu, il entrerait enfin dans la capitale. « Maudit décret ! » lâcha-t-il soudain. C'était la première fois de sa vie qu'il jurait contre un décret d'État.

Sous le vent qui soufflait, le rivage lui semblait d'autant plus sombre et plus large. Froids et cinglants, les grains de sable lui brûlaient les yeux. « Annule le décret! » éclata-t-il soudain de la voix d'un homme qui lance sa dernière menace avant de tirer le couteau.

La caravane était maintenant à portée d'Orman Tchiflik. Il aperçut de loin la masse sombre des arbres. De mauvais pressentiments l'accompagnaient dans cette ultime approche. Sans prendre soin de rendre les saluts qu'on lui adressait ni de se débarrasser de la poussière de la route, il confia ses mules au palefrenier et alla aussitôt s'étendre dans la chambre qui lui était assignée pour la nuit. Le sommeil ne voulait pas venir. Après s'être longtemps tourné dans son lit, il se leva, alluma la lampe à pétrole et, dans la désolation de ce halo blafard, se remit à pleurer, secoué de sanglots.

## 9

On l'arrêta très tôt le matin. L'aube blanchissait à peine quand ils frappèrent à sa porte et, sans avoir besoin de lui parler ni d'user de violence, lui passèrent les fers aux mains et aux pieds, qu'il avait encore tout engourdis.

Plus étonnés que lui, en fait, furent les auteurs mêmes de cette arrestation brutale et sans motif déclaré, en le trouvant calme et docile à ce point. Les yeux hébétés, encore gonflés de sommeil, il fixait ses deux mains prises dans les fers comme s'il eût eu du mal à croire que c'étaient les siennes.

« Qu'ai-je fait? » questionna-t-il.

Mais cela fut dit sans la moindre nuance de récrimination, plutôt de la voix d'un homme qui a bu et qui, une fois dégrisé, demande à savoir, le cœur sincèrement navré, quelle gaffe il a bien pu commettre dans ce moment d'égarement qu'il a eu sous le coup de l'ivresse.

« Tu le sauras bientôt », répondit l'un des enchaîneurs.

Dès qu'il eut entendu sa voix, Hadji Milet reconnut en lui l'homme qui, lors de son arrivée à Orman Tchiflik, deux mois plus tôt, lui avait dit le soir : « Ne t'inquiète pas pour tes mules, l'endroit est des plus sûrs. »

On le fit monter dans un fourgon en compagnie de deux gardes qui ne le lâchaient pas des yeux. Un troisième homme monta ensuite : c'était le chef des deux autres. Il serrait dans sa poche intérieure l'ordre d'incarcération, sur lequel on pouvait lire ceci :

« Rapport des éléments de suspicion concernant Hadji Milet, fils de Rahim et de Hatidjé, employé des services d'Intendance auprès du Sheh-ul-Islam et rentré d'une mission de deux mois dans la partie occidentale de l'Empire.

« Aujourd'hui, le 17 du mois courant, conformément aux règles de notre saint État telles qu'elles ont été énoncées dans le décret confidentiel N° 31, puis complétées par les directives de la circulaire N° 13 063, a été placé sous surveillance nocturne l'employé des services d'Intendance Hadji Milet, expédié en mission comme caravanier dans les zones auxquelles s'appliquent les dispositions suprêmes mentionnées plus haut.

« Dans le même respect de nos règles immuables, j'ai consulté notre Registre Général avant même que ne soit entamée la surveillance de rigueur, et sous le nom du suspect en question, à la date de son premier passage à Orman Tchiflik, j'ai trouvé la note que voici : “ A passé une nuit agitée. S'est levé deux ou trois fois et a parlé en rêvant, soit autant de signes d'un dilemme et d'une inquiétude qu'il cache au fond de lui. Individu à observer de près lors de la nuit du retour. ”

« En application du règlement d'État et vu la note rapportée ci-dessus, nos agents de surveillance m'ont soumis à l'aube les conclusions suivantes résultant de tous les contrôles prévus en ce cas : avant la pointe du jour, le susnommé Hadji Milet – qui avait déjà passé une nuit agitée, comme à l'aller, renforçant ainsi l'hypothèse d'une inquiétude et d'un dilemme intérieurs – est resté un long moment à pleurer en sanglotant, chose rare entre toutes et qui nous autorise à penser que, dans les pays où il s'est rendu, il a sans doute commis des actes nuisibles à l'État dont le souvenir trouble et ronge maintenant sa conscience, y suscitant la peur et le remords.

« Après lecture du rapport de surveillance et me fondant toujours sur la réglementation en vigueur, j'ai donné ordre que le dénommé Hadji Milet soit arrêté et transféré aussitôt dans une des prisons dépendant de l'Instruction Judiciaire impériale. »

Le Commandant d'Orman Tchiflik,
Tahir Bekbey

## 10

Où se trouvait-il ? Depuis combien de temps était-il allongé là, les mains enchaînées ? La cellule était longue et étroite et les murs allaient en se rejoignant au fur et à mesure qu'ils montaient vers le plafond. On ne savait si c'était là une simple particularité de la construction ou si l'architecte avait délibérément conçu des plafonds ainsi réduits par rapport à la surface du sol afin que la cellule évoquât en quelque sorte la forme d'un cercueil.

Il demeurait des heures durant dans une immobilité totale, les mains envahies de fourmis sous l'étreinte des fers. C'est ainsi qu'il les avait vues trotter, un jour de son enfance, tandis qu'il cheminait sous la pluie avec sa mère, un balluchon à la main; elles couraient on ne savait où, au pied de cet immense pont sous lequel ils étaient passés.

On l'avait soumis à des interrogatoires après plusieurs nuits d'insomnie forcée, puis dans la léthargie d'un brusque réveil, après l'avoir laissé dormir des heures et des heures. On avait recommencé après l'avoir privé de nourriture, puis après l'avoir comblé de gâteries. On lui avait posé des questions du ton le plus affable, puis le plus brutal, on lui avait promis une libération immédiate, voire assortie d'une récompense, on l'avait menacé de l'écorcher vif, de le scier en deux, de le clouer sur une planche, de fondre son corps pour en faire de ces cierges que les chrétiens allument au-dessus de leurs tombes dans la tristesse des nuits de décembre.

Lui ne répondait rien. Il fixait son interrogateur, Orhan, d'un air réfléchi qui semblait annoncer enfin, pour la centième fois, le passage aux aveux, puis son regard se dérobait à nouveau. « Allons, parle, le pressait l'interrogateur, ne baisse pas les yeux! » Et les questions reprenaient, dans une sempiternelle et accablante succession : « Qu'as-tu fait tout le temps que tu es resté là-bas? Qui as-tu rencontré? De quels messages étais-tu chargé? Quelle faute torturait ta conscience l'autre nuit? Pourquoi t'es-tu mis à pleurer?

Les yeux d'Orhan s'enfonçaient droit dans les siens, puis, après chaque rafale de questions, glissaient jusqu'à ses lèvres, croyant y saisir un léger tremblement. Ce qui l'épuisait plus encore que ces interminables interrogatoires, c'était le sentiment que les aveux du prisonnier arrivaient au bord même de ses lèvres, où seul les bloquait un ultime et mystérieux obstacle, quelque chose de ténu, de fragile, en fait, mais que lui, pourtant rompu à l'art d'interroger, était incapable de forcer.

Alors sa voix redevenait affable, doucereuse : « Tu es un homme de bien, Hadji Milet. Seuls les hommes vertueux ont des remords, des drames de conscience, ou pleurent pour les fautes qu'ils ont commises. Et cette faute même que tu te reproches n'a été qu'involontaire, on le sait bien. Tu t'es laissé prendre au piège par hasard, tu as fait cela comme dans un rêve. Réveille-toi, Hadji Milet, mets enfin un terme à tout ce cauchemar, parle ! »

Mais Hadji Milet continuait de se taire. Et l'interrogateur, alors, plutôt pour se soulager que pour terroriser le prisonnier, laissait de nouveau éclater sa violence, lui promettant tous les supplices : on jetterait son corps dans un puits rempli de chaux vive ou dans un trou grouillant de scorpions; il serait dépecé à la scie, écorché vif, empalé sur une broche pour griller ensuite dans les flammes, réduit enfin à de la cire qui servirait à fabriquer ces cierges que les chrétiens allument au-dessus de leurs tombes dans la tristesse des nuits de décembre.

## 11

Cependant, la famille et les proches d'Hadji Milet vivaient dans l'angoisse. Ils n'étaient que d'humbles gens du peuple et jamais, jusque-là, ils n'avaient eu à frapper aux portes des hauts fonctionnaires, à patienter indéfiniment dans des couloirs glacés sans pouvoir obtenir de personne la moindre indication, la moindre nouvelle, en réponse à leurs inquiétudes.

Ils avaient commencé par le croire disparu. Puis divers bruits et suppositions circulèrent à son sujet. On raconta d'abord qu'il était soudain devenu fou et qu'il s'était précipité dans un fleuve avec toute sa caravane. Certains murmurèrent ensuite qu'il avait été assassiné par des ennemis de l'État, d'autres qu'il avait été mis en pièces par des femmes en furie, voire qu'elles l'avaient étranglé de leurs féredjés. « Il a été frappé de la malédiction de ces femmes des Balkans », disaient les anciens de la tribu.

Mais voilà que, sans prévenir, l'interrogateur se présenta un matin dans la cour d'entrée de leur modeste logis en vue d'un contrôle, et tous comprirent alors que leur Hadji se trouvait en prison. « A la bonne heure, se dirent-ils, avec un immense soulagement : ainsi donc il est en vie ! »

Ils occupèrent cet hiver à écrire des lettres adressées au Grand Vizir, à la chancellerie du Sheh-ul-Islam et même au Sultan en personne. Toutes restèrent sans réponse. « Ne vous inquiétez pas, disait la vieille Merjémé, ne perdez pas espoir : les tombeaux n'ont point de portes, mais il en est dans les prisons. »

Hadji Milet mourut dans les derniers jours de l'hiver, avant même d'avoir subi les suprêmes tortures. Le gardien qui trouva son cadavre, au matin, eut d'abord un mouvement de peur. Il crut un instant que ce n'était pas lui, qu'on lui avait substitué un inconnu, qu'il prit même pour une femme au premier abord. Puis il retourna le corps et le reconnut aussitôt. Nul doute que c'était lui, mais ce qui l'avait abusé, c'était que le prisonnier avait la tête et toute une partie du visage enveloppées dans un châle noir qu'il avait noué à la manière d'un féredjé.

Le gardien resta un long moment pétrifié, incapable de s'arracher à ce visage au teint boueux qu'il avait devant lui. Deux fourmis couraient aux alentours de la bouche, marquant une pause, de temps à autre, jusqu'à atteindre les lèvres entre lesquelles elles semblaient vouloir pénétrer; puis, renonçant inopinément à cette tentative, elles reprenaient d'un autre côté leur inexplicable voyage.

## 12

La semaine où le corps d'Hadji Milet fut jeté dans l'une des fosses communes des environs de la capitale où étaient habituellement ensevelis les condamnés à mort, les orphelins déments et les cadavres non identifiés, le divan se réunit devant le Sultan en personne et ce fut l'occasion pour le Sheh-ul-Islam de lire un rapport sur l'application du « féredjéfirman » dans les zones occidentales de l'Empire.

Cela faisait presque un an que le « glorieux décret », comme il le qualifia, avait été promulgué, et près de six mois s'étaient écoulés depuis le départ de la première caravane de féredjés. Depuis lors, continua le Sheh-ul-Islam, d'autres caravanes avaient transporté dans les Balkans, et même au-delà, dans les territoires hongrois et autrichiens, plus de vingt millions de féredjés. Ainsi s'était réalisée, par la grâce d'Allah et contre le vœu et les propos malfaisants de certains, l'action la plus grandiose qui eût marqué l'histoire de l'immortel Empire ottoman, dans le dernier siècle écoulé.

Il marqua délibérément une pause entre deux phrases et observa du coin de l'œil le côté de la salle où se tenaient les vizirs albanais, le menton appuyé dans la main. Tout le monde savait qu'ils se relèveraient un jour à la tête de leur clan, hérissant leurs barbes incandescentes, et que ce serait alors le temps de leurs propres décrets, auquel succéderait une autre période de déclin et d'effacement, elle-même précédant une nouvelle restauration de leur pouvoir, et ainsi de suite au fil des siècles futurs, car telle avait toujours été la loi dans les cimes du pouvoir ottoman, et telle elle demeurerait éternellement. Cela, leurs adversaires eux-mêmes le savaient, et jamais ils ne cherchaient à les heurter de front dans les périodes où leur puissance déclinait, tout comme ils s'abstenaient de se rallier à eux quand cette puissance parvenait de nouveau à son apogée.

La voix du Sheh-ul-Islam montait puis baissait continuellement, s'essoufflant en des phrases trop longues pour ses poumons usés par l'âge. L'Islam, déclarait-il, pouvait désormais être confiant dans sa force. Les femmes de Grèce, d'Albanie, de Chypre, de Roumanie, de Serbie, de Bulgarie, de Bosnie, de Macédoine, du Monténégro, et celles aussi des régions de la Pologne, de la Crimée, de l'Autriche et de la Hongrie qui se trouvaient sous la domination ottomane avaient à présent le visage voilé. Il appartenait à l'infinie puissance de notre seul État, continua-t-il, de réussir dans une entreprise de dimensions aussi colossales.

Il marqua de nouveau une pause, très légère, et se tourna vers le Sultan :

« J'ai le bonheur de le dire aujourd'hui devant notre Sultan-Empereur, représentant du prophète sur cette terre : toutes les filles et toutes les femmes du plus grand empire du monde sont aujourd'hui recouvertes du féredjé. »

Et, disant cela, il fit un geste de la main comme pour montrer à ses pieds cette mer sans bord, toute drapée de noir, que faisaient les féredjés flottant sous la brise, tandis que le Sultan, attentif à son discours, approuvait d'un lent et solennel hochement de tête, avant de conclure lui-même, selon l'usage, par ce mot de grâce lâché du bout des lèvres : « *Aferim !* »

*Traduction d'Alexandre Zotos*

# LA COMMISSION DES FÊTES

## 1

*Moi, Mahmoud II, sultan et khalife, d'antique souche princière, dix-neuvième empereur de la dynastie d'Othman, souveraine du monde, détentrice éternelle du pouvoir temporel et spirituel, je rends de ma bienheureuse capitale, Istanbul, le firman que voici :*

*Maintenant que sur le territoire de l'Albanie, la guerre sainte a balayé tour à tour les grands rebelles Kara*[1] *Mahmoud Bushatli, Kara Ali de Tépélène, Kara Mustafa Bushatli, Kara Kurt Berat et d'autres anciens grands pachas mis au ban de l'Empire, et qui, tels des fils ingrats se dressant contre leur père, ont tenté pendant une quarantaine d'années de séparer la glorieuse terre albanaise de l'encore plus glorieux espace islamique, maintenant donc que ces fils dénaturés ont été écrasés par la sainte colère de mon sultanat, je tends la main de la paix à l'Albanie, c'est-à-dire aux quatre vilayets qui la constituent.*

*Hier, par mon ordre impérial, l'ancienne formule ottomane « l'Albanie est dans mon cœur » a*

1. *Kara :* en turc, « noir », qualificatif accolé dans l'administration ottomane aux fonctionnaires mis hors la loi. (*N.d.T.*)

*été remise en exergue sur le grand livre de travail du gouvernement, et elle illuminera toute notre action future concernant ce pays. Je tiens à rappeler qu'au lendemain de la répression de la rébellion des grands pachaliks d'Albanie, ma souveraine juridiction a reçu de nombreuses suggestions quant au sort futur à fixer à ce pays. Certains pensaient que l'Albanie devait être flétrie par le grand ministre investi de cette fonction et, après quoi, proclamée « terre maudite ». D'autres proposèrent que le pays fût laissé aux mains de l'armée et d'autres encore sous le pouvoir direct du ministère de l'Intérieur. Il y en eut même qui demandèrent pour ce pays la plus sévère des sanctions : la suppression.*

*Mais après avoir entendu et pesé attentivement toutes les suggestions qui me sont parvenues de tous les coins de mon immense Empire, de son flanc gauche comme de son flanc droit, de mes terres d'Asie comme de mes terres d'Europe, de mes plus hauts fonctionnaires comme de mes sujets les plus obscurs, ainsi donc, après avoir bien passé au crible tous les arguments, j'ai dit : non et non. L'Albanie, en dépit des quarante années de soucis qu'elle nous a apportés, demeurera ce qu'elle fut : le pays favori de notre État, un des joyaux de la Couronne impériale ottomane.*

*J'ai donc ordonné que soient abrogés tous les décrets relatifs à l'Albanie passés ces derniers temps en des moments de colère, et je déclare seul valide ce firman, que je signe en ce jour et par lequel j'ordonne :*

*Premièrement : Que soit proclamée une amnistie générale au bénéfice de tous les chefs albanais qui, d'une manière ou d'une autre, se sont montrés insoumis envers le pouvoir impérial ou qui, poussés par le démon et les pachas rebelles, ont même pris les armes contre lui.*

*Deuxièmement : Afin de restaurer les anciennes bonnes relations avec l'Albanie, après l'écrasement des grands ingrats, que soit organisée dans la ville bénie de N. une grande réunion à laquelle participeront les cinq cents principaux chefs de ce pays : capitaines, bannerets, chefs militaires, tribuns, présidents de kuvend, chefs de village, navarques, hauts dignitaires du clergé, derebeys, etc.*

*Au cours de cette imposante assemblée auront lieu, avec ces chefs, d'importants entretiens pour faire en sorte que la paix règne jusqu'à la fin des temps sur cette partie du grand État ottoman et que, dorénavant, l'Albanie devienne un paradis sur la côte de l'Adriatique.*

*Qui ne goûte la douceur de la paix? Mais celle-ci est encore plus douce après l'amertume de la guerre. Que toutes les mesures soient prises afin que ces chefs glorieux soient reçus comme le requièrent leur rang et leur dignité, et comme le dictent aussi le rang et la dignité millénaires de l'ancienne terre d'Albanie. Que soient organisées toutes les cérémonies appropriées à cet important événement, banquets, réjouissances et autres, et que ni les efforts ni les dépenses ne soient ménagés à cette fin. Tous les frais de ces cérémonies seront à la charge du Trésor de l'Empire.*

*Je désigne comme président de la commission centrale des fêtes Muhardar Ali Ogllan pacha. Les membres de la commission gouvernementale ainsi que les chefs et les membres des sous-commissions seront nommés par décret spécial.*

*Mahmoud II, sultan, khalife et iman suprême, souverain du monde.*

*(Transcrit par Ibrahim, humble créature d'Allah.)*

Les invitations portant le sceau et les armes de l'empereur furent préparées dans les bureaux du Protocole impérial. Pendant plusieurs jours une petite foule de hauts et de moyens fonctionnaires s'appliquèrent à rédiger le texte de l'invitation. Des bureaux du Protocole, le projet fut envoyé au ministère des Affaires étrangères et, de là, au palais du Sheh-ul-Islam, où il devait être approuvé définitivement. Le texte, accompagné des remarques des employés du Sheh-ul-Islam, fut retourné au ministère des Affaires étrangères, qui le renvoya aux bureaux du Protocole. C'est seulement après cette laborieuse procédure que les cinq cents invitations furent portées au palais du Sceau et des Décrets, pour y être remplies.

Le choix des noms des invités, la recherche de leurs titres actuels exacts et de leurs lieux de résidence s'avérèrent tâches très ardues. Une soixantaine d'employés furent affectés à ce travail et ils se mirent aussitôt à l'œuvre. Les problèmes qui ne cessaient de surgir étaient parfois d'une désespérante complication. Pendant des jours, les employés du palais du Sceau et des Décrets firent la navette entre les bureaux du Protocole et les Archives centrales et entre les Archives et le ministère des Affaires étrangères. Néanmoins, le travail avançait très lentement. Malgré le fait que quatre cent quatre-vingt-dix-sept chefs albanais figuraient dans le Grand Livre des bureaux du Protocole parmi les onze mille six cent trois plus hauts fonctionnaires de l'Empire, pratiquement, cela ne facilitait guère la tâche. Après quarante années de conflits et de troubles en Albanie, l'oubli, la distance et le froid avaient accompli leur besogne. Depuis longtemps, la quasi-totalité des chefs albanais ne participaient plus aux fêtes de l'Empire.

D'aucuns, emportés par les orages du temps, avaient disparu de la scène, certains avaient été tués, d'autres s'étaient éteints et d'autres enfin, enfouis là-haut derrière les brouillards de leur pays, ne donnaient plus signe de vie. Pour toutes ces raisons, les bureaux du Protocole impérial, et surtout ceux du Grand Livre, qui s'occupaient de l'élite de l'Empire, avaient en quelque sorte perdu tout lien avec eux. En recevant l'ordre de préparer la liste des invités, le chef des bureaux, Qogo Fejzullah effendi, fut frappé d'une crise cardiaque. Néanmoins, ses seconds se mirent au travail avec le zèle particulier que suscite une situation désespérée. L'ancienne liste dans les mains, certains d'entre eux passaient des heures entières dans le palais du Sceau et des Décrets pour chercher dans la multitude de proclamations, d'ordres et de documents divers, quelque nom figurant sur la liste. D'autres effectuaient le même travail dans les bureaux du ministère de la Guerre, dans les rédactions des grands journaux de la capitale ainsi que dans les salles des Archives centrales.

Finalement, de la longue liste ils ne réussirent à retrouver qu'un petit nombre de noms. Il n'existait pour ainsi dire aucune indication sur les autres. Et cela tenait à ce qu'on n'avait pas revu les anciennes listes pour y inscrire les noms des nouveaux chefs qui avaient remplacé entre-temps les chefs morts ou les disparus.

Après deux semaines de recherches infructueuses, il fut décidé d'envoyer des messagers spéciaux en Albanie pour vérifier sur place les noms et les titres des chefs en exercice. Le malheur était que, durant la tourmente de quarante années qui avait jeté bas les grands pachaliks d'Albanie, s'étaient créés des dizaines de petits pachaliks ainsi qu'un nombre encore plus grand de juridictions de derebeys et de petites régions autonomes qui ne reconnaissaient pas le pouvoir central. Tous leurs chefs, bien qu'ayant été graciés par l'amnistie générale, ne s'étaient pas approchés de la capitale, et leurs noms et titres étaient totalement inconnus aux bureaux du Protocole. « Albanie... disaient les employés du Protocole, en buvant du salep[1] par des matins froids au rez-de-chaussée de leur sombre édifice, à Dieu ne plaise que nous ayons affaire à elle! Là, les noms et les titres tombent plus facilement que les feuilles à l'automne. »

Alors qu'on attendait le retour des messagers, le Secrétariat du Sultan émit un second ordre, exigeant que tous les efforts fussent faits pour hâter les préparatifs des fêtes. Alors, tant bien que mal, les subordonnés de Qogo Fejzullah rédigèrent la liste et, tout en la sachant inexacte, la soumirent à nouveau, le cœur tremblant, au palais du Sceau et des Décrets.

Ils avaient rempli presque la moitié des invitations, quand, tour à tour, les messagers commencèrent à rentrer. Finalement, lorsqu'ils furent tous revenus, il apparut que les nouveaux renseignements qu'ils avaient recueillis ne concordaient guère avec les éléments transcrits jusque-là sur les invitations. Il semblait que, là-haut dans l'Albanie lointaine, un vent fou avait tout mêlé, noms, titres, et le reste.

Alors le chef des bureaux du Protocole eut, avec l'aga du palais du Sceau et des Décrets et le ministre des Affaires étrangères, une entrevue gardée secrète afin d'examiner la situation à la lumière des nouveaux renseignements recueillis. Tous trois décidèrent que, sans déranger nullement le souverain, il convenait d'annuler les invitations

1. *Salep* : boisson orientale à base de clous de girofle. (*N.d.T.*)

déjà remplies et de les remplacer par de nouvelles. C'est ce qui fut fait. En travaillant jour et nuit, leurs fonctionnaires réussirent à tout préparer à temps. Pendant un long moment, ils se demandèrent ce qu'ils feraient des anciennes invitations. Il était interdit de conserver de pareils documents. D'autre part, les brûler était passible de sanctions, car elles portaient les armes du Sultan. Ils décidèrent d'en détacher la partie portant les armes, puis de les déchirer et d'en faire disparaître les morceaux. Ce fut pour le ministre des Affaires étrangères, pour le chef du Protocole et l'aga du Sceau et des Décrets, un travail fort fatigant. Ils furent en effet contraints de le faire eux-mêmes. Le carton des invitations était épais, et souvent leurs ciseaux se coinçaient. Ils avaient les mains endolories et comme des crampes aux doigts. Leurs nerfs étaient à fleur de peau, et ils abandonnaient parfois leurs ciseaux pour des poignards dans l'espoir que cela faciliterait leur tâche. Ils perçaient les cartons à un point, puis les déchiraient en deux ou en quatre. Le ministre des Affaires étrangères ne cessait de murmurer : « Allah ! Allah ! » Quand tout fut fini, il était blême.

Quarante messagers se mirent en route de la capitale pour porter les augustes invitations en Albanie. Les sabots de leurs chevaux claquèrent dès l'aube sur les chemins verglacés, brisant çà et là la mince couche de glace qui recouvrait les flaques d'eau.

Le groupe imposant des courriers dans leurs noirs uniformes de service parcourut en quatre jours la longue route qui, des portes de l'Asie, conduisait à l'orée de l'Europe. Ils formaient une sorte de nuage noir, où les liserés rouges des uniformes dessinaient comme des éclairs ensommeillés.

Les villages et les villes qui s'égrenaient des deux côtés de la grande route voyaient passer avec terreur ce fracas de sabots, cependant que les gouverneurs des sandjaks, des pachaliks et même des vilayets poussaient un soupir de soulagement quand l'obscure nuée des messagers, sans s'arrêter chez eux, s'éloignait vers leurs voisins.

Ainsi firent-ils route, comme un sombre tourbillon, jusqu'aux confins de l'Albanie. Là, ils se divisèrent en petits groupes, qui, à mesure qu'ils pénétraient plus profondément à l'intérieur du pays, se réduisaient de plus en plus, jusqu'au moment où chaque messager demeura seul, pour atteindre les destinataires des cartes qui lui avaient été confiées.

Certains poursuivirent leur chemin à cheval jusqu'à leur destination; d'autres, pour joindre les invités, furent contraints de faire une partie de la route à pied, en barque, ou même, quand il leur fallut traverser des régions enneigées, de se servir de raquettes.

La remise des invitations dura plusieurs jours. Enfin, quelque deux semaines plus tard, les uns après les autres, les messagers prirent le chemin du retour. Sur les quatre cent-quatre-vingt-dix-sept invitations, il en avait été remis quatre cent quatre-vingt-treize. Quatre des courriers ne revinrent pas. L'un fut trouvé mort dans une vieille auberge portant l'étrange nom de « Aux Deux Robert », un autre tomba dans une zone frappée par la peste et y fut bloqué, deux autres disparurent sans laisser de traces. (On soupçonnait l'un de s'être enfui dans les pays giaours; quant à l'autre, on ne savait rien de lui.)

Cependant que le travail pour la préparation, puis l'envoi, des invitations se poursuivait fébrilement, Muhardar pacha avait rendu publique la composition de la commission centrale des fêtes, qui devait comprendre, outre ses six membres, les présidents des cinq sous-commissions. La sous-commission politique, dirigée par le haut fonctionnaire du ministère des Affaires étrangères Delikalibash bey, devait s'occuper des négociations, préparer les discours, les répliques, les projets d'accords et le communiqué final; la sous-commission des distractions était présidée par Bandil aga; la troisième sous-commission, avec à sa tête Alaga Gujvabmeroviq, aurait pour fonction d'assurer la nourriture et les boissons quotidiennes, ainsi que l'approvisionnement des banquets et des dîners officiels; la sous-commission des hôtels et des écuries, pour l'hébergement des hôtes et de leurs chevaux, était présidée par Hadji Hazer, et enfin la dernière sous-commission, dirigée par Nuh effendi, ancien fonctionnaire du bureau de l'Enregistrement, était chargée de l'organisation des cérémonies.

Après avoir pris connaissance de la composition de la commission, tous jugèrent que l'équipe de Muhardar pacha devait à coup sûr s'avérer très efficace, car elle était formée d'hommes très expérimentés, qui s'étaient souvent signalés dans des activités de ce genre, dans les jours heureux comme dans les temps difficiles qu'avait connus l'État.

La première réunion de la commission fut convoquée sans tarder. Muhardar pacha y prononça un important discours. Il fit d'abord un bref historique des relations avec l'Albanie, domaine où les erreurs de part et d'autre (ce furent là ses termes, ce qui constituait une formulation nouvelle, jusque-là jamais usitée), où donc, des erreurs commises de part et d'autre avaient souvent suscité d'orageux désaccords, accompagnés (hélas!)

d'effusions de sang; puis le pacha fit état du désir de la Sublime Porte d'entamer, dans ses relations avec l'Albanie, une époque nouvelle, une époque de paix. « C'est la seule politique conforme aux intérêts de l'État ottoman, poursuivit-il, et le gouvernement impérial est résolu à la mettre en œuvre jusqu'au bout. Il est des gens, continua le pacha, en jetant un regard menaçant à quelque deux pieds au-dessus de son auditoire, qui ne veulent pas le comprendre, qui estiment que la politique de l'Empire envers l'Albanie est trop conciliante, qui demandent une politique dure et l'affrontement avec ce pays... » Les yeux de l'orateur se rapetissèrent comme pour mieux percer les regards des auditeurs. « Mais qu'eux et tous les provocateurs de leur espèce sachent bien que le gouvernement frappera cette fois sévèrement quiconque tentera, ouvertement ou secrètement, de faire obstacle à l'amélioration de nos relations avec l'Albanie! »

Il parla ensuite des fêtes qui seraient organisées à cette occasion, et tous se remirent à respirer plus librement. Du reste, la face rubiconde et paisible de Muhardar pacha semblait bien mieux faite pour des discours réjouissants que pour des menaces. Il annonça que ce devait être une fête de réconciliation d'un éclat sans précédent; il parla ensuite de la compréhension et de la magnanimité que devait témoigner la Porte, qu'il fallait bien se garder de prendre pour de la faiblesse, des négociations très étendues qui auraient lieu dans les intervalles entre les réjouissances, en sorte qu'aucune question politique, économique ou culturelle ne demeurât en suspens et ne devînt par la suite un germe de gangrène. Le pacha souligna à deux reprises que la date de l'ouverture des fêtes était fixée au 31 mars, et que cette date était immuable, en raison de son caractère symbolique.

Finalement, dans le silence qui se fit de plus en plus profond, il indiqua que le souverain l'avait reçu en audience la veille et qu'il lui avait fait comprendre que chacun d'eux répondrait de l'organisation de ces fêtes sur sa tête. Et Muhardar Ogllan pacha se passa l'index sur le cou. Par ce geste, qu'il fit avec la même simplicité que le font chaque jour les barbiers ou les cafetiers dans leurs bavardages, il sembla avoir éteint à l'instant même les candélabres de la fête dans leurs yeux pour y allumer quelques petites chandelles qui frissonnaient peureusement dans l'humidité de la nuit.

La réunion fut close comme elle avait été ouverte, dans le silence. Personne ne posa de questions ni ne demanda d'explications sur aucun point.

## 2

La ville de N. était basse et très étendue. En dépit de sa relative importance, elle gisait tristement et sans éclat sur un plateau dénudé. Sous la pluie fine, les cimes des minarets, les coupoles du hammam, ainsi que la tour de la grande horloge, qui en étaient les points les plus élevés, se dressaient, indifférentes, vers le ciel. Durant tout l'été et une partie du printemps, dans les journées chaudes et ensoleillées, ces monuments, échappant quelque peu, semblait-il, à l'attention des hommes, devaient sans doute perdre un peu de leur hauteur et de leur poids. Mais revenaient les jours humides de l'automne, le ciel devenait plus sombre, les oiseaux plus rares, et comme l'année d'avant, ces édifices se découpaient à nouveau sur l'horizon gris, sévères et encore plus imposants. Et les hommes qui passaient à leurs pieds éprouvaient comme un léger sentiment de culpabilité et murmuraient à part eux : « Allah, encore une année d'enfuie ! »

Les bandes d'oiseaux, aussi attirés que les hommes par les hauteurs, voltigeaient des minarets au hammam puis à la tour de l'horloge. Parfois, leurs fientes poussées par le vent tombaient obliquement sur le cadran et pesaient sur les aiguilles, en sorte que le préposé à l'horloge, Mulla Muhib, grimpait une fois par semaine au sommet de la tour, en maudissant tous les oiseaux sans foi ni loi qui font leurs petits besoins là où les hommes osent à peine porter leur esprit.

L'horloge de cette tour était renommée dans toute cette partie de l'Empire non pas tant pour ses qualités ou sa forme que parce que c'était, vers l'ouest, la dernière horloge qui disait l'heure selon les saintes lois de l'Islam. Loin vers l'Occident jusqu'aux confins de l'État, il n'y avait plus d'autre grande horloge, et, au-delà des frontières, se dressaient les horloges de l'Europe maudite qui indiquaient l'heure à l'envers[1], comme l'était tout ce qui se faisait sur les terres des giaours. Ceux qui avaient visité ces pays évoquaient entre autres le caractère diabolique de ces horloges. « Là-bas, disaient-ils, les heures de la matinée sont désignées par celles du soir, les après-midi sont confondus avec les nuits, tout est embrouillé comme une chevelure de nègre », et leurs auditeurs, épouvantés, faisaient « tt, tt » et remerciaient Allah de les avoir fait naître musulmans.

Les habitants de N. étaient docilement soumis aux règles de l'État et de la religion. Au reste, c'était une ville tranquille sous tous les aspects. Peut-être était-ce précisément la raison pour

1. Allusion au décalage qui existait autrefois entre l'heure turque et l'heure occidentale. (*N.d.T.*)

laquelle on l'avait choisie pour consacrer la paix avec l'Albanie. Située entre ce pays et les pachaliks authentiquement ottomans, elle n'avait jamais été une pomme de discorde entre les vilayets ni entre les diverses nationalités. En vérité, c'était une ville qui n'avait pas connu de tristes ou sanglants événements, et l'on pouvait même dire que de façon générale elle n'avait été le théâtre d'aucun fait important. Sa seule évocation rassérénait les esprits. Rien de ce qui la concernait ne venait irriter la mémoire, ni ses annales, ni ses places, ni ses rues, ni les pamphlets populaires que l'on composait dans ses cafés. Ainsi, quand la rumeur que les fêtes de la réconciliation auraient lieu dans cette ville se répandit dans la capitale, tous se dirent que l'on n'aurait pas pu faire de meilleur choix. On pensait même que, comme prix de sa docilité et de sa longue attente, elle méritait depuis longtemps d'être le théâtre de pareilles réjouissances.

Les premiers officiels d'Istanbul qui arrivèrent à N. furent les membres de la sous-commission des hôtels et des écuries, qui était conduite par Hadji Hazer. C'était un petit homme noiraud et trapu, dont le passé était en majeure partie lié aux chevaux des écuries royales. Des choses équestres il était passé aux affaires humaines et il avait entrepris dans la carrière administrative une ascension lente mais sûre. « Il n'y a rien de mieux, disait-il, d'un ton mi-plaisant, mi-sérieux, que de commencer sa carrière par les chevaux. On n'a à craindre d'eux aucune intrigue. Ceux qui connaissent quelque accroc au cours de leur carrière, confiait-il à ses intimes, sont presque toujours les victimes des manigances de leurs anciens collaborateurs des degrés inférieurs de la hiérarchie, qui ne peuvent pas supporter de les voir gravir l'échelle sociale alors qu'eux-mêmes marquent le pas. »

A l'étonnement de ses amis et à sa propre surprise, toutes les affaires importantes dont Hadji Hazer s'occupait depuis des années se rattachaient de quelque manière aux chevaux. Et, cette fois encore, alors qu'il lui avait été confié une tâche encore plus importante, son travail avait, en partie, pour ne pas dire pour moitié, quelque rapport avec les chevaux. Et ce n'étaient pas des chevaux ordinaires, mais les coursiers de cinq cents chefs d'Albanie, sûrement tout aussi ombrageux et rétifs que leurs maîtres.

Sachant qu'il était particulièrement remarqué dans la ville tant que les autres sous-commissions n'étaient pas arrivées, Hadji Hazer se montrait partout en public, dans les rues et sur les places, suscitant la curiosité et le respect dont se voyait entouré tout fonctionnaire important venant en service de la capitale. Il eut tôt fait d'acheminer son travail dans la bonne voie, et il avait dès maintenant assuré dans les auberges et les hôtels la plus grande partie des chambres qu'il lui fallait pour loger les hôtes, ainsi que les écuries pour abriter les chevaux. Il inspectait tout jusqu'au moindre détail, couchait lui-même dans les lits destinés aux invités, terrifiant les hôteliers par l'examen rigoureux qu'il faisait de son corps le lendemain matin, pour voir s'il n'y trouvait pas la trace d'une piqûre de puce ou de punaise.

Il contrôlait aussi les écuries, en y mettant des chevaux comme sujets d'expérience, rappelant aux aubergistes d'un ton menaçant qu'il savait communiquer avec ces bêtes aussi bien qu'avec les hommes et qu'ils auraient bien tort de croire pouvoir le tromper, en comptant sur leur mutisme.

Entre-temps, l'apparition de Hadji Hazer et de

ses gens dans la ville ainsi que le respect que lui témoignaient les autorités locales suscitèrent une vague de rumeurs des plus sensationnelles. On disait que de grands jeux allaient être organisés dans la ville à l'occasion de la conclusion d'une paix (bien que les derniers temps n'eussent été marqués par la fin d'aucune guerre); d'autres affirmaient que N. serait promue au rang de chef-lieu de pachalik, et, pourquoi pas, de vilayet, sinon de chef-lieu de toute cette zone de l'État. « Ah, non, n'exagérons pas! » disait quelqu'un, mais il était aussitôt interrompu : « Qu'y a-t-il là d'impossible? Trouve-nous une ville plus sage, plus pure, plus immaculée, qui ait troublé le sommeil du Padichah aussi peu que la nôtre! Ce n'est pas une ville, c'est un ange, pas vrai? » Les autres hochaient affirmativement la tête, soupiraient d'un air pensif et leurs contradicteurs n'avaient plus d'autre parti que de se taire. Quelques rumeurs allèrent encore plus loin. Certains avaient fait courir le bruit que le Sultan lui-même se rendrait en visite parmi les peuples des Balkans et qu'au cours de son voyage il s'arrêterait entre autres à N. En entendant tous ces bruits, les gens faisaient « tiens, tiens », et se dispersaient pour rentrer chez eux, car, en regard d'une telle nouvelle, tout autre ragot paraissait sans aucun intérêt.

Hadji Hazer se montrait toujours plus fréquemment dans la ville, comme s'il avait voulu exploiter le plus possible le mystère qui entourait sa personne (un mystère qui, comme toute chose, irait s'affaiblissant, pour finir par disparaître) tant que les autres officiels n'étaient pas arrivés.

Et, en vérité, quatre jours plus tard, on vit venir tour à tour la sous-commission des vivres et boissons et la sous-commission des distractions. La première avait à sa tête le chef cuisinier Alaga

Gujvabmeroviq, un homme de haute taille, l'air hagard, aux yeux toujours rouges et au cou particulièrement long et cramoisi, qu'il courbait légèrement vers son interlocuteur chaque fois qu'il s'entretenait avec quelqu'un. Il parlait, avec un certain accent, un turc plutôt grossier, comme tout ce qui émanait de sa personne, et où les mots, décharnés, semblaient se frotter les côtes en s'alignant à la file. Tout en cet homme était déplaisant, et l'on s'étonnait que cet escogriffe insipide sût préparer les mets succulents qui étaient offerts depuis des années dans les banquets officiels.

Le chef de la sous-commission des distractions, Bandil aga[1], comme on l'appelait du fait de sa profession (personne ne connaissait son vrai nom), était l'un des rares hommes chez qui le nom, l'aspect et l'activité concordaient parfaitement, au point que l'on n'aurait su dire si on l'avait désigné à cette fonction à cause de son aspect, si c'était cette activité qui avait fini par lui donner cet air de noceur, ou si c'était tout à la fois à l'un et à l'autre qu'il devait ce nom de Bandil. Les yeux et les sourcils noirs, les joues rouges (pour autant qu'elles pouvaient le paraître sur son teint sombre), il avait le visage barré par une moustache aux pointes effilées et, dans le regard, une lueur languide permanente. De ses pommettes légèrement saillantes émanaient une sensualité et un éclat tels qu'on les aurait prises pour une seconde paire d'yeux que le plaisir, les femmes et la boisson allumaient tout autant, sinon plus, que les vrais. Au premier abord, il donnait l'impression d'un grand viveur de la capitale. On se l'imaginait ayant des liaisons avec des odalisques de vizirs, et des relations secrètes avec quelque princesse du palais ou femme d'am-

1. *Bandil :* en albanais et en turc, « godelureau ». (*N.d.T.*)

bassadeur de grande puissance, ou encore lié par des amours orageuses avec la première hétaïre d'Istanbul, Maynour hanoum, et nul n'aurait été surpris que ses sourcils, ses pommettes, ses lèvres et sa moustache aux pointes effilées fussent parfois évoqués sous forme de vague ébauche dans les broderies des hanoums.

A en juger seulement sur les apparences, toutes ces impressions étaient fondées. Or certains disaient qu'en réalité, il menait une vie très sérieuse, qu'il était très lié à son épouse, femme petite et empotée qui lisait à longueur de journée des livres de religion et lui contait le soir ses lectures. Il était étonnant que Bandil aga fût demeuré si pur au milieu de la dépravation, des prostituées et des maladies honteuses. Mais peut-être ne l'avait-il pas toujours été et avait-il fini par être écœuré de ces turpitudes.

Les trois membres de la commission déjà arrivés, Hadji Hazer, Alaga Gujvabmeroviq et Bandil aga, se montraient en ville parfois ensemble, parfois seuls. Chacun à sa manière, ils étaient actifs, constamment en mouvement. Ils avaient beaucoup d'affaires à régler, l'une plus compliquée que l'autre, des tas de tracas et de contretemps imprévus, depuis la rédaction du menu de plats nationaux albanais, sur lesquels les avis des spécialistes des Archives centrales divergeaient, jusqu'au programme des jeux des saltimbanques. Pendant que Hadji Hazer continuait de contrôler les chambres d'hôtel et les écuries, Alaga Gujvabmeroviq goûtait les mets albanais inconnus que préparaient ses aides, pestait contre eux, les frappait de sa louche sur la tête, tandis que Bandil aga faisait de temps en temps de brèves apparitions, laissant derrière lui le son étourdissant d'un tambour ou le parfum de musc de sa troupe de danseuses. Et puis il y avait aussi le fastidieux travail des comptes, des facteurs et des procès-verbaux de livraison, la vaisselle à rassembler, les contrats à passer pour se procurer la viande, la glace pour les sirops, etc. Une partie de la vaisselle en argent avait été apportée de la capitale, mais elle ne suffisait pas. Les artistes aussi, venus d'Istanbul, semblaient être en nombre insuffisant. Le café, disait-on, devait provenir directement des magasins du palais du Sultan, et les dattes avaient été commandées aux Indes.

Les rumeurs continuaient de circuler dans la ville. Maintenant, la plupart des gens croyaient à la venue du Padichah. Cela dépassait à tel point leur imagination qu'ils envisageaient cet événement sans bien se rendre compte s'il les réjouissait ou les contrariait. Ce fut surtout une semaine plus tard, quand arrivèrent en même temps les carrosses des membres de la sous-commission politique et ceux de la sous-commission des cérémonies, qu'ils se persuadèrent de sa venue prochaine. L'après-midi du même jour, arriva Muhardar pacha.

Les voitures des visiteurs de marque parcoururent la ville sous les regards apeurés des habitants, épouvantés par le bruit fracassant des roues. Ramassés sur eux-mêmes, ils se demandaient avec crainte si ce fracas était imputable aux pavés de leur ville, et, pâles comme la cire, ils murmuraient : « Protège-nous, Allah ! »

Les hôtes de la capitale avaient leurs manteaux couverts de la poussière jaunâtre, un peu rêveuse, des portes de l'Asie, et de la poussière plus sombre, pesante et froide, de l'Europe. On pouvait difficilement effectuer de plus long voyage dans l'Empire. Aussi, à peine arrivé, le cortège de voitures, accompagné des autorités locales, se dirigea, de l'hôtel où furent laissés les bagages des visiteurs, vers le hammam de la ville.

C'était un ancien édifice construit en 1605, comme l'indiquait la plaque fixée au-dessus de son entrée principale et sur laquelle on pouvait lire : « Pour le repos du corps et de l'esprit, Hodja Sinan Ogllu a construit ce hammam en l'an de grâce 1013. Telle la vapeur de ce hammam, que son âme vole, légère, vers l'autre monde. »

Comme tous ceux qui visitaient pour la première fois cet établissement, Muhardar pacha et sa nombreuse suite s'arrêtèrent devant la plaque et la lurent avant d'entrer. Le responsable du hammam, blême de terreur, les mains tremblantes, les précédait.

Quelques instants plus tard, ils étaient déshabillés. La vapeur commença à se répandre et, maintenant complètement enveloppés dans la buée, ils s'espacèrent les uns des autres. Mais comme beaucoup de gens quand ils prennent leur bain, ils éprouvaient le besoin de parler, et leurs voix dans le brouillard semblaient lointaines comme des voix de fantômes. La vapeur se faisait de plus en plus dense, et les mosaïques semblaient y tanguer, comme prises de vertige. Encore un peu, et en se débarrassant, en même temps que de la poussière qui recouvrait leur corps, de leur fatigue et de leur engourdissement, ils auraient la sensation de se délivrer de leur enveloppe matérielle et d'entreprendre le voyage vers l'autre monde, comme le promettait la plaque à l'entrée.

Le responsable du hammam, tapi dans un coin, entendait leurs voix résonner sous les voûtes basses. Elles lui faisaient l'effet d'un grondement de tonnerre et, tremblant de tout son corps, il se mordait les doigts et priait Allah que l'eau fût juste assez chaude, que personne ne glissât sur la mousse de savon, ou qu'un asthmatique n'étouffât pas de sa toux.

Quand finalement, ayant terminé de prendre leur bain de vapeur, ils sortirent, devant l'entrée, des deux côtés de la rue s'était massée une foule de gens. Silencieux, ils suivaient des yeux les hôtes de marque montant dans leurs voitures et cherchaient à deviner aux chamarrures de leurs manteaux quels étaient les plus importants.

Il faisait froid et il bruinait, mais les badauds restèrent là jusqu'à ce que le dernier carrosse se fût ébranlé. Le jour déclinait et la fumée du hammam montait vers le ciel de plomb en volutes étranges et sévères.

Le lendemain, Muhardar pacha convoqua ses adjoints et les chefs des cinq sous-commissions à une brève réunion. Celle-ci finie, il procéda à une rapide inspection des lieux où devaient se dérouler les festivités, depuis l'hippodrome, qui servirait d'arène au défilé de la garnison de la ville, jusqu'à la salle des entretiens officiels, que le chef de la sous-commission politique, Delikalibash bey, venait de choisir parmi les trois salles de la ville se prêtant à cet usage. Quant aux salles où devaient être offerts les banquets officiels, le chef de la sous-commission des cérémonies, Nuh effendi, après une prompte visite faite ce matin-là sur les lieux, jugea qu'aucune d'entre elles n'était adéquate. Et c'était compréhensible. Une salle où cinq cents personnes ne feraient que parler était plus facile à trouver qu'un lieu où celles-ci s'attableraient pour banqueter.

Tout en marchant (de ce pas d'une cadence particulière propre aux tournées d'inspection), Nuh effendi dit à Muhardar pacha qu'à son avis, les locaux de cette ville qui se prêtaient le mieux à la tenue d'un grand banquet officiel étaient les mosquées et les anciens monastères. « Je n'y vois pas d'inconvénient, répondit le pacha, vous vous entendez mieux que moi à ces choses-là. »

Quand il eut terminé sa tournée, Muhardar pacha ne pesta contre personne ni ne prononça aucune sanction. Il avait surtout le souci que les préparatifs se terminent au plus tôt. Peu lui importait que son indulgence portât un peu atteinte à son autorité, comme il y avait lieu de le craindre. Il jeta un rapide coup d'œil sur les cahiers de dépenses, puis se fit présenter un court rapport sur l'hébergement des invités, les hôtels, auberges et écuries, ainsi que sur d'autres détails, en écoutant tout le monde avec aménité et en appelant même par deux fois Hadji Hazer « mon fils ».

Les cinq sous-commissions travaillaient d'arrache-pied. Il restait à peine deux semaines jusqu'à l'ouverture des festivités, mais Muhardar pacha avait donné ordre que tout fût prêt quelques jours avant le 31 mars. Maintenant, tous avaient appris pourquoi précisément cette date avait été fixée et pourquoi elle était irremplaçable. Selon l'explication de Delikalibash bey, le jour qui marquait la limite entre le mois de mars et le mois d'avril avait été choisi parce que, dans la philosophie poétique albanaise, mars était tenu pour le mois de la vaillance, et avril pour celui de l'amour. Une chanson populaire connue exprimait du reste clairement cette idée par les paroles suivantes : « Mars de la bravoure m'a abandonné pour me livrer à avril de l'amour. » Les fêtes se dérouleraient donc tout à la fois sous le signe de la vaillance et de l'amour, ou, plus exactement, elles commenceraient sous le signe de la vaillance pour se clôturer sous celui de l'amour.

Cependant, à N., on avait enfin appris la raison de la venue des hôtes de marque de la capitale : les cérémonies devaient sceller la réconciliation avec l'Albanie.

Les habitants de N. ainsi que tous ceux du pachalik voisin accueillirent la nouvelle avec une certaine indifférence. En vérité, cela ne les concernait pas. Bien qu'étant, depuis quatre siècles, limitrophes des quatre Albanies, comme ils appelaient ses quatre pachaliks, ils avaient toujours tenu ce pays pour un pays lointain. C'était pour eux une région rétive et incompréhensible, et elle l'avait surtout été ces quarante dernières années. De longues caravanes de soldats harassés, avec des mulets, des drapeaux, des canons, traversaient souvent la ville. Les habitants les considéraient en silence et murmuraient entre eux : « Encore l'Albanie ! »

Mais, heureusement, maintenant ils allaient s'assagir. Apparemment, on leur avait finalement fait entendre raison. Voilà, la Sublime Porte, patiente comme toujours, oubliant un moment sa fierté, leur avait tendu une main ointe de miel. Que la malédiction tombât sur eux s'ils ne savaient pas apprécier cette fois non plus ce geste magnanime !

C'était ce qu'on disait un peu partout dans N. On était à la mi-mars, mais le printemps ne s'annonçait encore par aucun signe. La nuit, il gelait, et parfois le ciel était si froid et lisse qu'on pouvait penser que la lune, les étoiles et tous les corps célestes glisseraient sur cette surface de glace pour se briser en mille éclats lumineux.

La sous-commission politique tenait séance régulièrement tous les jours. Elle comprenait presque uniquement des fonctionnaires du ministère des Affaires étrangères. En vérité, afin d'éviter toute interprétation tendancieuse sur le statut de l'Albanie, la presse ne faisait nullement mention de la participation du ministère des Affaires étrangères à l'organisation des fêtes. En effet, cela aurait pu donner lieu à des interprétations gravement erronées, dans le pays comme à l'étranger. Admettre publiquement que les affaires de l'Albanie étaient désormais du ressort du ministère des Affaires étrangères revenait à reconnaître ouvertement que, désormais, l'Albanie n'était plus considérée comme une partie constitutive du grand État ottoman. Cela susciterait une nouvelle vague de fureur au sein de la caste militaire et parmi les vieux politiciens qui se réunissaient autour du Sheh-ul-Islam. En l'occurrence, ils auraient de leur côté l'opinion publique, qui trouverait plus naturel que ce fût le ministère de l'Intérieur plutôt que celui des Affaires étrangères qui s'occupât de l'Albanie, attribution que la Sublime Porte s'était abstenue de lui reconnaître depuis plus de cent ans, pour éviter les frictions qu'une telle solution n'aurait pas manqué de créer avec les Albanais. Et maintenant, à la veille de la réconciliation, on avait trouvé une voie intermédiaire. D'une part, à l'aide d'agents dépêchés aux quatre coins de l'Albanie, on avait fait courir le bruit que, pour la première fois dans l'histoire des relations avec ce pays, celles-ci étaient de la compétence du ministère des Affaires étrangères; d'autre part, ce transfert d'attributions avait été gardé secret aux milieux diplomatiques de la capitale et surtout à la presse. Ainsi cette solution avait l'avantage tout à la fois de flatter les Albanais en leur accordant ce dont ils rêvaient depuis si longtemps et de rassurer les fanatiques ultras d'Istanbul.

Delikalibash bey ne manquait aucune de ces réunions. Il contrôlait un à un tous les documents préparés par ses seconds : les discours, les clauses des accords, les projets de déclarations. Il faisait des observations pertinentes sur leur contenu, sur les formulations, voire sur le style. Son visage énergique, glabre, au front haut et large, donnait dans l'ensemble une impression de solidité qui inspirait à ses subordonnés un sentiment de sécurité. Et pourtant (comme ils se le confiaient dans l'intimité), ils auraient préféré travailler sous les ordres de Nuh effendi, dont l'action, à la différence de leur chef, encore qu'elle fût peut-être moins ordonnée, était, si l'on pouvait dire, empreinte de plus de poésie.

Les derniers jours, la sous-commission politique avait eu beaucoup à faire avec la préparation de la documentation. C'était une tâche particulièrement lourde du fait qu'il avait été décidé que tous les projets devaient être rédigés en deux langues, toutes deux mortes, en ancien ottoman et en latin. Cette décision avait été naturellement prise pour accentuer l'impression du caractère bilatéral des négociations. Bien entendu, les Albanais auraient aimé que l'une des deux langues fût l'albanais, mais l'Empire, en dépit de sa bonne volonté, ne pouvait se permettre d'aller aussi loin dans la voie des concessions. On choisit le latin, langue affine de l'albanais et, d'autre part, par un souci d'équité, l'albanais ne devant être employé ni pour les textes écrits ni oralement, il fut jugé opportun d'écarter aussi le turc de l'époque, tout au moins dans la documentation écrite.

A la différence des autres présidents, Bandil aga ne réunissait pas sa commission à des heures fixes; il ne la convoquait que lorsqu'il le jugeait nécessaire, et surtout la nuit. Les musiciens et les danseurs poursuivaient très tard de fatigantes répétitions. Ils trouvaient surtout difficiles à apprendre deux ou trois danses albanaises qui devaient absolument figurer au programme. Tantôt la musique était exécutée de façon trop traînante, tantôt les danses étaient dénaturées à tel point qu'elles paraissaient avoir été conçues dans un cauchemar.

Deux Albanais d'un grand âge, que l'on invita à y assister pour donner leur jugement, se voilèrent les yeux de leurs mains, comme devant une calamité.

« Ce ne sont pas des danses albanaises, aga, dirent-ils ce sont des horreurs. »

Bandil aga fut très contrarié. La préparation des danses albanaises s'avérait beaucoup plus difficile que prévu. Avec les numéros des saltimbanques, les cartomanciennes, les chiromanciennes, voire avec les malheureux chansonniers qui réciteraient leurs vers au cours des banquets, la tâche était plus aisée. Il entendait soumettre la question à Muhardar pacha, avec l'espoir de le persuader de remplacer les danses albanaises par quelque autre numéro.

En fait, la sous-commission des distractions, bien que sa tâche, à première vue, parût agréable, dut affronter un tas de complications. Ses tracas avaient commencé avec les querelles entre les tsiganes. Dès les premiers jours, celles-ci s'étaient violemment chamaillées, colletées, arraché les cheveux, et tout cela, comme toujours, pour des motifs de jalousie. Bandil aga s'était mis en colère, il les avait menacées de les renvoyer à la capitale, de les châtier, il avait même évoqué la prison, mais elles n'avaient rien voulu entendre. « Quelle tuile! disait-il un peu partout. Comment faire entendre raison à ces ordures! »

La question des jeux populaires albanais, qui devaient aussi faire partie du programme à tout prix, n'était pas un moindre sujet de préoccupation. L'un de ces jeux s'appelait « La citadelle dibrane », et Muhardar pacha l'avait rayé de la liste dès qu'il en avait lu le nom. « C'est un jeu diabolique, disait-il, qui évoque les maudites forteresses d'antan. Trouve quelque chose de plus gai, Bandil aga! »

« Hum! maugréait Bandil aga à part lui. Quelque chose de plus gai, c'est vite dit! » Et un des rares jeux qui lui semblaient attachants, le jeu de paume, avait été ôté de son ressort et confié à la sous-commission de Nuh effendi. Bien sûr, la paume était un jeu de l'époque. Jeu noble, certes, qui convenait aux diplomates et aux messieurs des bureaux du Protocole. Jeu propre. Et le plus important, c'était que ce jeu n'était ni turc, ni grec, ni albanais. Jeu d'origine inconnue. Justement ce qui convenait le mieux! Hum!

Si Bandil aga prenait un malin plaisir à railler la sous-commission politique et celle du protocole, surtout en la personne de leurs chefs, Delikalibash bey et Nuh effendi, il n'était pas le seul. Hadji Hazer et même Alaga Gujvabmeroviq l'égaré se plaisaient aussi à exprimer à tout propos leur peu de sympathie pour ces deux « messieurs distingués », comme ils appelaient entre eux les deux présidents. Ils lançaient continuellement des piques à leur adresse, les taxaient de morgue, d'arrogance et de froideur. C'était une jalousie engendrée par la nature même de leur travail. Même si Delikalibash bey et Nuh effendi s'étaient montrés moins hautains à l'égard de leurs collègues, ceux-ci auraient continué de trouver des motifs de dépit à leur encontre. Chaque fois qu'ils avaient une prise de bec avec les aubergistes mal dégrossis, quelque nouveau tracas avec les musiciens, des difficultés à se procurer de la vaisselle ou quelque très grosse facture à régler, ils sentaient monter en eux une rancœur aveugle envers les deux sous-commissions au travail tranquille, qui n'avaient pas à s'occuper de problèmes aussi terre à terre que les leurs. « Bien sûr, qui sait pour qui ils nous prennent ! » disait Bandil aga chaque fois que, dans un lieu public, Delikalibash bey et Nuh effendi s'écartaient pour causer entre eux. « Oh, il n'y a pas de doute, l'interrompait Hadji Hazer, pour eux nous ne sommes que des bouchers, des saltimbanques, des valets d'écurie. » Alaga Gujvabmeroviq, qui avait le parler difficile, se bornait à émettre un grognement, et un afflux de sang venait rougir ses yeux et son cou.

Comme pour faire enrager leurs collègues, aux réunions de la commission centrale, Nuh effendi et Delikalibash bey s'asseyaient l'un à côté de l'autre. En vérité, ils n'étaient liés par aucune amitié particulière et ils savaient bien qu'à peine de retour dans la capitale, ils ne se reverraient plus. Mais ils étaient ici en province, et en outre ils se sentaient rapprochés par la similitude du travail de leurs sous-commissions respectives.

Nuh effendi, bien qu'ayant dépassé la quarantaine, était un homme de belle prestance, grand, la taille bien droite, avec des cheveux gris clairsemés, qui semblaient avoir été disposés avec soin, comme brodés, sur sa tête. A la différence des grosses joues de Muhardar pacha, dont la peau lisse et tendue ne pouvait rien retenir sinon la légère rougeur qui les teignait, les joues de Nuh effendi étaient creusées de deux fossettes, que chacun de ses sourires remplissait aussitôt. Et même avant de quitter son visage, son sourire s'attardait encore un instant dans ces fossettes, comme la pluie d'été dans les creux de la plaine.

C'est avec ce sourire que Nuh effendi avait commencé sa carrière comme second surveillant de la salle du petit déjeuner de la Sultane Mère, pour la poursuivre jusqu'aux postes les plus importants du Protocole de l'Empire. Mais son chemin n'avait pas été facile. A la suite de l'empoisonnement du grand vizir Youssouf au grand banquet offert pour commémorer la répression de la révolte des janissaires, Nuh effendi fut emprisonné, puis déporté avec ses seconds. Pendant des mois, il attendit d'être condamné, à mort, à la détention, à la déportation perpétuelle, quand subitement furent découverts les vrais coupables. Il rentra dans la capitale triomphant, plus fort qu'auparavant, encore que ses traits fussent maintenant voilés d'une certaine tristesse.

Depuis lors, Nuh effendi se montrait très attentif dans son travail. La cour était un filet d'intrigues continuelles où il fallait être constamment en éveil si l'on ne voulait pas s'y trouver subitement pris. Lorsqu'on lui fit savoir qu'il ferait partie de l'importante équipe chargée de conduire les contacts en vue de la réconciliation avec l'Albanie, cela lui parut une tâche relativement aisée et il accueillit cette désignation avec joie. En s'éloignant pendant quelques semaines des intrigues de la capitale, il aurait l'occasion de se détendre un peu, et en outre, si le changement de climat avait un heureux effet sur sa santé, cela serait vraiment magnifique.

Toutefois, peu après avoir entamé ce travail, il se rendit compte que sa tâche serait beaucoup plus ardue qu'il ne l'avait cru. Des erreurs aussi fatales que celles dont il avait eu à pâtir lors de l'empoisonnement du Grand Vizir étaient toujours à craindre. Les tracas commençaient déjà à propos de la table des négociations, car il s'agissait d'en choisir les dimensions, la forme, de fixer les places qu'y occuperaient les représentants de l'Empire et les hôtes albanais. Il lui fallait aussi définir l'ordre des préséances dans les banquets et les cérémonies. C'était vraiment un travail infernal. Ses aides travaillaient jour et nuit, examinant les données fournies par les Archives centrales sur les rapports que les chefs albanais entretenaient entre eux, leurs conflits, leurs alliances, leurs inimitiés, leurs vendettas, leurs rapports avec les pachas renversés, et surtout avec Ali pacha de Tépélène et Kara Mahmoud Bushatli.

En sorte que Nuh effendi ne savait plus où donner de la tête. Les places étaient fixées, numérotées, mais surgissait un nouvel élément, et l'on était obligé de tout changer. Parfois les données des Archives centrales étaient contradictoires, ce qui compliquait encore plus les choses. « Quel travail diabolique! » soupirait Nuh effendi.

A vrai dire, à Istanbul, on s'était douté des difficultés particulières que la commission du protocole aurait à affronter; aussi les aides de Nuh effendi étaient-ils plus nombreux et de plus haut rang que les adjoints des autres chefs de sous-commission. Deux de ses seconds, Hafiz Bina et le capitaine Durmish Dur Ali, participaient même à titre consultatif à la commission centrale des fêtes. Hafiz Bina, vieux renard des bureaux du Protocole qu'un mal à la colonne vertébrale obligeait la plupart du temps à se mouvoir plié en deux, s'occupait des questions les plus diverses, alors que le capitaine Durmish Dur Ali n'était chargé que d'une seule mission : organiser le défilé militaire. La parade devait avoir lieu à l'hippodrome de la ville, et depuis quelque temps déjà on avait commencé à y construire de nouvelles tribunes en bois. Chaque jour, les troupes y faisaient de fatigantes répétitions aux sons de la musique militaire. Durmish Ali revenait de ces exercices mort de fatigue. Petit de taille, la poitrine étroite, il avait une manière d'avancer sa jambe droite, comme si elle avait été en bois, qui le faisait paraître encore plus frêle. Et comme s'il avait voulu tenir compagnie à sa jambe, son œil droit, qui paraissait plus petit que le gauche, était légèrement figé et constamment voilé d'un larmoiement, au point qu'on avait l'impression qu'il vous humectait en vous regardant.

Pourtant, bien qu'il n'en imposât guère par son aspect, on disait de lui qu'il était l'un des meilleurs officiers de l'Empire pour l'entraînement des troupes. Il avait fait une longue période de service au Yémen, aux lointains confins de l'État, puis, pendant un certain temps, on avait ignoré son affectation, jusqu'au jour où il s'était subitement distingué dans la répression d'une conspiration de palais. Le complot écrasé, il participa à l'organisation du défilé militaire qui eut lieu à cette occasion, puis, pour un temps, disparut à nouveau. Son curriculum comportait trois ou quatre de ces vides, à propos desquels il n'aimait pas qu'on l'interrogeât, comme s'il s'agissait d'une effrayante évocation.

Dans le nombreux groupe des fonctionnaires qui s'occupaient de l'organisation de la fête, la position des deux adjoints de Nuh effendi n'était pas nettement définie. Cela tenait à ce que, tout en ne se sentant pas entièrement dignes de frayer avec les chefs les plus en vue qu'étaient Nuh effendi et Delikalibash bey, ils répugnaient à s'unir définitivement au groupe de Bandil aga, Hadji Hazer et Alaga Gujvabmeroviq. Si bien que, penchant tantôt d'un côté et tantôt de l'autre, ils s'étaient, comme d'habitude en ces cas-là, complètement isolés, et il n'y avait certainement pas d'hommes plus seuls dans la ville de N.

On entrait dans la dernière semaine de mars, et la commission centrale ainsi que les sous-commissions travaillaient hâtivement. Muhardar pacha avait convoqué quelques brèves réunions. A l'une d'entre elles, Hadji Hazer, s'étant présenté avec des marques de punaises écrasées sur son visage, réclama énergiquement que Muhardar pacha punît sévèrement le tenancier de l'hôtel où il avait subi cette honteuse vexation au cours de sa dernière nuit d'inspection. Une sanction rigoureuse fut prise contre l'hôtelier, non pas tant parce qu'on ajouta pleinement foi à l'accusation de Hadji Hazer que pour donner un exemple de fermeté à tous ceux qui auraient pu être tentés tant soit peu d'entraver les préparatifs et la bonne marche des fêtes.

Et, effectivement, la sanction se révéla efficace. Les commerçants de viande, de légumes, les aubergistes, les hôteliers, les boulangers, les épiciers, les marchands de miel, d'orgeat, bref, tous ceux qui avaient passé des contrats avec les sous-commissions des fêtes se firent doux comme des lapins.

Une montagne de plateaux, de plats d'argent, d'assiettes, de couverts, de cafetières, de poêles et de bassines de toutes les dimensions se dressait, froide et étincelante, devant Alaga Gujvabmeroviq. Leur éclat, blanc ou rougeâtre, selon le métal dont ils étaient faits, diffusait une menace silencieuse. Parfois, Alaga Gujvabmeroviq avait l'impression de voir cette menace planer dans l'air sous forme de disques, la forme de la plupart de ces pièces de vaisselle métallique.

Il y en avait des centaines de tous les types, pour les déjeuners et les dîners ordinaires comme pour les réceptions officielles, pour les mets en sauce ou sans sauce, pour les gâteaux et les kabounis, pour les pilafs, les kebabs, les compotes et autres, à fines gravures ou à inscriptions, décorés des armes du sultan ou de citations du Coran, des plats en argent gardés à part et inscrits sur un inventaire particulier, ou d'autres plus ordinaires, en cuivre ou en bronze, de très simples ou de somptueux, depuis les poivriers, qui se tenaient l'air gêné sur les tables, jusqu'au maître plateau du grand baklava, qui occupait le sommet de cette hiérarchie de vaisselle.

Le souci de la vaisselle ne représentait qu'une partie des préoccupations d'Alaga Gujvabmeroviq. Il avait d'encore plus gros tracas pour se procurer la viande, les légumes, le beurre et l'huile, les sauces, le sucre, les fromages, les condiments, les pignons, etc. Il était en outre responsable de leur état, surtout de la fraîcheur de la viande ou des sauces, et de la qualité des graisses, du miel, des dattes.

Mais ses soucis ne s'arrêtaient pas là. Bien qu'il eût sous ses ordres plusieurs sous-chefs cuisiniers, dont un Chinois, une trentaine de cuisiniers et une multitude d'aides, il lui fallait surveiller toutes les marmites et les sauteuses. Car, en fin de compte, il était responsable de tout. Il devait courir des poêles où l'on faisait frire les boulettes aux chaudrons remplis de pilaf et, de là, aux marmites où bouillaient les sirops des gâteaux, pour revenir à la hâte à qui sait quels autres récipients.

Ensuite, le travail qui consistait à disposer les mets sur les plats, à couper la viande, la distribution du kabouni et du burek[1], et surtout des mets en sauce ne s'avéraient pas moins compliqués. Ces

1. *Kabouni :* mets de riz sucré, parsemé d'amandes grillées et relevé de cannelle. *Burek :* mets fait d'une pâte feuilletée garnie d'une préparation de viande finement hachée. *(N.d.T.)*

derniers étaient une véritable malédiction, surtout dans les dîners officiels, où les vêtements de prix, les galons et les décorations des invités semblaient véritablement attirer les sauces. Et c'était alors des incidents fâcheux, des enquêtes minutieuses. Y avait-il là quelque malveillance ? Et tout cela était suivi de sanctions pour au moins une douzaine de personnes.

Et comme si toutes ces corvées ne suffisaient pas, Alaga Gujvabmeroviq devait exécuter lui-même certaines opérations. La pratique consacrée l'exigeait. C'est ainsi, par exemple, qu'au premier banquet officiel, il devait préparer de ses mains le grand baklava, ou maître baklava, comme on l'appelait. Les cent quarante feuilles à rouler obsédaient déjà le maître cuisinier. « Ah, soupirait-il de temps en temps, si Allah ne m'enlève pas la raison cette fois-ci, je ne la perdrai jamais. » Et, en évoluant ainsi parmi les casseroles et les plateaux qui lui reflétaient, l'un après l'autre, l'image déformée de sa tête, brusquement il se sentait las et s'asseyait un moment pour se reposer. Alors, plongé dans une torpeur passagère, il voyait vaguement en esprit les diverses maisons de fous de l'Empire dont il avait entendu parler çà et là. En particulier, il pensait à un asile d'aliénés d'Anatolie proche des confins de la Crimée, où, lui avait-on raconté, des hodjas devenus fous chantaient l'ézan cinq fois par jour. « Allah ! conserve-moi la raison, je ne te demande rien d'autre ! » priait Alaga Gujvabmeroviq à ses moments d'abattement.

Les messagers venus d'Istanbul apportèrent à la sous-commission politique de nouvelles instructions. C'étaient principalement de nouvelles formulations susceptibles d'être utilisées au cours des entretiens et surtout dans les projets de déclarations, des formules encore plus chaleureuses que les premières, ce qui prouvait que, dans les derniers jours, la Porte était toujours plus décidée à assouplir sa position à l'égard de l'Albanie. Il était recommandé entre autres à la sous-commission de faire dans les projets de déclaration un large usage d'expressions comme « collaboration fraternelle », « atmosphère d'entière franchise », « amitié », « unité », « concessions bilatérales historiques », etc.

Delikalibash bey, après avoir lu attentivement les directives, en informa scrupuleusement Muhardar pacha.

A la fin de mars, il fit comme d'habitude un froid piquant. Muhardar pacha, bien qu'enrhumé, décida d'inspecter tous les édifices devant être utilisés de quelque façon au cours des fêtes. Il commença par la mosquée bleue, dont la nef immense devait servir de salle de négociations. Les tables étaient disposées en forme de cercle, et des vitraux à fond gris, qui avaient dû être une fois bleus, filtrait chichement une lumière glaciale.

« Il fait très froid ici, dit Muhardar pacha, en portant la main à sa gorge.

– Nous allons faire allumer quatre grands poêles à charbon », dit Nuh effendi, qui marchait à sa droite. Il montra de la main les coins où il comptait installer les poêles.

« A charbon? fit le pacha. Je préférerais être chauffé au bois.

– Ce sont des poêles très sûrs, mon pacha, dit Nuh effendi. Il n'en émane aucune odeur de charbon. »

De la mosquée bleue, Muhardar pacha se rendit avec sa suite à l'hippodrome. Les tribunes destinées aux hôtes venaient d'être terminées. Sur un des gradins en bois étaient posés les instruments de la musique militaire, laissés là, semblait-il, dans l'attente de la répétition du défilé. Le capitaine Durmish Dur Ali, traînant sa jambe droite comme s'il s'efforçait de l'arracher à un crochet, fit quelques pas raides vers eux, salua militairement et présenta son rapport sur la situation. Son œil droit, petit et larmoyant, transperçait tout comme un poinçon.

Après l'hippodrome, ils visitèrent le vieux monastère, dans l'église duquel seraient donnés les dîners officiels. On l'avait préférée à la salle de la mairie non seulement à cause de ses dimensions exceptionnelles, mais aussi parce qu'elle se trouvait à l'intérieur du couvent, dont les nombreuses pièces et galeries pouvaient abriter la grande cuisine où seraient préparés les déjeuners et dîners officiels.

Dans l'église il faisait encore plus froid et Nuh effendi répéta qu'il y installerait des poêles à charbon, et non plus quatre, comme à la mosquée bleue, mais six. Muhardar pacha conduisait le groupe en marchant comme avec crainte sur le dallage froid, fait de plaques hexagonales. On voyait bien que c'était la première fois qu'il entrait dans une église. Par les vitraux étroits pénétrait une lumière blafarde. Tout, à l'entour, évoquait l'abandon. Les murs, écaillés, étaient parsemés de plaques d'humidité; les fresques étaient à moitié effacées ou rongées, les lampadaires rouillés. Muhardar pacha s'assombrit.

« Tout cela sera recouvert, dissimulé, mon pacha, se hâta de dire Nuh effendi, en étendant le bras en direction de l'église, où des dizaines de personnes, montées sur des sièges, fixaient sur les murs et sous les coupoles de grandes tentures de soie pourpre. Tout sera recouvert, reprit Nuh effendi, et la salle prendra un aspect magnifique. »

S'étant approché de la partie de l'église déjà tendue de satin rouge et jaune, Muhardar pacha fut rassuré :

« Oui, ça ira », dit-il à voix basse, et il sourit à Nuh effendi.

Le ciel s'éclaircit soudain. Au moment où l'on s'attendait à de plus grands froids, fréquents à la fin de mars, le temps, au contraire, se radoucit. Il sembla que très vite les amandiers seraient en fleur. Les fêtes devaient commencer trois jours plus tard. Les sous-commissions travaillaient fiévreusement.

Le 28 mars, Nuh effendi alla surveiller la préparation du maître baklava, qui, bien qu'elle fût principalement aux soins d'Alaga Gujvabmeroviq, faisait également partie de son secteur. Il parcourut le chemin jusqu'au vieux monastère à pied. L'air âcre du printemps lui piquait le nez.

Il trouva Alaga Gujvabmeroviq coiffé d'une toque blanche de cuisinier et pestant contre ses aides chinois, mais comme il n'avait pas sa louche à la main, ses menaces étaient relativement moins convaincantes. Ses yeux et surtout son cou étaient rouge sang. Ayant aperçu Nuh effendi, il se contint.

Dans la longue et froide galerie, une foule de vieilles femmes étaient en train de dérouler les dernières feuilles du baklava. Des centaines, terminées, mises en pile, formaient des taches blanches sur quelques tables basses. Un peu plus loin se trouvaient les marmites pleines de beurre fondu, d'amandes et de pignons. Sur une table à part, seul, étincelant, rond, comme une accolade, avec des armes gravées en son milieu et un verset du Coran au-dessous, était posé le maître plateau.

C'était, disait-on, le plus grand plateau de l'Empire. Il avait servi pour les maîtres baklavas de la célébration du trois centième anniversaire de la victoire sur les peuples des Balkans, de la naissance du sultan Mahmoud II, du sultan Djem et du sultan Soliman le Magnifique, du banquet offert pour commémorer la répression du complot du grand vizir Buyak pacha, et d'autres événements majeurs. D'un diamètre de plus de six pieds, il avait été confectionné en un alliage spécial de cuivre, d'argent et d'étain par le premier orfèvre impérial, Nesip, et le baklava qui y avait été cuit suffisait sans crainte pour cinq cents invités.

Alaga Gujvabmeroviq expliqua à Nuh effendi que d'un moment à l'autre devait commencer la disposition des feuilles sur le plateau, opération qui nécessiterait quelque cinq heures. La cuisson du baklava serait achevée dans la soirée et le sirop y serait versé le 29 mars vers midi. Le baklava y tremperait depuis ce moment-là jusqu'à la soirée du 31 mars, délai pleinement suffisant pour qu'il s'en imbibât.

Le temps s'adoucissait d'heure en heure. Autour de la ville commencèrent à gargouiller les premiers ruisseaux formés par la fonte des neiges. Et les chansonniers qui peuplaient les cafés de la ville ne manquaient pas de l'évoquer dans leurs strophes. Ils tenaient la fonte des neiges pour un heureux présage, en la rattachant toujours aux fêtes de la réconciliation, maintenant imminentes.

Des nouvelles parvenaient, annonçant que tous les hôtes étaient en route, qu'une partie d'entre eux étaient même déjà arrivés dans de petites villes proches de N. où ils avaient fait halte pour attendre leurs compagnons. La crainte qu'ils ne vinssent pas, ou pour le moins qu'il n'en vînt qu'un petit nombre, maintenant se dissipait. Durant toute la période des préparatifs, cette crainte avait plané partout. On pensait que les Albanais, à travers leurs informateurs, suivaient pas à pas le travail des commissions pour y déceler les signes de quelque traquenard. On les soupçonnait d'avoir des hommes à eux dans les sous-commissions, et peut-être même dans la commission centrale. Lorsque Muhardar pacha fut informé de ce soupçon par le chef de la police de N., il se mit à rire de bon cœur. « Tant mieux, dit-il, s'ils ont des informateurs parmi nous, ils se persuaderont alors de la sincérité de nos intentions, n'est-ce pas? »

Et, en vérité, tout nuage de doute s'était dissipé et les invités étaient maintenant en route. Tout avait été arrangé de manière qu'ils entrent à N. dans la soirée du 30 mars et dans la matinée du 31. Officiellement, la fête devait commencer l'après-midi par le défilé à l'hippodrome, et dans la soirée aurait lieu le premier grand banquet officiel. Les jours suivants étaient remplis par un programme très chargé.

Le matin du 30 mars, Muhardar pacha convoqua deux rapides réunions, l'une avec les sous-commissions, et l'autre, beaucoup plus élargie, avec ceux qui assureraient les différents services ces jours-là : gardiens, cuisiniers, valets, danseuses, saltimbanques, surveillants, lanterniers, hôteliers, musiciens, aubergistes, poètes populaires, etc. Il fit une brève allocution, rappela à chacun sa tâche et demanda que chacun prodiguât ses efforts afin que cette importante fête de l'État, à laquelle le Sultan s'intéressait directement, se déroulât avec succès.

## 3

Comme prévu, l'arrivée des invités commença dans l'après-midi du 30 mars. Vêtu de son manteau officiel aux insignes du Protocole de l'Empire, qui le faisait paraître encore plus long, Nuh effendi, que ses tracas des derniers jours avaient affligé d'un mal de tête, arpentait sa chambre à l'hôtel du Pèlerinage des Cigognes, attendant qu'on lui annonçât l'arrivée des groupes successifs d'invités. Sur une table se trouvaient les listes des visiteurs, dont il attendait de pointer les noms au fur et à mesure des arrivées. Mais les marques sur les feuillets étaient encore rares.

Le premier groupe était arrivé à quatre heures et quart. Nuh effendi, accompagné d'Hafiz Bina et d'un groupe d'officiels de N., était allé au-devant d'eux jusqu'au pont de pierre, non loin du hammam, pour les accueillir. Bien qu'une bonne partie de sa vie eût été remplie de réceptions officielles, où il avait eu affaire notamment à de hauts fonctionnaires albanais, à la vue du premier groupe d'invités, qui s'approchait à cheval dans un léger nuage de poussière rendu laiteux par la lumière déclinante, Nuh effendi s'était senti troublé.

Selon les indications parvenues une heure avant son arrivée, le premier groupe comprenait des hôtes des diverses régions d'Albanie. C'étaient le capitan Gjon Gjonomadhi, de la fameuse famille des Kamnene, le chef du Kelmend, Ded Mark Deda, Zylyftar bey Toska, du Sud, le banneret de la Grande Dibra, Elez Alia, Sheme Alarupi de l'ancienne famille éteinte des Muzaka, le chef de la Petite Dibra, Aydin, deux frères de la famille des Bilbil, le fameux Sheme, surnommé le Comitadji, et Nik Toska, descendant de Gjin Bue Shpata.

Nuh effendi les vit mettre pied à terre tour à tour et, sans même s'être dégourdi les jambes, se diriger vers lui, escortés de leurs gardes. De toutes les pièces de leur habillement, si différent des habits turcs, ce qui attira d'abord le plus son attention fut leurs opingas à la pointe ornée d'un pompon. C'étaient des pompons rouges, qui à chaque pas se hérissaient comme des crêtes de coq ensanglantées. Puis, à mesure qu'ils s'approchaient de lui, Nuh effendi observa tout leur costume : les djamadans brodés en fils dorés ou argentés, les fustanelles blanches, les guêtres tout aussi immaculées, les larges manches noires fendues de chaque côté comme des gueules de dragon, les lisérés des braies, les toques blanches qui ne ressemblaient à aucune autre coiffure, mais qui donnaient l'impression qu'une couche de neige s'était amassée sur leurs têtes durant le voyage, et leurs armes, deux ou trois pistolets fourrés dans les ceintures, tous aux crosses finement ciselées. Depuis plusieurs années, les Albanais s'étaient vu reconnaître le droit de rester en armes quand ils s'entretenaient avec les fonctionnaires de l'État.

Accompagné de sa suite, Nuh effendi se dirigea vers eux à petits pas, se pencha légèrement, en se mettant la main droite sur le cœur, et, en termes simples, chaleureux, leur souhaita la bienvenue. En regard de leurs vêtements tourmentés et rudes, qui faisaient penser à un ouragan, sa tunique en soie vert foncé évoquait une surface d'eau tranquille à la clarté lunaire. En leur tendant la main, Nuh effendi ne se serait nullement étonné d'entendre jaillir de leurs costumes le sifflement du vent sur les plaines glacées.

Durant toute la soirée, les invités continuèrent d'arriver. Et chaque fois qu'il devait sortir pour accueillir un groupe, Nuh effendi se sentait étrangement fatigué. Il accompagnait les hôtes jusqu'à la mairie de la ville où le svelte Hadji Hazer les prenait en charge.

Les habitants de N. s'étaient rangés en haies des deux côtés de la rue pour assister à l'arrivée de leurs voisins séculaires, les Albanais. Il y avait longtemps qu'ils vivaient aux confins de l'Albanie, mais ses affaires leur avaient toujours semblé incompréhensibles et malgré tout lointaines. Les Albanais eux-mêmes, quand ils traversaient la ville en route pour une destination plus éloignée, avaient un air si indifférent qu'ils paraissaient la parcourir dans un état de somnolence. Et voilà que précisément cette ville, dont ils n'avaient jamais fait aucun cas, servait maintenant de lieu de réconciliation.

Vers huit heures du soir, à la lumière des lanternes, arrivèrent ensemble Gjin Karbunara, chef des Himariotes, Gaytan le Kosovar, banneret de Gjakova, le capitan Gjatolli, qui avait deux prénoms, l'un chrétien, Vasil, et l'autre musulman, Ali, Dok Krasta, chef et instituteur surnommé l'Albanais, Lekë Gjini, chef du plateau de Dukagjin, descendant des premiers Dukagjin, Memi, de la souche des Frashëri, illustres pour leur savoir, Gjergj Mokrari, emprisonné quatre fois, qui avait perdu un œil sous les tortures et dont on chantait les hauts faits dans sa région, et enfin le derebey Bato Dibrani.

Après avoir accueilli ce groupe, Nuh effendi, harassé, regagna le Pèlerinage des Cigognes. Bien que l'on n'attendît pas de nouveaux hôtes après cette heure, pour toute éventualité il ne quittait pas son habit de cérémonie. Beaucoup d'invités étaient arrivés, mais la plupart étaient attendus pour le lendemain dans la matinée. Nuh effendi allait et venait dans sa chambre les mains derrière le dos.

Sans trop y penser, il revoyait les vêtements des visiteurs. Ces fustanelles, blanches comme neige, semblaient avoir été conçues à dessein pour troubler les esprits. Nuh effendi savait bien que l'Albanie, outre les grands pachas, avait toujours eu des chefs de moindre importance, et l'un de ses amis lui avait même dit quelque temps auparavant que c'étaient précisément ces petits chefs, plus que les illustres vizirs, qui déclenchaient l'ouragan albanais. C'étaient des chefs d'un type particulier. La plupart l'étaient devenus d'eux-mêmes, en acquérant de l'autorité sur le peuple, après quelque événement ou quelque guerre, et il était rare que le pouvoir central ne les reconnût pas officiellement. Une partie d'entre eux descendaient des anciennes familles semi-légendaires des chefs militaires d'antan, dont les racines, bien que les archives ottomanes les tinssent pour disparues, faisaient croître encore de nouvelles pousses. D'autres étaient de jeunes capitans qui avaient émergé des derniers troubles. Lorsque Nuh effendi vint à apprendre que la Sublime Porte se préparait très sérieusement à sceller la réconciliation avec ces chefs semi-officiels, il fut vivement surpris. Il ne concevait pas que le Sultan, qui, d'un coup terrible, avait renversé les fameux Bushatli et le redoutable Ali pacha, usât de tant d'égards avec ces comparses. Mais peu à peu, à mesure qu'avançaient les préparatifs de la fête, il avait compris que la Porte avait raison. Ces chefs étaient une grande force, demeurée presque intacte au cours des quarante années de conflits entre le Sultan et les pachas rebelles. Si certains d'entre eux s'étaient mêlés au conflit du côté des pachas ou contre eux, la plupart étaient restés à l'écart, pour des raisons que Nuh effendi ne parvenait pas à s'expliquer. Il ne comprenait pas pourquoi ces chefs, qui observaient déjà une certaine froideur à l'égard des grands pachas, se montraient encore plus froids, pour ne pas dire glacials, envers le pouvoir central. Non seulement maintenant que les grands pachas n'étaient plus, mais même du vivant de ces derniers, ces petits chefs avaient disposé d'un pouvoir très supérieur à celui qu'il était souhaitable de leur laisser. Souvent même, ils avaient causé aux grands pachas des tracas que pas même le pouvoir central ne pouvait leur susciter. Nuh effendi s'était définitivement convaincu que la seule voie conduisant à l'apaisement de la querelle avec l'Albanie était celle de la douceur et de la bienveillance.

Il arpentait la pièce en se livrant à ces réflexions. Malgré sa grande lassitude, il ne pouvait s'étendre. C'était comme un épuisement de cheval fourbu qui ne peut chasser sa fatigue que debout. « Maudites fustanelles », se répéta-t-il à deux ou trois reprises. Il avait l'impression que c'étaient elles qui lui causaient tout cet étourdissement. Bien que, d'après ce qu'il en avait entendu dire, il s'imaginât les Albanais comme des têtes brûlées, il n'en avait pas moins été fortement ébranlé à leur vue quelques heures auparavant. Il se rendait compte maintenant que son trouble était dû en partie à leurs vêtements. Quelque farouches qu'ils fussent, s'ils avaient été vêtus de manteaux ottomans, de ces manteaux de soie bénis qui drapaient nonchalamment les corps de leurs teintes paradisiaques, vert foncé, bleu ciel et mauve, ils auraient été plus acceptables au regard. Alors qu'avec ces habits démentiels, ils semaient l'épouvante. A présent, Nuh effendi comprenait pourquoi le grand Padichah avait chargé des spécialistes de simplifier ou de supprimer les costumes nationaux. Les costumes des Albanais recelaient la rébellion dans chacune de leurs manches et dans chacun de leurs ourlets, sans parler des plis des fustanelles, qui paraissaient se souffler les uns dans les autres comme des vagues, et des pompons rouges de leurs chaussures, qu'ils semblaient devoir utiliser comme des brandons pour mettre le feu à l'Empire.

Nuh effendi se coucha tard. On le réveilla une fois et il pensa qu'avait dû arriver quelque groupe tardif, mais c'était pour une autre raison. On voulait lui demander son avis sur le voile dont on recouvrirait le maître baklava. L'un de ses adjoints, Hafiz Bina, se coucha encore plus tard, alors que l'autre, Durmish Dur Ali, passa toute la nuit à s'occuper des préparatifs à l'hippodrome.

Le matin, Nuh effendi fut réveillé de très bonne heure. En même temps que le soleil étaient arrivés les bannerets des Cimes maudites, Pjetër Nika et Nik Pjetri, le tribun populaire Tchertchiz Hapsanakou, six fois emprisonné, le chef de Kashnyet, Stres le Jeune, qui était sourd et dont on disait qu'il était le descendant des Balsha, les capitans Tchelo Karafil Plaku et Tchoute Alamani, dont l'un, le premier, était le héros d'un chant, ainsi que Babe Vutchiterni, le président de l'Assemblée des hommes, duquel on chantait aussi les exploits.

Des invités continuèrent d'arriver durant toute la matinée. Ceux qui étaient arrivés la veille visitaient la ville, escortés de leurs gardes du corps ainsi que de fonctionnaires de la mairie spécialement désignés à cet effet. La journée, malgré le léger vent, était belle. De petits nuages blancs, peu gênants, musaient aux quatre coins de l'horizon. Sur une des places de la ville la musique jouait. Partout on sentait une atmosphère de fête.

Nuh effendi interrompit par deux fois son déjeuner pour accueillir les derniers groupes d'invités. A deux heures et demie, les derniers arrivants entrèrent dans la ville. C'étaient Doske Velabishti, un octogénaire, chef de la plaine de Korça, Bardh Gjorgu, chef du Shpat, qui descendait de Georges Golem et dont on disait qu'il avait des enfants d'une fée, Shpend Shëndellia, le héros populaire, à qui on avait dédié trois chants, dont l'un se dansait aussi, et le derebey, Djeladin Laguerre.

Après eux, il ne vint plus personne. Les invités, à quelques rares exceptions près, étaient tous arrivés. Il allait être bientôt trois heures. Tous se dirigeaient par groupes vers l'hippodrome. Tout était prêt. La commission centrale et les sous-commissions avaient fonctionné à la perfection. Cela se sentait partout; il ne s'était produit aucun accroc nulle part, tout marchait comme sur des roulettes. Nuh effendi regrettait de ne pas se sentir assez bien pour goûter pleinement le plaisir de la fête.

Lorsqu'il arriva dans la cour de la mairie, où les carrosses des hauts fonctionnaires attendaient leurs maîtres, Muhardar pacha, qu'il rencontra à la grande porte, remarqua sa mine défaite.

« Comment te portes-tu? lui demanda-t-il. Tu as l'air très fatigué.

– En effet, je le suis un peu, dit Nuh effendi en s'inclinant légèrement.

– Oui, bien sûr, ces deux journées ont été harassantes, particulièrement pour toi. Mais maintenant tu es au bout de tes peines, n'est-ce pas?

– J'ai encore le souci du banquet de ce soir, dit Nuh effendi. C'est le premier grand dîner officiel, et de toute façon... » Muhardar s'arrêta un moment et scruta son visage.

« Écoute, lui dit-il. Tu peux ne pas venir à l'hippodrome, si tu veux. Tes adjoints y sont, et nous y serons tous, en sorte que...

– Je vous remercie, mon pacha, dit Nuh effendi, qui se courba une nouvelle fois.

– Le dîner doit être aussi somptueux que possible, dit Muhardar pacha. En fin de compte, de la qualité d'un dîner dépendent bien des choses.

– Oui, mon pacha.

– Alors, va, dit le pacha, et occupe-toi du banquet. »

Il fit quelques pas vers sa voiture et, en posant le pied sur le marchepied, il se retourna encore une fois vers Nuh effendi. « Et repose-toi un peu. Tu as eu une journée fort dure. »

Nuh effendi s'inclina pour la troisième fois.

Comme le carrosse du pacha franchissait la grille de la cour, Nuh effendi se retourna pour chercher le sien, que son cocher avait finalement réussi à garer parmi des dizaines d'autres.

Cependant que la voiture de Nuh effendi roulait rapidement vers l'ancien monastère, sur la grand-route, une foule de personnes venant en sens contraire, à pied ou sur divers moyens de locomotion, se dirigeait vers l'hippodrome. Elle avait l'air joyeux, comme toute foule qui s'attend à assister à un spectacle attrayant. Çà et là émergeaient au-dessus de ce flot les carrosses de fonctionnaires importants dont on distinguait à peine les têtes derrière les glaces des portières.

Dans un grand landau traîné par six chevaux passèrent rapidement, avec un bruit de rires, les danseuses venues d'Istanbul. Un peu plus tard, ce fut le tour des saltimbanques. Nuh effendi reconnut parmi eux le fameux Ali Ibret, à propos duquel, chaque année, se répandait le bruit qu'il était mort d'un accident dans quelque contrée lointaine. Puis Nuh effendi crut avoir aperçu derrière une vitre les moustaches effilées de Bandil aga et, aussitôt après, dans un fracas, passèrent deux autres landaus, dont les occupants chantaient.

« On dirait que tous les viveurs d'Istanbul se sont donné rendez-vous ici », songea Nuh effendi avec un sentiment de mépris.

Le soir tombait. Le défilé doit tirer à sa fin, se dit Nuh effendi. Il sortit pour prendre un peu l'air dans la partie silencieuse de la cour du monastère où se dressaient quelques marronniers. Les murs, par endroits délabrés, faisaient paraître les arbres encore plus vieux. De loin, de la partie des locaux où avaient été aménagées les cuisines, parvenait un bruit étouffé. Nuh effendi regarda sa montre. Il doit en être à sa fin, se dit-il, en pensant au défilé.

Il revint lentement sur ses pas, en marchant sur les dalles de pierre rongées par le temps, et se dirigea vers l'église.

Dans la nef, une grande table formée de plus de quarante tables de plus petites dimensions avait été apprêtée. Nuh effendi s'arrêta et demeura un moment immobile, les yeux fixés sur elle. La grande église, entièrement tendue de tentures de satin, était méconnaissable. Seuls un certain nombre de chandeliers étaient allumés, mais cette clarté suffisait pour faire miroiter silencieusement les innombrables assiettes et couverts en argent disposés sur la table du banquet.

Nuh effendi s'assit sur un siège moelleux. Il aimait toujours, avant les grands dîners officiels, se détendre un moment en restant ainsi immobile, dans l'attente du début du festin. Tout était tranquille, comme à moitié plongé dans le rêve. Sur les côtés, quelque part derrière les tentures de soie, on percevait le mouvement des gens de service, et, rarement, leurs chuchotements. Dans un coin, sur une estrade dressée deux marches seulement au-dessus du sol, étaient installés les instruments de l'orchestre.

Nuh effendi, sans savoir lui-même pourquoi, soupira. Ses yeux étaient restés fixés sur la table apprêtée. C'est à côté de ces plats somptueux, à côté de leur sobre scintillement, qu'il avait passé toute sa vie. Leur tintement était pour lui plus compréhensible que la langue parlée. C'était un son tout à la fois joyeux, contenu et monotone, qui renfermait aussi parfois quelque note d'alarme ou d'épouvante. Pour la centième, peut-être pour la millième fois, il revit en esprit le grand vizir Youssouf au moment où celui-ci avait interrompu son rire et laissé retomber sa tête sur son assiette, sur le plat de viande dont la sauce lui éclaboussa alors le visage. Ceux qu'il avait à ses côtés poussèrent un cri terrifié, lui relevèrent la tête et, avec leurs mouchoirs, lui nettoyèrent le menton et le front. Certains, rassurés, poussèrent même un soupir de soulagement. Mais leur apaisement fut de courte durée. Le visage du Vizir était d'une pâleur de cire. Une heure plus tard, il expirait. Le même soir, vers minuit, Nuh effendi et des dizaines d'autres personnes, depuis les plus simples cuisiniers jusqu'à de très hauts fonctionnaires de la direction du Protocole, étaient arrêtés.

Nuh effendi se leva de son siège et se mit à parcourir la salle le long des tables. Chaque fois qu'il se rappelait l'époque de sa déportation, il se levait et se mettait à déambuler. On eût dit qu'il ne pouvait évoquer ses promenades solitaires sur la route du désert de Karagjyrurk qu'en allant et venant comme il le faisait alors.

En longeant les tables, il avait le sentiment qu'en même temps que le scintillement argenté de la vaisselle, dans sa promenade silencieuse de haut fonctionnaire, l'accompagnaient les armes prestigieuses, les inscriptions et les signes les plus variés qui y étaient gravés. « Allah! fit-il à part lui, toute une vie passée parmi cet argent et ce vermeil! Des délégations des plus variées avec toutes sortes de langues et d'usages. Des hôtes hongrois, mameluks, russes, moldaves, autrichiens, persans. Et toujours le même tintement de vaisselle. »

Il s'arrêta un moment devant une table ronde sur laquelle avait été placé le grand baklava. Les coins du voile jaune aux lisérés en or retombaient de tous les côtés du plateau. Il souleva un coin du voile et contempla un moment la portion découverte du gâteau. L'heure du dîner approchait et aucun signe n'annonçait encore l'arrivée des invités. Les morceaux de baklava étaient découpés avec soin, en forme de losanges. Dans leur sirop... Dans leur sirop... « Non, se dit-il, assez de pensées macabres. » Après l'empoisonnement du grand vizir Youssouf, à chaque banquet officiel il se tourmentait en se demandant dans quel mets ou gâteau pouvait se trouver le poison. Il essayait maintenant de chasser cette pensée de son esprit, mais sans y parvenir. Et, en observant la table du festin, il s'était une nouvelle fois efforcé de deviner quel était le plat fatal. Il hocha la tête, comme pour en secouer un doute. Il serait insensé de penser qu'une telle chose pût se produire sur une table entourée de cinq cents hommes en armes. Il sourit. Combien de banquets avaient eu lieu depuis lors, combien de fois ce doute l'avait tourmenté à l'extrême, et pourtant il n'était rien arrivé. Cette fois encore, tous les signes venaient au contraire démentir ses craintes. « Je dois penser à soigner mes nerfs », se dit-il. A peine de retour à Istanbul, il ferait bien de se faire examiner par le docteur Karayanis. « Oui, sans faute », se dit-il au bout d'un moment, et il rabaissa le coin du voile qu'il tenait entre ses doigts.

Il se remit à déambuler le long de l'immense table, et ce cheminement évoqua en lui la route de Karagjyruk, bordée de peupliers, et la lune, si souvent présente dans les nuits de sa période de déportation. « Pourquoi tardent-ils? » se demanda-t-il à deux ou trois reprises, en tirant sa montre de son gousset. Il se tranquillisa à la pensée que les retards sont chose très courante dans les inaugurations de fêtes. Qui sait pourquoi, la vision du landau transportant les danseuses qui était passé en coup de vent traversa son esprit. Puis il s'arrêta et redressa une cuiller qui lui semblait être posée un peu de travers. Subitement, il se rappela les vides inquiétants dans le curriculum de Dur Ali et s'arrêta à nouveau. « Où as-tu été pendant si longtemps? lui demanda-t-il en esprit, le regard plongé dans une coupe profonde, comme si la réponse à sa question se fût trouvée là au fond. Où? Ce petit œil, semblable à une pointe de trépan, cette jambe figée... Je suis las, songea-t-il. J'aurais dû me reposer un peu. Muhardar pacha m'avait donné un bon conseil. Les yeux du pacha étaient clairs, clairs comme le verre... Aucune ombre ne les assombrissait... Je devrais avoir honte de penser à ces choses-là, faillit-il s'écrier. Oui, vraiment, honte à moi! »

Raide, austère, il passa devant les bols dorés contenant le riz sucré sans tourner la tête. Il se sentait plus tranquille. « Ils vont sûrement arriver d'un instant à l'autre », se dit-il. A ce moment, il eut la sensation que quelqu'un était entré dans l'église. Il se retourna et laissa échapper un bref « ah! ». C'était Dur Ali. La lumière papillotante des chandeliers éclairait très faiblement son visage. Ils se regardèrent de loin, mais leurs yeux ne parvenaient pas à se rencontrer.

En avançant péniblement sa jambe droite, comme s'il l'arrachait à un filet, le capitaine fit quelques pas en avant. Nuh effendi eut l'impression que l'une des jambes de son pantalon était éclaboussée de sauce. Il fut sur le point de lui dire de faire attention à ne pas salir son uniforme, mais l'autre s'était arrêté. Il se tenait immobile devant le maître baklava; d'une main, il soulevait une extrémité du voile avec le même mouvement qu'avait fait Nuh effendi, comme s'il l'eût imité. Nuh effendi sentait son cœur battre lentement. Le capitaine ne le regardait pas. Il était blême.

Du même geste emprunté, comme d'un homme endormi, Dur Ali saisit une fourchette sur la table et la planta dans un morceau du gâteau. Nuh effendi perçut le scintillement de la fourchette, que la main incertaine du capitaine portait à sa bouche. Il voulut crier : « Que fais-tu? Tu abîmes le grand baklava de la cérémonie! » Mais la voix lui manqua.

Dur Ali appuya l'autre bras sur la table, comme pour s'y accrocher, et brusquement se mit à vomir.

Nuh effendi s'élança vers lui, poussa d'une main le plateau de baklava et de l'autre lui soutint le front. « Tu te sens mal? » lui demanda-t-il. Mais Dur Ali ne répondait pas. Tout son corps était secoué de hoquets, il s'efforçait vainement de vomir. Ses doigts minces, d'un jaune citron, fortement agrippés à la table, étaient humides d'une sueur de mort.

« Où sont-ils? Pourquoi tardent-ils? murmura finalement Nuh effendi.

– Ils sont là-bas... balbutia Dur Ali, va les voir, leurs corps sont tous là, alignés par terre... »

C'est alors seulement que les yeux écarquillés de Nuh effendi s'aperçurent que les taches rouges sur le pantalon du capitaine n'étaient pas de sauce mais de sang.

Et il devina tout.

## 4

« A la Chancellerie du Sultan. Très secret. Rapport sur les faits du 31 mars.

« Conformément à vos instructions très secrètes, dont moi-même et le capitaine Durmish Dur Ali étions seuls au courant, le 31 mars vers midi, les fusils des soldats qui devaient participer au défilé de l'hippodrome furent remplacés par des fusils chargés. On en informa les officiers et les soldats en leur expliquant que cette mesure avait été prise pour des motifs de sécurité, du fait que nos services de renseignements disposaient d'indications selon lesquelles les chefs albanais, étant armés, pouvaient, entre autres menées, tenter une rébellion ouverte dans l'hippodrome. Afin d'assurer le maintien le plus strict du secret, toutes les troupes, officiers et soldats, furent consignées dans leurs casernes, puis isolées sur l'hippodrome, où elles s'alignèrent vers deux heures de l'après-midi.

« En ce qui concerne le secret du katil firman impérial, celui-ci, conformément à vos hautes recommandations, ne fut révélé à personne, pas même à moi, jusqu'au moment où, juste avant de donner l'ordre de faire feu, Durmish Dur Ali tira le firman de son sein pour le montrer de loin aux troupes. Aucun des hauts fonctionnaires qui ont participé à cette affaire ne se doutait même de l'existence de ce décret; tous, au contraire, étaient persuadés que les fêtes se dérouleraient le plus pacifiquement du monde. C'est ce qui explique que tous les préparatifs ont été menés avec le plus grand sérieux et que tous les espions albanais, qui épiaient à coup sûr chacun de nos mouvements pour découvrir si toutes ces manifestations pacifiques ne cachaient pas quelque piège, ont pu s'y tromper.

« A quatre heures, les chefs albanais, montés sur leurs chevaux aussi fiers qu'eux-mêmes, franchirent par groupes nombreux la grande porte de l'hippodrome. Alors le capitaine Durmish Dur Ali, exécutant l'ordre suprême du Sultan, après avoir, comme il a déjà été dit, montré aux troupes le katil firman, donna le commandement d'ouvrir le feu sur les maudits. A quelques rares exceptions, suscitées par un certain désarroi plus que par une volonté de désobéissance, tous nos hommes tirèrent. Il convient de dire qu'un certain trouble se manifesta aussi parmi nos gens, voire parmi mes adjoints les plus proches ainsi que parmi les autorités suprêmes de la ville de N. De même, comme il y avait lieu de s'y attendre, on observa des remous parmi les spectateurs, cris d'effroi, panique, évanouissements, etc.

« En ce qui *les* concerne, ils réagirent selon nos prévisions. A la première rafale, ils arrachèrent leurs armes de leurs ceintures et se mirent à tirer, d'abord un peu au hasard, puis sur nos troupes. Ce qui se produisit par la suite ne peut être ni dit ni écrit. Ce fut un vrai cauchemar, comme un tourbillon de démons. Ils se lançaient à cheval dans tous les sens, mais partout ils étaient fauchés par nos balles. Le terrain ne fut plus que cris de bataille, hennissements et fumée de poudre. On voyait tournoyer comme en enfer des hommes ensanglantés sur des chevaux désarçonnant leurs maîtres, d'autres galopant épouvantés, cependant que leurs maîtres, les pieds accrochés aux étriers, ou traînés à terre, continuaient de tirer.

« Le terrain se couvrit de sang et de poussière. Certains d'entre eux parvinrent à se frayer furieusement un passage et à s'approcher des tribunes, mais là les attendait une nouvelle rafale. L'un d'eux, le visage tailladé, en sang, réussit à s'approcher très près de nous, en tirant et en proférant des menaces de démon, jusqu'au moment où nous tirâmes sur lui et l'abattîmes. Ceux qui parvinrent à pousser plus avant, jusqu'à la porte de l'hippodrome, y furent accueillis par une dernière rafale. Certains, voyant qu'ils ne parvenaient pas à passer, se replièrent comme un nuage pour aller mourir avec les autres.

« Le carnage se poursuivit pendant près d'une heure. Ils couraient dans toutes les directions, tels des fauves pris dans un piège, tendaient les mains comme s'ils avaient voulu happer des balles au vol, en cherchant à vendre le plus cher possible leur vie de rebelle. Avec une profonde affliction nous vous faisons savoir que leurs balles maudites ont tué cent trente-neuf de nos hommes, dont l'âme est montée glorieusement du champ de bataille vers les plaines sans fin du royaume d'Allah.

« *Ils* tombaient les uns après les autres, et le tourbillon des survivants évoquait maintenant une horrible vision de rêve. La plupart étaient étendus par terre, et le petit nombre de ceux qui continuaient de tournoyer sur leurs chevaux en butant sur leurs compagnons se réduisait toujours plus. Puis vint le moment où, presque tous ayant été abattus, il n'en resta plus qu'un qui galopait à cheval comme un mauvais esprit. A six reprises nos balles renversèrent sa monture, mais chaque fois il réussit à la remettre debout et à poursuivre sa ronde macabre, avant de tomber définitivement.

« Alors nos troupes reçurent l'ordre de se ruer sur eux à la baïonnette, pour mettre en pièces ceux qui avaient encore conservé un souffle de vie. Et ainsi, ces brigands, qui ne voulaient pas rendre l'âme, nous tuèrent encore une centaine d'hommes, puissent leurs âmes connaître la béatitude éternelle. Nous n'aurions jamais pu envisager de telles pertes, mais elles furent dues aussi à ce que leur fureur, à la vue de ce qui, selon eux, était une " trahison ", outrepassa toutes les limites de la colère humaine. De plus, étonnamment, ces pertes eurent aussi pour cause leurs démoniaques costumes bariolés, aux couleurs si flamboyantes, surtout rouge et blanc. Nos hommes ne distinguaient pas les taches de sang des pièces écarlates de leurs vêtements et, confondant les ennemis blessés à mort et ceux qui étaient simplement tombés à terre, ils frappaient inutilement les uns et se faisaient atteindre au dépourvu par les autres. Mais il faut croire que cela était écrit et qu'Allah avait voulu ce carnage.

« Quand tout fut achevé et que le public eut quitté le terrain, on ferma les portes de l'hippodrome et ordre fut donné de ne laisser entrer personne, surtout pas les consuls des pays d'Europe qui, conformément à vos hautes instructions, ne furent pas invités à la cérémonie d'inauguration. Durant toute la nuit, nos soldats s'occupèrent des corps. Après les avoir décapités, ils les chargèrent sur des chars pour les enterrer dans des fosses communes, au lieu nommé Jetimbatak[1], terrain vague de la périphérie de la ville.

« Vers l'aube, l'emballage des têtes fut terminé.

1. Étang des orphelins. (*N.d.T.*)

Après avoir été placées dans de grosses malles, elles furent expédiées aussitôt, selon vos hautes directives, vers la capitale. Nous y joignîmes toute la vaisselle d'argent destinée au festin, laquelle, suivant vos très hautes instructions, sera nécessaire pour la cérémonie de la présentation des têtes au souverain.

« Au matin, toutes les mesures ont été prises pour résilier les contrats avec les divers fournisseurs de viande, de légumes, de beurre et d'huile, ainsi qu'avec les hôteliers et aubergistes, à qui il a été respectivement versé une indemnité de dix lires. On a également renvoyé tous les groupes de danseurs, musiciens, tsiganes, saltimbanques, etc., après leur avoir remis vingt-deux pour cent de la rétribution fixée dans le contrat.

« En ce qui concerne les vêtements et les armes des scélérats d'Albanais, que nous avons fait ramasser, le tout sera expédié demain vers la capitale, accompagné d'un procès-verbal en bonne et due forme. »

MUHARDAR SOULEYMAN ALI OGLLAN PACHA.

« A la Chancellerie du Sheh-ul-Islam. Très confidentiel. Rapport secret.

« Comme suite à votre très haute demande relative aux derniers mots râlés en leurs ultimes instants par ces misérables, j'ai moi-même, accordant tout son poids à votre éminente recommandation soulignant que les mots prononcés dans les affres de la mort prennent en la circonstance une importance particulière en ce qu'ils traduisent le dernier souffle d'un peuple entier, mis tout en œuvre pour faire recueillir ces propos.

« Les difficultés qui ont surgi en cette affaire

n'étaient pas légères. D'abord, parce que, pour des raisons aisément compréhensibles, les officiers et soldats d'origine albanaise furent exclus des troupes du défilé, en sorte que le nombre des militaires qui connaissaient le parler maudit des Albanais se réduisit sensiblement. Ensuite, parce que, s'il fut dit aux troupes qu'elles pouvaient être amenées à tirer sur nos hôtes au cas où les intérêts de l'État l'exigeraient, on n'avait pu naturellement leur révéler toute la vérité, ni, partant, leur recommander de prêter l'oreille aux derniers mots des moribonds. De plus, les hommes qui participèrent au massacre à la baïonnette de ceux qu'Allah luimême avait abandonnés étaient si enflammés par le sang versé qu'ils n'avaient pas la tête à écouter ce que disaient les agonisants. Enfin, tout cela se produisit dans un tumulte effrayant, où le crépitement des armes, les cris de guerre et les hurlements des hommes se mêlaient aux hennissements des chevaux.

« Néanmoins, et malgré toutes ces difficultés, mes aides, à la suite des interrogatoires minutieux auxquels ils ont soumis tous les hommes sachant l'albanais, ont réussi à recueillir les expressions et exclamations suivantes, que je vous énumère à la fin de ce rapport : Ah ! Oh ! Arrête ! D'où tire-t-on ? Qui tire comme ça ? Trahison ! C'est toi, chien ? Ah, qu'avons-nous fait ? Mon sang ! On n'a pas atteint avril ! Assassins ! Quel traquenard ! Par ici, par ici ! Quelle mer de sang ! Non ! C'en est fait de l'Albanie. De l'eau ! Non, l'Albanie ne meurt pas ! Frappe, frappe ! Ah ! »

MUHARDAR PACHA.

## 5

*Moi, Mahmoud II, sultan et khalife, roi des rois, pourvoyeur des armoiries des princes et des souverains de tous les trônes du monde, moi dont la mission est d'étendre l'espace islamique (dar al-islam) et de réduire l'espace non islamique (dar al-harbi), j'édicte, depuis ma glorieuse capitale, Istanbul, ce haut firman :*

*Voici soixante-douze jours, tendant la main à l'Albanie, j'ai, depuis ma cour, foyer de l'État, invité ses chefs à une fête de réconciliation dans la ville de N.*

*Or ces démons issus de démons, abusant de mon auguste générosité, ont cherché à profiter de cette rencontre pacifique pour conjurer contre ma personne et l'immortel État ottoman. Pactes secrets, mots d'ordre, phrases et même poésies rebelles, évocation de leur drapeau oublié à l'oiseau bicéphale, produit de l'enfer, projets horribles comme la sécession de l'Albanie et propos encore plus infâmes comme « Renaissance nationale », ce sont là, parmi tant d'autres, quelques marques de leurs desseins malfaisants qui sont venues à ma connaissance souveraine à la veille de cette fête.*

*La mesure de ma patience à l'égard de l'ingrate Albanie a été comble. J'ai alors donné l'ordre que les chefs de l'Albanie fussent châtiés de manière que sur la face du globe ne survécût d'eux que le souvenir de leur extermination.*

*Et ainsi fut fait. L'Albanie, cette hydre à cinq cents têtes, a été décapitée. Mais son crime à l'encontre d'Allah et de l'État est si grand que cette sanction est encore trop clémente. Aussi, en ma qualité de roi et de lieutenant du prophète sur la terre, je déclare que :*

*L'Albanie est démantelée.*

*Son nom est rayé du registre de l'État et remplacé dorénavant par la nouvelle appellation suivante : Troisième Zone du Flanc gauche de l'Empire.*

*Tout ce qui se rattache de quelque manière à elle est effacé de l'histoire de l'État.*

*La Troisième Zone du Flanc gauche de l'Empire sera subdivisée en quatre cent quatre-vingt-dix-huit communes, groupées en quatre-vingt-douze districts, qui relèveront directement du beylerbey de Roumélie. Dans cette zone, toute création d'unités administratives plus étendues est interdite. Les districts n'auront aucun lien entre eux, et chacun sera gouverné selon des lois, « kanounnamés », particulières, différentes de celles des mêmes subdivisions voisines. Dorénavant, la construction dans cette zone de routes civiles et de ponts est prohibée. La création de pachaliks est interdite à jamais. Le nombre des fonctionnaires pour chaque district, leurs traitements, les impôts qui y seront levés, la quantité de blé, d'orge, de laine, de viande et le nombre de soldats qui seront recrutés dans chaque district, seront fixés en détail par un décret spécial du gouvernement.*

*Mahmoud II, sultan et khalife, lumière du monde et malheur des infidèles, roi des rois.*

*(Transcrit par Ibrahim, humble créature d'Allah.)*

## 6

La commission centrale quitta la ville de N. quatre jours après le massacre. Les sous-commissions se mirent en route à sa suite. Leurs carrosses firent un bout de chemin ensemble, puis s'égrenèrent sur la longue route, pour finalement s'espacer et poursuivre leur chemin isolés, tels des corbillats, vers la capitale.

Deux jours auparavant, danseurs, musiciens et une partie du personnel de service étaient partis avec la même hâte sans tourner la tête, hébétés, blêmes, dans un silence complet.

Les installations et ornements aménagés pour la fête furent démantelés dès le lendemain. Avant l'aube, les portefaix se mirent à transporter hors de la mosquée les tables autour desquelles auraient dû avoir lieu les négociations, et ils les portaient comme on le fait généralement des cercueils. Les tentures de soie et de satin furent enlevées de l'église de l'ancien monastère, où, entre ces murs délabrés, sillonnés de sinistres lézardes, tout s'assombrit comme auparavant. Les mets et les gâteaux du banquet officiel restèrent là, sans être touchés, pendant deux jours. Le troisième, on pensa les envoyer à la troupe, mais, comme certains avaient commencé à se gâter, on jugea qu'il valait mieux les porter aux détenus. Puis, la direction de la prison ayant refusé, on ne sut quoi en faire et on les jeta aux chiens.

La ville, semblait-il, s'était ridée et rabougrie sous l'événement. Les rues parurent s'engourdir, les places se contracter. Le hammam, où les soldats et les officiers de la parade allèrent prendre un bain après le massacre, n'était plus fréquenté par personne.

Un vent sec, geignard, qui émettait un sifflement poignant, soufflait ces jours-là sans arrêt, et les habitants de la ville croyaient entendre les furies voler, ailes déployées, sur la ville. C'était un vent qui projetait dans les yeux de gros grains de poussière, et sous lequel on ne pouvait échanger que quelques paroles espacées, étouffées, comme tout à l'entour. Le bruit courait que là-bas, dans la capitale, Muhardar pacha avait été promu à une haute fonction au ministère de la Guerre, que le capitaine Durmish Dur Ali avait à nouveau disparu, augmentant les vides dans son étrange curriculum, que Alaga Gujvabmeroviq ne se portait pas bien, et même, aux dires de certains, qu'il avait été enfermé dans un asile d'aliénés lointain, aux confins de la Crimée, où l'on envoyait généralement les fonctionnaires malades mentaux et où les hodjas fous chantaient l'ézan cinq fois par jour.

Dans le sifflement du vent qui semblait blanchir l'espace derrière les vitres, le consul anglais écrivait à son gouvernement que les vestiges du massacre subsistaient encore dans l'hippodrome, en sorte qu'il ne lui était pas possible d'organiser les courses de chevaux qui, selon la tradition, avaient lieu chaque printemps sous le patronage du consul de Sa Majesté. Et, en vérité, l'hippodrome était laissé à l'abandon. Les chevaux, disait-on, refusaient d'y pénétrer; ils se mettaient à hennir furieusement dès qu'on les conduisait près des portes, et les tribunes en bois, abandonnées à leur sort, pourrissaient.

Cependant, par deux fois, la ville fut traversée par des troupes se dirigeant vers l'Albanie. Les bataillons marchaient lentement, suivis de caravanes de chevaux chargés de munitions. Les casques des soldats, les caisses et les harnachements en cuir étaient couverts d'une couche de poussière qui semblait ne pas s'y être amassée au cours de la longue route, mais y être tombée du royaume de la fatigue. Les gens les suivaient un moment des yeux, puis se disaient : « Encore vers l'Albanie? Mais si l'Albanie a été supprimée! On l'appelle maintenant d'un nom compliqué : Troisième Zone et je ne sais quoi d'autre. Et pourtant, des troupes se dirigent encore vers ce pays. Il faut croire qu'il y a encore des troubles. Mais qui est à la tête de ces Albanais? Leurs chefs ont tous été tués. – Il en est né d'autres, mon frère, d'autres, plus redoutables que les premiers. – Allah, comment est-ce possible? – Il en est né d'autres », répétait le fonctionnaire de N. et, s'approchant de son camarade, il lui chuchotait à l'oreille, comme s'il lui faisait part de la plus sombre des nouvelles : « Ce sont des inconnus, ils ne figurent sur aucune liste, dans aucun protocole. – Allah! faisait l'autre. Allah, que nous est-il donné d'entendre! »

La venue du printemps, puis l'été, semblèrent éloigner quelque peu le souvenir du massacre.

L'herbe qui poussa partout et les fleurs et les papillons qui se posaient sur elles paraissaient inviter à l'oubli. Les cafés commencèrent à se remplir comme auparavant, la fumée se remit à monter des cheminées du hammam, et un nombreux régiment, qui faisait marche vers la Troisième Zone du Flanc gauche de l'Empire, ayant atteint la ville, la contourna, sans y entrer, par ses faubourgs. Puis vint le temps des vendanges, des fiançailles et des noces, et la ville de N. oublia vraiment peu à peu le sang qui avait été versé en ce dernier jour de mars et qui, en fin de compte, n'était pas le sien.

Mais, à l'automne, les nuages venant des montagnes d'Albanie remplirent le ciel d'un hurlement de tonnerre. Lourds, frangés de noir, ils descendaient,

descendaient toujours plus, comme s'ils cherchaient les morts, là-bas, à Jetimbatak, promenaient leur plainte au-dessus d'eux et, ne les trouvant pas, laissaient tomber une pluie tiède, comme faite de sanglots. En bas, les habitants frémissaient sous ce gémissement céleste, hochaient la tête et murmuraient : « Allah, mais nous n'avons rien fait ! » Et ils savaient que cela se répéterait à chaque nouvel automne et que ni eux ni personne ne pouvaient y échapper.

*Traduction de Jusuf Vrioni*

# CHRONIQUE SÉCULAIRE DES HANKONI

## 1

DEUX heures avant d'acquérir le terrain sur lequel il entendait se construire une maison, Basri Hankoni gagna son procès contre Yahya Toro qui portait sur la pièce de terre appelée Champ des Merles, que les deux parties se disputaient depuis longtemps. Les vieux titres n'ayant pas permis d'en définir clairement les limites (un ruisseau, entre autres, avait compliqué même ce qui n'était pas trop embrouillé dans les registres), le juge, pour se prononcer, recourut à la procédure du serment. Selon la coutume ancienne, le serment fut prêté sur les lieux, c'est-à-dire au Champ des Merles, dans la matinée du mardi 20 mars 1713, devant le cadi de la ville de Gjirokastra, Abdulkadir effendi. Basri Hankoni fit un faux serment et obtint gain de cause. Avant l'arrivée du juge et de son greffier, il enduisit les semelles de ses souliers de la boue du terrain attenant qu'il possédait déjà et, lorsque le cadi, qui s'était maintenant posté avec son aide au milieu du champ, l'invita, en sa qualité de demandeur, à prêter serment sur le Coran, il dit sans sourciller : « Je jure sur ce saint Coran que la boue que j'ai sous mes semelles est celle de ma propriété. »

Et ainsi le Champ des Merles, dont l'étroite surface ne semblait pas digne d'un si long litige, alla s'adjoindre au petit domaine de Basri. Ce champ, de même que les terres de Basri et de Yahya Toro et les autres parcelles environnantes, avait fait partie du timar[1] du sipahi Sinan Beyoglou, timar qui lui avait été octroyé par décret impérial pour services rendus pendant la campagne de Hongrie. De son vivant, Sinan, le détenteur du timar, avait fait parler de lui dans la ville de Gjirokastra pour les nombreux transferts dont une bonne partie des terres de son fief avaient fait l'objet. C'était compréhensible, car pour tout nouvel acte translatif, le sipahi percevait une redevance égale au dixième de la valeur de la terre. On savait bien que, dans l'immense empire, les titulaires de timars se livraient à cette pratique, mais aucun, sans doute, n'avait provoqué autant de litiges que Sinan Beyoglou, avec les transferts répétés de ses terres. Cela était si vrai que, après sa mort, lorsque le timar, toujours par décret impérial, passa au sipahi sourd Turhan, héros de la bataille de Kirk Sélésié, il était pour ainsi dire impossible de définir les limites des bachtinas[2] et des tchifliks[3] inclus dans ses confins. Tout était embrouillé à tel point que même les cadis de Gjirokastra, pourtant renommés dans le grand État ottoman pour leur habileté, ne se sentirent pas de force à s'attaquer à cette tâche. C'est le moment

1. *Timar :* fief militaire octroyé par le sultan pour mérites de guerre. (*N.d.T.*)
2. *Bachtina :* parcelle transmissible, détenue en propre par une famille et incluse dans un timar. (*N.d.T.*)
3. *Tchiflik :* domaine transmissible exploité dans le cadre des rapports féodaux. (*N.d.T.*)

que choisit Basri Hankoni, profitant de la confusion générale, pour intenter à son voisin un procès pour le Champ des Merles, qu'il gagna, on l'a vu, en prêtant un faux serment.

2

A la vérité, personne ne savait d'où était venu Basri Hankoni lorsqu'il s'était installé dans la ville de Gjirokastra. On n'avait jamais entendu jusqu'alors ce nom-là dans la région. Certains disaient qu'il était descendu de la Lundjeria, d'autres des montagnes de Tépélène. En tout cas, une chose était certaine : ce premier Hankoni était bien descendu de quelque part et, comme un torrent qui grossit en débouchant dans la plaine, il avait lui aussi grossi à peine arrivé à Gjirokastra. Au début, il y était venu avec quelques sacs de sel chargés sur un mulet, et, pendant deux ou trois ans, il avait continué à errer ainsi dans le pays. Il vendit du sel dans les bergeries d'hiver proches de la ville jusqu'au jour où il s'acheta un petit magasin non loin de la Vieille Auberge. Aussitôt après, il acquit à très bas prix dans le quartier de Palorto l'aile d'une maison à moitié en ruine. Il fit réparer tant bien que mal cette masure, qui se réveilla, un beau matin, pleine de voix de femmes et de gamins. C'était sa famille. Personne ne s'était douté de son existence, et l'on disait maintenant, comme pour lui, qu'elle était descendue de la Lundjeria ou des montagnes de Tépélène.

Quatre ans plus tard, Basri décida de devenir tchiftchi, c'est-à-dire d'exploiter, à charge de s'acquitter des obligations féodales consacrées, un terrain du timar de Sinan Beyoglou, qui bordait la ville. Cette bachtina, qu'il acheta en bonne et due forme à un chrétien, confinait avec le domaine de Yahya Toro, pour le malheur de celui-ci, et, pendant quelque temps, Basri, tout en s'étant mis à travailler la terre, continua de vendre du sel.

## 3

Aussitôt après avoir gagné son procès, Basri Hankoni acheta un terrain pour y bâtir sa maison. C'était un sol en pente et pierreux. Sa vue n'éveillait que la tristesse, mais lui, Basri, ne s'en sentait pas moins heureux. Là, sur cette pierraille, disait-il, je construirai une maison à deux étages, avec une porte à deux vantaux, des caves, une citerne, des chambres d'hiver, une grande pièce pour les noces et les deuils et trois ou quatre cheminées, etc.

Il pensa qu'en adjoignant le Champ des Merles à son premier bien, il serait en mesure de couvrir les dépenses que nécessiterait la construction de sa maison, mais ses calculs se révélèrent erronés. Les gens qui avaient eu vent de son parjure murmuraient qu'il ne jouirait jamais sereinement de ce bien maudit. Et lui-même, qui apprenait ce que l'on chuchotait sur son compte, hochait la tête et disait : « Bon, bon, je sais, moi, ce qui me consume, ce n'est pas le faux serment, c'est autre chose. » Et cela, c'était le djizé. Basri Hankoni était musulman et, selon le Shérihat, il était exempté de l'impôt foncier. Malheureusement pour lui, cette terre avait appartenu naguère à un chrétien, elle avait donc été assujettie au djizé. Or, aux termes de la loi, même quand la terre changeait de propriétaire, cet impôt y restait attaché comme une malédiction. Et il ne cessait de croître. Ce n'était pas pour rien que beaucoup de gens employaient le terme de « djizé » dans le sens de punition, ignorant qu'il voulait tout simplement dire « impôt ».

En réalité, s'il n'avait pas acquis le Champ des Merles, Basri Hankoni aurait été ruiné. Bien que d'une surface ne dépassant pas le tiers de la terre qu'il possédait déjà, c'est grâce à cette parcelle qu'il put subsister, car c'était une terre exonérée du djizé. « Ma première terre m'a consumé, disait Basri, et c'est cette marâtre [le champ mal acquis] qui nous permet de survivre. »

## 4

Les fondations de sa maison demeurèrent ouvertes pendant quelque deux ans. De temps en temps on voyait s'en échapper des rats et des scorpions. « Ils n'ont qu'à sortir, disait-il. Et qu'avec eux sorte le mal. »

Partageant son temps entre sa boutique et sa petite terre, il travaillait d'arrache-pied. Mais en 1709, le djizé fut à nouveau augmenté et Basri n'arrivait pas à mettre de côté l'argent pour bâtir sa maison. Un rapide calcul lui révéla que le commerce du sel lui rapportait un peu plus que sa terre et, pendant deux ans de suite, à l'exception du Champ des Merles, qu'il continuait de travailler, il laissa le reste de son petit domaine à l'abandon. Certes, le sipahi Turhan était sourd, mais il était au courant de tout et connaissait fort bien les lois. La troisième année, en vertu des dispositions interdisant l'abandon des terres en jachère, il reprit à Basri Hankoni le titre de son tchiflik, à l'exception du Champ des Merles, pour le céder à un chrétien du quartier de Varosh. Ainsi le tchiflik recouvra son statut de bachtina et Basri Hankoni ne garda que le Champ des Merles.

Curieusement, une fois libéré du fardeau du tchiflik et avec ce seul petit champ qui, outre qu'il était fertile, avait l'avantage de border la grande route, Basri Hankoni parvint à redresser sa situation.

5

Les travaux de construction de la maison commencèrent en avril. Les fondations furent nettoyées, on creusa la grande fosse où devaient être aménagées la citerne et les caves inférieures. Le sacrifice propitiatoire eut lieu le 28 avril. La victime était un gros bélier noir pourvu de deux paires de cornes. A l'automne, les murs étaient sortis de terre. Cette année-là fut faste pour Basri Hankoni. Les grandes salines du nord, propriété de la Sultane Mère, furent données en adjudication au pacha de Berat, qui étendit la vente du sel à toute cette partie de l'État. Basri Hankoni gagna de l'argent à la pelle. Lui-même n'allait quasiment plus au Champ des Merles. Il y envoyait ses fils et ne s'occupait que du sel. « Je ne peux pas me passer de cette aigreur », disait-il un peu sur un ton de plaisanterie. Ses mulets portaient maintenant le sel non seulement aux bergeries d'hiver environnant Gjirokastra, mais même jusqu'à Saranda, et parfois plus loin encore, jusqu'à Janina.

6

La construction de la maison dura six ans. Basri Hankoni allait tous les jours inspecter les travaux.

Il avait grossi et marchait lourdement. Néanmoins, il contrôlait tout avec minutie, les poutres, la qualité de la chaux, les plaques d'ardoise qui seraient posées sur la toiture, les seuils des portes.

La quatrième année, la ville de Gjirokastra fut frappée par le choléra. Pendant de longs mois, les travaux furent interrompus. En raison du fléau, le prix de la chaux quadrupla. On aspergeait tout au lait de chaux. Basri Hankoni attendit que le prix baissât pour continuer ses travaux.

La sixième année, on installa la toiture, fixa les grilles aux fenêtres, mit en place les meules pour moudre le blé, les tuyaux alimentant la citerne, les réserves de vivres, la porte avec sa traverse de bois que l'on appliquait la nuit pour l'assurer. Personne ne les vit, lui et les siens, entrer dans leur nouvelle maison, pas plus qu'on ne les avait vus arriver quand ils étaient descendus de la Lundjeria ou des montagnes de Tépélène. Par un matin d'octobre, des quatre cheminées de la grande maison monta de la fumée. « On a allumé chez les Hankoni », dirent leurs voisins proches et plus lointains. C'était la première fois qu'on les désignait enfin par leur nom collectif de Hankoni.

## 7

Provisions pour le premier hiver : fromage, 112 okes[1]; beurre, 11 okes; blé, 14 quintaux; maïs, 3 quintaux; huile d'olive, 6 bidons; olives, 2 fûts; sucre, 2 quintaux; trahana[2], 60 okes; viande

1. *Oke :* unité de poids, équivalant à environ un kilo un quart. (*N.d.T.*)

2. *Trahana :* pâte pétrie avec du levain et du yaourt, séchée et broyée. (*N.d.T.*)

fumée, 140 okes; légumes macérés, 1 fût; abaisse séchée, haricots, gruau, 55 okes.

8

La citerne a été remplie d'eau dans la première nuit de décembre. Il avait plu auparavant déjà, mais les pluies ayant été accompagnées d'éclairs et de coups de tonnerre, les Hankoni, respectueux de la vieille coutume, n'avaient pas voulu que la citerne soit remplie pour la première fois d'une eau empreinte d'inquiétude. Ils attendirent une pluie régulière, tranquille, et c'est seulement dans la première nuit de décembre, lorsqu'une telle pluie commença vraiment à tomber, qu'ils abouchèrent le tuyau de remplissage de la citerne au tuyau principal descendant de la gouttière en priant que la vie de leurs générations coule désormais tranquille et sans troubles comme cette pluie.

9

La maison achevée, dans les dix années qui suivirent, les cinq fils et la seule fille de Hankoni se marièrent. Basri Hankoni mourut aussitôt après la noce de son troisième fils. C'était un hiver froid, un hiver de guerre. On se battait, dans des régions lointaines aux frontières septentrionales de l'État, personne ne savait précisément où. Un certain nombre de détenteurs de timars qui partirent à la guerre ne revinrent pas. Basri Hankoni fut enterré dans le vieux cimetière musulman. On planta sur sa tombe, comme sur toutes les sépultures, deux pierres, une à la tête, l'autre aux pieds, pour indiquer que, bien qu'il se fût démené, tendu, élancé, comme un tigre dans tous les sens, il ne lui était alloué dans ce monde que cet espace de terre compris entre les deux pierres.

Une semaine après, il fut suivi dans la tombe par sa vieille mère, et le même hiver, les deux épouses des fils les plus âgés mirent au monde des garçons. La veuve de Basri, Sabeko, était malade et, curieusement, ces heureux événements, au lieu de la calmer, aggravaient au contraire son mal. On fit appel à plusieurs médecins, dont l'un de Sofia, mais aucun ne parvint à comprendre de quoi elle souffrait. Elle disait qu'elle avait des cauchemars. Un des médecins lui ayant demandé de raconter ses rêves, elle parut faire un gros effort, mais ne parvint à proférer aucune parole distincte, si ce n'est quelques bribes de phrases dépourvues de sens. La seule chose un peu concrète que l'on réussit à saisir dans son marmonnement, c'est qu'elle voyait en rêve les chaussures aux semelles enduites de boue de son mari. Le médecin, qui ne connaissait pas l'histoire du faux serment, n'y comprit naturellement rien.

## 10

Après la mort de leur père, les jeunes Hankoni se mirent au travail pour accroître leur bien. Cette année-là, fut publié le nouveau règlement sur la vente du sel, dont l'impôt, d'une aspre pour trois chargements qu'il était, fut porté à une aspre et demie. Au début, les Hankoni jugèrent cette nouvelle charge trop lourde et pensèrent abandonner leur magasin, mais, s'étant rappelé une des dernières volontés de leur père, qui leur avait recommandé de ne jamais abandonner le commerce du sel quel que fût le cours des choses, ils déférèrent à son vœu, tout en continuant de travailler le Champ des Merles.

En même temps que l'impôt sur le sel, un autre malheur vint les frapper : leur unique sœur fut répudiée par son mari. Ils firent l'impossible pour persuader leur beau-frère de la reprendre, mais les gens de sa famille furent intraitables. D'aucuns murmuraient qu'à l'origine de cette répudiation il y avait une affaire de dot; d'autres l'attribuaient à différents motifs. Alors les frères, comme pour faire enrager la famille de l'époux, cherchèrent à remarier leur sœur. Mais ce n'était pas chose facile. Les vieilles familles de Gjirokastra regardaient avec méfiance ces nouveaux venus, qui se hâtaient en toute chose. Pareille précipitation était ici insolite. Allah avait fixé à la marche de leurs jours une cadence bien définie; or, ces Hankoni semblaient vouloir modifier le cours des choses. Cela n'était du goût de personne. Et certains en étaient même plutôt effrayés.

La répudiation de sa fille abattit complètement la vieille mère déjà atteinte dans sa santé. Finalement, le cadi Abdulkadir, qui était veuf et âgé de soixante-douze ans, celui-là même qui avait dirigé naguère le procès pour le Champ des Merles, demanda la répudiée en mariage. On la lui accorda sur-le-champ. Le cadi était instruit : chez lui les livres occupaient autant de place que la moitié des provisions d'hiver chez les Hankoni. Tous se réjouirent, mais la vieille mère, Sabeko, fut, comme cela arrive en pareil cas, encore plus éprouvée par cette joie qu'elle ne l'avait été par le chagrin. A nouveau, des médecins venus d'Aledjehissar l'examinèrent, mais ils ne purent se prononcer sur sa maladie. On la fit exorciser par la vieille Kadenée, on lui fit prendre du *hachisch*, manger de la viande de hérisson, boire des décoctions de potiron, mais son état ne s'améliorait pas. Elle voyait constamment en rêve les chaussures de Basri. « Elles marchent, elles vont toujours plus loin, disait-elle, et je ne parviens pas à les atteindre. »

Un des médecins dit que, si l'on voulait que la malade se calme enfin, il fallait, au cas où elles existeraient, balayer ces chaussures de la face du globe. On les chercha dans tous les coins et recoins de la maison, mais en vain. Apparemment, la vieille veuve les avait bien cachées.

## 11

En même temps que le vali nouvellement nommé vint aussi l'hiver. Les poutres des toitures craquaient sous le gel comme si elles avaient eu des os. Le vali précédent, disait-on, avait été interné à Kirk Sélésié, mais on ignorait pourquoi. Certains attribuaient sa disgrâce à sa dureté excessive, d'autres, à sa trop grande indulgence.

Le nouveau vali fit réparer la grande route de Janina. Les caravaniers s'en réjouirent. Les Hankoni achetèrent alors deux autres mulets pour transporter leur sel. Cette même année, l'aîné des fils, Hatib, se sépara de ses frères. Il ne construisit pas de nouvelle maison, mais fit ajouter un kiosque à l'aile ouest de la demeure existante, qui, même sans cette adjonction, était déjà fort spacieuse. Le partage ne donna lieu à aucune querelle, mais il eût mieux valu un conflit que cette sourde rancœur qui envahit pendant des mois la maison de bas en haut, depuis la citerne, où l'on remplissait de l'eau avec des seaux, jusqu'à la pièce de l'étage supérieur, où l'on prenait le café. Le peu de santé qui restait à la vieille veuve en fut complètement ruiné.

Elle s'enferma dans sa chambre et n'en sortit plus malgré toutes les supplications. Maintenant, elle refusait même de recevoir les médecins. Pour la tranquilliser, on lui dit que les frères s'étaient remis ensemble. Mais, comme on pouvait s'en douter, il n'y avait plus rien à faire. Trois jours plus tard, elle mourait. On la lava selon l'usage. On appela les pleureuses pour observer le rite, car les jeunes épouses de la maison n'avaient pas encore appris à pleurer selon l'usage, et on l'enterra à côté de sa belle-mère, de son mari et d'un de ses petits-fils qui était mort un an auparavant à moins de douze mois. Il tombait une neige si dense qu'on eut du mal à retrouver les sépultures.

Maintenant les Hankoni avaient quatre morts au Basilico, comme s'appelait le cimetière de la ville d'après les fleurs du même nom qui poussaient autour de ses grilles. Mais ces tombes étaient encore en trop petit nombre pour que les Hankoni puissent être considérés comme étant vraiment de la ville.

## 12

Après la mort de la vieille Sabeko, les frères se séparèrent. Ils ne gardèrent en copropriété, pour les exploiter en commun, que le Champ des Merles et le magasin de sel. Ainsi la querelle qui avait longuement couvé n'éclata jamais. Leur vieux beau-frère, le cadi Abdulkadir, s'arrangea pour que tout fût réglé à l'amiable, sans conflit.

La maison fut de nouveau agrandie. Sur l'aile nord, les deux plus jeunes frères firent construire deux pièces chacun. Les enfants, maintenant au nombre d'une vingtaine, se perdaient souvent dans les galeries sombres de la maison.

Abdulkadir mourut dès qu'il eut réglé les affaires de ses beaux-frères, en sorte que leur sœur Shano demeura veuve. Un militaire la demanda en mariage. Les frères tinrent conseil et décidèrent de la lui accorder. Un peu plus tard, il partit avec les troupes envoyées réprimer une rébellion en Albanie du Nord. La poste avec ces régions, disait-on, ne fonctionnait jamais.

13

Du chef-lieu du sandjak arriva une nouvelle ordonnance avec la récente réglementation sur le bitume, le pétrole, le sel, sur la mesure de la soie ainsi que sur les balances. On afficha aussi les nouvelles taxes du marché. Pour chaque charge de fruits, de riz, de miel, de beurre, de fromage, deux aspres; deux bûches par char à bœufs chargé de bois de refend, une aspre par mouton égorgé; pour un cheval vendu, deux aspres du vendeur et deux aspres de l'acheteur. Taxe de stationnement pour la vente au marché, une aspre pour les femmes et deux aspres pour les hommes.

14

En même temps que les décorations parvint la nouvelle de la mort à la guerre du troisième mari de Shano. On lui fit des obsèques grandioses. Shano garda le deuil un an. En mars, elle se remaria, cette fois avec un fonctionnaire des douanes. Deux de ses frères, le deuxième et le plus jeune, s'y étaient opposés on ne savait pourquoi. Désireuse comme elle l'était d'avoir un enfant, elle fut enfin enceinte de son quatrième mari et mit au monde une fille.

Entre-temps, une douzaine d'autres enfants étaient nés dans la maison des Hankoni. Le magasin de sel était demeuré tel quel. On y avait seulement ajouté un appentis où l'on pouvait charger les mulets.

## 15

En 1729, le décret royal d'adjudication des salines tarda à être publié. On ne sut pas les raisons de cet ajournement. Le décret arriva enfin dans les derniers jours d'avril. Le 8 mai, le travail dans les salines commença, mais le retard dans la publication du décret avait ralenti considérablement les caravanes. Les bénéfices diminuèrent de moitié. Les Hankoni réussirent à grand-peine à amasser la moitié des provisions d'hiver habituelles. Comme si cela ne suffisait pas, la femme du plus jeune des frères mourut d'un mal que l'on appelait le hérisson noir. C'était la plus belle des cinq brus Hankoni. Les médecins l'opérèrent à deux reprises. La première fois, ils lui enlevèrent la moitié du sein gauche, la seconde fois, le sein tout entier, mais cela parut rendre le hérisson noir encore plus furieux. A la fin du mois de septembre, la malheureuse s'éteignit après de grandes souffrances. On l'enterra à côté de ses beaux-parents.

Ce deuil parut rapprocher à nouveau les frères. Ils travaillaient comme ils ne l'avaient jamais fait, espérant combler leurs pertes dans le commerce du sel. Généreux à son habitude, le Champ des Merles leur donna une bonne récolte de maïs. Ils semblaient sur le point de se relever quand un nouveau coup vint les frapper : le troisième frère,

Bardhush, annonça sa décision d'aller en pèlerinage à La Mecque. On s'efforça de le faire changer d'avis; ce fut peine perdue. La tristesse s'abattit sur la maison. Sa femme et ses enfants pleuraient jour et nuit. Mais il ne voulait rien entendre. Le bruit courait que c'était un hodja, avec lequel on l'avait vu souvent ces derniers temps, qui l'avait persuadé. Il partit au début d'octobre, par un jour de grand vent, seul, sur la grande route qui conduisait à Janina.

## 16

Le Sultan mourut. Le deuil assombrit les régions de l'immense empire, depuis celles où on l'observait en s'habillant en blanc jusqu'à celles où l'on se mettait en noir. Le nom du nouveau Sultan ne parvint ici que bien plus tard. Des rumeurs coururent sur un coup d'État fomenté dans la capitale et que le Grand Vizir avait éventé au dernier moment.

De Bardhush ne parvenait aucune nouvelle. Le mari de Shano avait été arrêté pour fraude et jeté en prison. Il fut condamné à la réclusion à perpétuité. Il n'y avait aucun espoir de le voir sortir vivant. Shano retourna chez ses frères. Elle y resta quatre mois. Au début du cinquième mois on la maria pour la cinquième fois. Cette fois, elle prit un mari plus jeune qu'elle. Pour l'établir définitivement, on attendit le retour de Kaskapan, le benjamin des frères, de Janina, où il avait conduit une caravane de sel. Les derniers temps, on l'envoyait en voyage pour lui faire oublier un peu le chagrin que lui avait causé la perte de sa femme. Il revint, mais il avait l'air encore plus hébété. Il ne contredisait jamais personne et il n'éleva naturellement aucune objection quant au mariage de sa sœur. Pour sa part, il ne voulait absolument pas se remarier. Le bruit courait qu'à Janina, il s'était épris d'une jeune fille. Il ne s'épanchait pas, mais ceux qui passaient pour des experts dans les signes de l'amour soutenaient mordicus qu'il s'agissait bien d'amour et de rien d'autre. Jusqu'alors, dans notre ville, on n'évoquait aucun cas de liaison sentimentale. On se rappelait quatre pestes, sept épidémies de choléra, cinq tremblements de terre, mais même les plus âgés n'avaient jamais connu de liaisons sentimentales et n'en avaient jamais entendu parler par leurs parents, ni ceux-ci par les leurs, et ainsi de suite, en remontant de génération en génération.

## 17

Avec l'âge, Hatib, le frère aîné, prit de l'embonpoint comme son père. Il était sévère et tenait tous ses frères sous sa férule. Il allait rarement au magasin, mais ses ordres n'étaient jamais contestés. Le deuxième frère, Mukerem, qui le remplaçait à la tête des affaires, ne lui ressemblait guère. Il était grand et roux, mais lui aussi peu loquace. Il passait toute la journée à la boutique, tandis que la charge du Champ des Merles avait été confiée à Didin, le quatrième des frères. A l'époque des semailles, quand, absorbés par le commerce du sel, il ne leur était pas possible de venir en aide à Didin, ils embauchaient un journalier pendant un ou deux mois.

L'année de deuil passée, ils réparèrent le magasin et l'agrandirent. Outre la réserve qu'ils y adjoignirent, ils y firent dresser un nouveau comptoir et en rénovèrent la toiture. Puis ils placèrent au-dessus de l'entrée une enseigne sur laquelle on lisait : « Hankoni, vente de sel en gros. »

## 18

Hatib mourut subitement. Par un matin de gel, on entendit les hurlements de sa femme monter du kiosque ouest du bâtiment. Il s'était éteint subitement durant la nuit. Le matin, lorsqu'elle lui avait porté son café, elle avait trouvé son corps complètement refroidi.

La cérémonie funèbre fut imposante. Les Hankoni reçurent même la visite de gens dont on aurait pensé qu'ils n'eussent pas daigné aller chez eux. Rien autant que la mort ne rapprochait graduellement des natifs les nouveaux venus dans la région. Avec Hatib, les Hankoni comptaient maintenant neuf tombes (six tombes d'adultes et trois d'enfants) au cimetière de la ville. Ce n'était pas peu, mais on ne pouvait dire que ce fût beaucoup.

Une quinzaine de jours après la disparition de Hatib, les frères tinrent conseil avec leur sœur Shano et décidèrent, que, selon la coutume, le jeune frère, Kaskapan, épouserait la veuve de Hatib. Kaskapan, paraît-il, refusa obstinément; la veuve aussi, mais personne ne tenait compte de son avis à elle. Le bruit courut qu'il s'était disputé toute une nuit avec ses frères, qu'il avait pleuré, qu'il avait voulu se noyer dans la citerne. Malgré tout, ils n'avaient pas cédé. Cette nuit chez les Hankoni donna lieu à une foule de cancans. Les lumières s'allumaient tantôt dans le kiosque ouest, tantôt dans le corps central du bâtiment, tantôt dans l'aile nord, où se trouvaient les chambres des plus jeunes frères. Quant à la manière dont ils réussirent à le convaincre, Allah seul le sait. Il avait, paraît-il, fini par dire : « Ma malheureuse femme est étendue dans la tombe à côté de Hatib, et moi, je vais me coucher à côté de sa femme dans son lit. Quel étrange destin que le mien ! »

Puis, durant toute la semaine, il tomba une pluie drue, qui ne cessa ni le jour ni la nuit. Juste neuf mois plus tard, comme si elle avait été fécondée par son désespoir même sous cette pluie serrée, la veuve mit au monde une fille. On l'appela Roxane, un nom étrange, que l'on n'avait jamais entendu dans ces régions. C'était, murmurait-on, le nom de la jeune fille dont Kaskapan s'était épris là-bas, à Janina.

## 19

Un firman impérial d'Istanbul vint interdire le morcellement des terres des timars. Il fut procédé entre autres à la révision, un à un, des titres de toutes les terres du vieux timar de Sinan Beyoglou, qui avaient changé tant de fois de tenanciers, et, comme les autres fois, les cadis s'embrouillèrent encore plus dans ces vieux papiers. Ils ouvrirent toutes sortes de livres et de règlements, mais plus ils en consultaient et plus ils sentaient leur jugement se brouiller. Ils préférèrent alors reprendre leur pratique coutumière, refermèrent tous ces registres et laissèrent les choses en l'état. A cette époque, cinq procès continuaient depuis plus de vingt ans et aucun signe ne laissait en prévoir la fin. Quant au Champ des Merles, il était en dehors des querelles.

Les impôts sur le sel augmentèrent encore. En outre, les routes des caravanes étaient devenues incertaines. Les Hankoni passèrent deux hivers difficiles. Leurs réserves de provisions étaient à moitié épuisées. De Bardhush, toujours aucune nouvelle.

C'est à cette époque que l'on fiança les deux fils de Hatib. Le troisième, que l'on avait prénommé Basri en souvenir de son grand-père, était de santé délicate. On fiança aussi la fille aînée de Mukerem dans le quartier du Haut Danavat. La fille de Hatib, Hato, était trop laide et personne ne la demandait en mariage. Quant aux enfants des autres fils, ils n'étaient pas encore en âge de se marier. Shano, elle, n'eut pas d'enfant avec son dernier mari. Mariée cinq fois, elle avait tout juste mis au monde une fille. Elle était peu féconde. Après la mort de son cinquième mari, elle ne retourna pas chez ses frères, mais ne se remaria pas non plus. Elle avait pris goût aux procès. En fait, elle en avait sur les bras pour une centaine d'années, depuis les litiges pour la part qui lui revenait de la maison de son deuxième mari, Abdulkadir, jusqu'à l'affaire du testament de son dernier époux, qui était contesté par la famille de ce dernier. Sa fille, Selma, était laide comme sa cousine Hato, mais elle était fille unique et elle avait, en revanche, déjà été demandée en mariage. Au reste, Shano n'était pas pressée.

## 20

Dans le dernier quart du siècle, les Hankoni connurent un gros revers de fortune. Un conflit avait éclaté entre le pachalik de Shkodra et celui de Berat au sujet des salines du Nord. Ni les décrets du Sultan ni les vizirs dépêchés sur place tour à tour ne parvinrent à réconcilier les pachas en colère. Finalement, les Bushatli de Shkodra occupèrent de vive force les salines et se les adjugèrent.

Ainsi les caravanes cessèrent de venir du Sud. Les Hankoni tombèrent dans la gêne. Au début, le bruit courut que la Sultane Mère punirait les Bushatli et ferait rouvrir les routes vers les salines, mais il n'en fut rien. Elles restèrent fermées. Le sel commença à venir des steppes de Karabogdan. Il était apporté par des caravanes d'Arméniens qui étaient plus rusés que les Juifs et qui refusèrent même de traiter avec les Hankoni en vue d'un accord éventuel.

Le magasin des Hankoni fut fermé. On attendait leur ruine d'un mois ou d'une semaine à l'autre. Le Champ des Merles, si fertile qu'il fût, ne pouvait suffire à assurer leur subsistance. Ni les aides ni les prêts qu'ils reçurent de Shano ne les tirèrent d'embarras. La grande maison parut frappée de deuil. Même les seaux, semblait-il, ne tintaient plus comme avant. Les greniers étaient à moitié vides. Et les rats eux-mêmes, comme on disait, avaient dû se mettre au régime. « Les Hankoni sont ruinés, pensait-on. Ils sont fichus. »

Et pourtant, ils tinrent bon. Ils furent sauvés par quelque chose à quoi personne n'aurait jamais pensé : le pétrole. C'était Kaskapan, paraît-il, qui en avait eu l'idée le premier. Cela s'était fixé dans son esprit depuis le temps de ses voyages avec les caravanes de sel. Un matin d'avril, les trois frères partirent, montés sur des mules, sans dire à personne où ils allaient. Ils furent absents de longues journées, mais revinrent enfin tout joyeux. De marchands de sel ils étaient devenus marchands de pétrole. La grande maison se mit à ronronner de nouveau.

Le magasin fut rapidement adapté à cette nouvelle activité. Les locaux où était gardé le sel furent réaménagés et on y plaça de gros fûts dont les couvercles en fer s'ouvraient avec des craquements. La grande balance, désormais inutile, fut vendue. Maintenant, le sol tout autour du magasin n'était pas blanchi par les grains de sel, mais parsemé de taches sombres qui semblaient tantôt violettes et tantôt d'un vert olive. Parfois encore elles n'avaient aucune de ces teintes, mais un miroitement sinistre qui semblait venir de l'autre monde, surtout à la clarté lunaire.

L'enseigne à l'entrée du magasin fut aussi changée. A la place de l'ancienne, rouillée par le temps, on y fixa une nouvelle portant écrits les mots : « Hankoni, Pétrole en gros et au détail. » On comprend bien que le boutiquier Tsatsi, qui était seul à vendre du pétrole à Gjirokastra depuis des dizaines d'années, en ait été très affecté. Mais il n'y pouvait rien.

Maintenant les Hankoni se mirent à sentir le pétrole. Et non seulement les hommes et les garçons qui travaillaient au magasin, mais aussi toute la maisonnée, les enfants et même les femmes qui ne sortaient jamais.

## 21

La liste des nouveaux impôts fixés dans la capitale fut affichée, mais la taxe sur le pétrole n'était pas augmentée. Le sort souriait à la maison des Hankoni. Trois noces furent célébrées dans l'année. On maria la fille aînée de Mukerem et les deux fils de Hatib. Les noces des deux derniers furent fêtées avec éclat et, comme pour montrer qu'ils étaient maintenant les maîtres du pétrole, les Hankoni firent allumer un si grand nombre de lampes que toute la rue, depuis le Vieux Marché, dont les femmes de la maison étaient originaires, jusqu'à Hazmurat, fut éclairée comme en plein jour. Par malheur, au cours de la noce, le quatrième des frères, Didin, fut blessé accidentellement d'un coup de feu tiré en signe de réjouissance.

Quant à la fille de Mukerem, tout comme la tante Shano naguère, elle épousa un militaire. Il l'emmena dès le lendemain du mariage à Pacha Liman, où il servait depuis des années dans la garnison de la base navale.

En dépit des gros frais occasionnés par ces noces, la prospérité des Hankoni allait croissant. A la différence du sel, dont la quantité vendue chaque année pouvait être prévue avec une relative précision, le pétrole comportait une foule de surprises.

En plus des lampes habituelles d'éclairage, les gens achetaient toujours plus de grosses lampes, des « lampadas », comme on les appelait, qu'ils allumaient à l'occasion de réjouissances. Ces lampadas consommaient beaucoup plus de pétrole que les lampes ordinaires. Une seule de ces lampes, dans une grande maison, en consommait en une nuit autant qu'en brûlaient en six mois les petites idarets (c'est ainsi que l'on appelait les lumignons à pétrole) dans une maison pauvre. En outre, après les noces des fils Hankoni, les grandes maisons parurent vouloir rivaliser entre elles à qui allumerait le plus de torches à leurs fêtes. De telle sorte que de temps à autre la ville était éclairée comme en plein jour par les mashallas (c'est le nom que l'on donnait aux grandes torches). « Intelligents, ces Hankoni, disait l'imam Ali; ils ont profité des noces de leurs fils pour faire la réclame de leur marchandise! »

## 22

Les affaires de la sœur Shano marchaient aussi on ne peut mieux. Dans le fouillis de procès où elle était plongée, elle gagnait une demi-maison ici, perdait un hammam là, mais elle était en général plutôt gagnante. Elle ne possédait en propre aucune maison entière, mais des parts de maison çà et là, de telle sorte qu'elle était présente dans toutes sans l'être entièrement dans aucune. Les derniers temps, elle s'était mise à louer des chambres et même des moitiés ou des quarts de maison. Elle était sans doute la première dans la ville à donner des maisons à bail. Sa fille, Selma, était continuellement demandée en mariage. Mais Shano n'avait aucune hâte. « Je me suis mariée cinq fois, moi, disait-elle, je connais bien ces affaires. Et puis, maintenant, je n'ai plus qu'une seule noce devant moi. Plus elle se fera tard, et plus ma vieillesse en sera éclairée. »

Comme pour prévenir le mauvais œil, l'année se termina par un chagrin. Le quatrième des frères, Didin, mourut. C'était le plus débonnaire de tous les Hankoni. Et il semblait étrange que ce fût justement lui qui eût été blessé d'une balle dans un mariage. Sans cet accident, il aurait sans doute vécu longtemps. Il était d'une nature extrêmement placide, qui lui valait par ailleurs beaucoup de sympathies. Il n'avait pas connu la fièvre du sel et du pétrole. On l'avait chargé de s'occuper du Champ des Merles et il s'y était consacré jour et nuit, jusqu'à sa fin.

## 23

Après la mort de Didin, on procéda à certains réaménagements à l'intérieur de la maison. Sa veuve et la femme de Bardhush, le pèlerin de La Mecque, furent installées avec leurs enfants dans les pièces occupées auparavant dans l'aile ouest par Hatib et les siens. Kaskapan, lui, s'établit dans le kiosque du côté nord. Le deuxième frère, Mukerem, resta dans les pièces qu'il occupait, alors que les chambres d'hiver, libérées du fait de ces déplacements, revinrent aux fils nouvellement mariés de Hatib, qui en reçurent une chacun. L'aile ouest de la maison, étant habitée par la veuve et les enfants de Didin ainsi que par la progéniture et la femme de Bardhush, qui était tout aussi veuve que sa belle-sœur, sinon plus, car elle avait en plus le tourment de l'attente, fut dès lors appelée « Kiosque des orphelins », un nom que les maîtres de maison s'efforcèrent vainement de lui enlever.

## 24

Les revenus des Hankoni augmentaient d'année en année. Le pétrole n'était pas comme le blé ou le coton. Qu'il plût ou qu'il fît beau, qu'il fît chaud ou qu'il gelât, il continuait de jaillir. Et puis, comme la nuit et les ténèbres existeraient toujours et qu'elles ne risquaient pas de tarir, les gens auraient toujours besoin de pétrole pour s'éclairer.

Les Hankoni connaissaient un bien-être dont ils n'avaient jusque-là jamais joui. Les provisions amassées pour l'hiver 1790 en étaient la meilleure preuve. Six jarres de fromage, 40 okes de beurre,

12 quintaux de blé, 16 bidons d'huile d'olive, 4 fûts d'olives, 5 quintaux de sucre, 60 okes de trahana, 500 okes de viande fumée, 4 quintaux d'amandes et de noisettes, 2 gros bidons de miel, 3 quintaux de dattes et de raisin sec de Corinthe, 3 quintaux de pignes. Abaisse, haricots, lentilles et gruau, 130 okes.

## 25

A la fin de l'année, le vali fut appelé dans la capitale. Il ne revint pas et l'on ne sut jamais ce qui lui était arrivé. Certains disaient qu'on l'avait interné; d'autres soutenaient au contraire qu'il avait été promu.

Toujours est-il que le nouveau vali arriva au début de mars. De la bouche d'un de ses gardes, on apprit que cette année-là, le sultan des Allemands avait été décapité pour des raisons que l'on ignorait encore. Le printemps fut très froid. Des commerçants qui voyageaient vers Chypre précisèrent que ce n'était pas le sultan des Allemands mais celui des Français qui avait eu la tête tranchée. Mais on ne pouvait trop ajouter foi à leurs propos. On attendait que passe quelqu'un d'autre pour l'entendre peut-être dire cette fois que l'on n'avait pas coupé la tête au sultan de France mais à celui d'Espagne. De toute façon, une chose était certaine : quelque part dans le grand pays qui s'appelle Europe on avait décapité un roi.

## 26

Les Hankoni projetaient d'agrandir leur magasin (on disait même qu'ils attendaient l'arrivée d'un architecte spécialement engagé à cette fin), lorsque le malheur se produisit. La nuit, vers l'aube du 30 avril, leur magasin prit feu.

On n'avait jamais vu pareil incendie dans la ville; c'était un incendie sauvage, accompagné de hurlements pareils à ceux d'un fauve. Un vrai feu étranger, de pétrole. Ceux qui avaient tenté de l'éteindre s'étaient enfuis épouvantés. En très peu de temps le vaste magasin avait été transformé en décombres. Tout le territoire alentour était carbonisé. Et ce qui resta de cet incendie avait un aspect sinistre.

« Un bien maudit ! » disait-on. Naturellement, on évoqua les circonstances du procès de naguère sur le Champ des Merles, le faux serment de Basri Hankoni, etc. La plupart des gens pensaient que le feu s'était déclaré accidentellement, mais il y en avait aussi qui soupçonnaient Tsatsi, le vieux marchand de pétrole, que les Hankoni avaient virtuellement acculé à la ruine.

En même temps que se refroidissaient les décombres s'attiédirent aussi les commentaires. La pluie qui tomba rendit encore plus pitoyable l'aspect des ruines. Une ombre lugubre semblait planer sur ce lieu.

Les gains provenant du sel, disaient les vieillards, étaient, certes, plus lents, mais ils étaient plus sûrs. Le pétrole, au contraire, vous ruinait tout aussi vite qu'il vous enrichissait. Ce n'était pas pour rien que le vieux Basri Hankoni, sur son lit de mort, avait recommandé à ses fils de ne jamais renoncer au sel, mais ils ne l'avaient pas écouté.

## 27

Sans l'aide de Shano, les Hankoni en auraient été réduits à se mettre un sac sur le dos et à sortir mendier. Tout comme Shano, le Champ des Merles, bien qu'ils l'eussent délaissé depuis des années, surtout après la mort de Didin, leur fut d'un grand secours en ces jours sombres.

Sur les sept procès que Shano avait sur les bras cette année-là, toujours pour des affaires concernant ses maisons, elle en gagna quatre, en perdit un et en vit renvoyer deux. Quant au Champ des Merles, il donna comme toujours une récolte abondante. De quoi nourrir au moins les gosses, disaient-ils. Et les fils mariés de Hatib, en même temps que leur benjamin, Basri Hankoni, y passaient maintenant toute la journée.

L'aîné, Mukerem, était devenu complètement ahuri. Peut-être l'aurait-on écouté encore, par respect pour sa qualité d'aîné, mais il semblait estimer lui-même qu'il n'avait aucune raison de parler. Il avait cloué son bec comme pour ne plus jamais le rouvrir. « Mais parle donc, lui disait parfois Shano, parle, mon chéri, ça ne porte pas bonheur de cesser de parler de son vivant. » Mais il s'obstinait à se taire. C'était peut-être à cause de cela que, même quand il lui arrivait d'ouvrir la bouche, il s'en dégageait des relents fétides, comme une odeur de terre. Jusqu'à sa mort, c'est à peine s'il prononça une quarantaine de mots. « Tu as envoyé ta langue dans l'autre monde avant d'y aller toi-même. » C'est avec ces mots que le pleura Shano.

Maintenant, Kaskapan était l'aîné de la famille, mais on n'entendait pas beaucoup non plus le son de sa voix. Il ne cessait de boire, ne refusait jamais les verres qu'on lui offrait, et, quand il était éméché, se mettait à évoquer cette giaour étrangère qu'il avait aimée autrefois. Puis il énumérait les différents lieux, les puits des Malile, la tour Est de la Citadelle, le précipice derrière le Vieux Marché, le Rocher noir, le fleuve, le torrent de Cullo, et d'autres encore, où il se serait depuis longtemps donné la mort, n'eût été la petite Roxane, la fille qu'il avait eue avec la veuve de Hatib et dont on disait qu'elle était belle comme le jour.

## 28

Sur quoi, juste quand personne ne l'attendait plus, Bardhush revint de son pèlerinage. Son retour suscita plus de peine que de joie. Il avait tellement changé qu'on eut du mal à le reconnaître. Certains allaient même jusqu'à murmurer que ce n'était pas lui. « C'est comme ça, disait-on, que vous transforment les déserts d'Arabie. L'étendue sableuse, comme fécondée par l'apparition d'un homme, enfante son double. Et l'homme meurt quelque part dans ces pays perdus, alors que son double continue d'errer encore quelque temps de par le monde. »

Voilà ce que disaient certains, mais si l'on avait interrogé Bardhush, lui-même aurait peut-être dit, et à bon droit, qu'il ne reconnaissait pas non plus les Hankoni. Il les avait laissés dans la prospérité et il les retrouvait dans le dénuement le plus complet. Les cheminées de la grande maison étaient froides. La nuit qui suivit son retour, on trouva à grand-peine un peu de bois pour allumer le feu dans la cheminée de la grande pièce. Hommes, femmes et enfants se réunirent tous là, mais la conversation ne s'engageait pas, car la joie n'éclairait aucun visage. Tous regardaient le nouvel arrivé, puis se regardaient les uns les autres. Sa femme contenait difficilement ses larmes. « Pourquoi ne demandes-tu pas où est Didin, où est Mukerem, où sont les autres? » lui dit enfin Shano. Il leva ses yeux éteints et répondit en levant légèrement le bras : « Du moment qu'ils ne sont pas ici, c'est qu'ils sont là-bas. » Puis il se mit à genoux, se prosterna face contre terre et se mit à prier en marmonnant pendant un long moment. Après quoi, il s'excusa et demanda à aller se reposer.

Le lendemain, il se rendit au cimetière. Les Hankoni y avaient maintenant quatorze tombes et il s'arrêta devant chacune, murmurant quelques mots et priant pour chaque disparu. Il s'entretint avec eux plus qu'il ne l'avait fait avec les vivants.

Quelques jours plus tard, le bruit courut qu'il avait rapporté de ces contrées lointaines une maladie incurable de la peau. « Il aurait mieux fait de ne pas revenir, disait sa femme. Quand il n'était pas là, je passais au moins pour une veuve, mais maintenant je me demande ce que je suis. »

Dans la ville, on s'était mis à appeler Bardhush Hadji Bardhush, le surnom qu'on donnait à tous ceux qui revenaient du pèlerinage à La Mecque.

## 29

On afficha la liste des nouveaux impôts fixés par l'administration centrale, mais, pour la première fois, les Hankoni ne s'y intéressèrent pas. Ils n'avaient rien à vendre ni à acheter. Depuis longtemps ils s'étaient même débarrassés de leurs mulets de transport du sel.

## 30

Basri Hankoni, à qui l'on avait donné le prénom de son grand-père, était, de tous les fils de Hatib, le plus chétif. Mais peut-être fut-ce justement à sa santé fragile que les Hankoni durent de revoir poindre un rai de lumière dans leur vie.

Et voici dans quelles circonstances : en raison de son état de santé il dormait mal, et son sommeil, déjà léger, était agité de rêves, surtout de cauchemars. En décembre, qui sait pourquoi, il lui vint l'idée d'envoyer la description d'un de ses rêves au Tabir Sarrail (le palais des Rêves), dans la capitale de l'Empire, où des citoyens envoyaient des rêves faits pas les citoyens de tous les coins de l'Empire. Quatre mois plus tard, à son étonnement et à celui de tous, il reçut les félicitations des bureaux du Tabir Sarrail, qui l'avisaient que son rêve, après avoir été examiné par la commission compétente, avait été jugé très précieux, car son interprétation avait permis de découvrir et de conjurer un complot dans la ville de Karagjymurk.

Basri Hankoni ignorait même l'existence de cette ville, et il était à cent lieues de soupçonner qu'il s'y ourdissait un complot. Malgré tout, justement à cause de ce rêve, qui prévoyait une action malfaisante contre le gouvernement, le puissant Tabir Sarrail lui envoyait une lettre de recommandation pour qu'il lui fût confié une charge d'État. Basri Hankoni alla présenter ce papier à la préfecture et, peu après, à la grande joie de toute sa famille, il fut nommé au tribunal. C'était le premier Hankoni nommé fonctionnaire de l'État.

## 31

Petit à petit, les Hankoni se relevaient. Bien que Hadji Bardhush et Kaskapan fussent encore en vie, c'était le jeune Basri qui prenait toujours plus en main les rênes de la maison. Cela tenait sans doute aussi au prestige qui s'attachait à sa fonction.

Hadji Bardhush et Kaskapan étaient pour ainsi dire écartés de la direction de la maison. Le premier passait le plus clair de sa journée à prier et occupait le peu de temps qui lui restait à oindre sa peau de divers onguents. Quant à Kaskapan, il ne faisait que boire. Et après le troisième verre, il se mettait à parler de sa giaour d'antan.

Grâce au traitement de Basri, et aussi aux revenus du Champ des Merles, dont les frères et les neveux de Basri s'occupaient toute la journée, les Hankoni parvinrent à amasser la moitié des provisions nécessaires pour toute l'année. La majeure partie de leurs revenus, toutefois, provenait du traitement de Basri. « Les Hankoni ont été sauvés par un malheureux rêve », disaient les gens. Beaucoup se mirent à envoyer dans la capitale de l'État la description des rêves qu'ils faisaient ou qu'ils inventaient, ce qui était le cas de la plupart. Mais aucune réponse ne venait du Tabir Sarrail. Les écrivains publics, très sollicités à l'époque pour la rédaction de ces lettres, se firent beaucoup d'argent; puis les gens se lassèrent peu à peu de décrire leurs rêves, réels ou imaginaires, et ils finirent par y renoncer tout à fait.

Quant à Basri Hankoni, après tant de temps, il se souvenait à peine, disait-il, de ce rêve béni. Sur un terrain poussiéreux entouré de baraques abandonnées, gisaient épars quelques morceaux de papier déchirés, quand de derrière ces baraques surgit un taureau roux. C'était tout ce qu'il se rappelait.

A cette époque, comme pour égayer ce début de redressement, on maria trois enfants de la famille, un des fils de Mukerem et les deux filles orphelines de Didin. Ce furent des noces assez pauvres, qui n'étaient même pas l'ombre des noces fastueuses des fils de Hatib, mais ce n'en étaient pas moins d'heureux événements et les Hankoni, les derniers temps, n'avaient pour ainsi dire pas connu de pareilles joies.

## 32

Le premier jour du printemps, au crépuscule du soir, on vit arriver soudain des courriers d'Istanbul. Ils étaient porteurs d'un message particulier. Le lendemain, de bon matin, se répandit la nouvelle que l'on avait décapité le vali et emporté sa tête vers la capitale. Pendant un certain temps, la ville vécut sans vali.

Les Hankoni s'inquiétèrent de ce changement de gouverneur. Ils craignaient que le nouveau vali ne procédât à des transferts dans l'administration. Mais, bien qu'il eût tardé à venir (il n'arriva qu'au début de l'été et les retards pour l'entrée en fonction des valis, comme pour les sentences, étaient généralement de mauvais augure), le nouveau vali n'opéra aucune mutation parmi les petits ou les hauts fonctionnaires.

## 33

En octobre, une révolte éclata dans les montagnes du pachalik voisin de Vlora. Pendant toute une semaine, du haut de la ville, on voyait passer sur la route longeant le pied de la colline des troupes gouvernementales dépêchées pour réprimer l'insurrection. La quasi-totalité des timarlis de la région, le vali en tête, allèrent se joindre à ces forces. La plupart d'entre eux ne revinrent plus.

Les hostilités terminées, comme pour troubler la joie de la victoire des troupes impériales, une maladie inconnue, qui fit de plus terribles ravages que la guerre, s'abattit sur la région. De la porte des Hankoni sortirent quatre cercueils.

Ce même hiver, Basri Hankoni se maria. Ce fut un mariage qui sortait de l'ordinaire. Et voici pourquoi : depuis qu'il avait été nommé fonctionnaire, depuis donc qu'il se nourrissait, selon l'expression alors courante, du pain du gouvernement, plusieurs maisons l'avaient demandé pour gendre, mais les oncles et surtout la tante Shano, dont on écoutait l'avis bien plus que celui de ces deux malheureux, n'étaient pas pressés. Basri lui-même ne semblait pas avoir tellement envie de se marier. Surchargé de travail, il s'était assombri et l'on s'attendait d'un jour à l'autre à sa promotion.

Malgré tout, le jour de son mariage approchait. Un matin, avant l'aube, la tante Shano vint à la grande maison paternelle (c'est ainsi, de grand matin, qu'y venaient généralement ceux qui avaient fait un rêve, surtout un mauvais, pour n'en ressortir qu'à la tombée du soir). Elle s'enferma dans la grande pièce avec ses deux frères, Hadji Bardhush et Kaskapan, pour tenir conseil avec eux sur une question importante. Tous devinèrent qu'il s'agissait du mariage de Basri. C'était un jour de grand vent et la plupart des cheminées tiraient mal. Peu après midi, ils firent venir Basri lui-même, apparemment pour lui communiquer leur décision. C'était une décision quelque peu inattendue, mais pas tout à fait insolite. Les mariages entre cousins issus de germains, pour éviter le morcellement des fortunes, n'étaient pas inhabituels à Gjirokastra. Peut-être, en cette occasion, la surprise fut-elle causée non pas tant par la très proche parenté des promis que par la laideur de la fiancée, qui n'était autre que la fille de Shano. Malgré tout, les Hankoni avaient plus de raisons de se réjouir de cette alliance que n'en avait la grand-tante. En fin de compte, indépendamment de leur lent redressement et de la fonction de Basri, Shano était à la tête d'une fortune quatre ou cinq fois supérieure à la totalité de leurs biens.

## 34

Le mariage de Basri Hankoni eut lieu en octobre. Il y avait longtemps que les Hankoni n'avaient connu pareille liesse. Tous se remémorèrent le mariage de ses frères aînés. Et c'était maintenant plus ou moins la même abondance de viandes et de baklavas. Seules les torches manquaient à la fête. Ce n'était pas à cause de la dépense qu'elles auraient occasionnée, mais depuis l'incendie de leur magasin, les Hankoni avaient, semblait-il, contracté une répugnance non seulement pour le pétrole, mais pour tout ce qui le leur rappelait. Ce n'était pas par hasard que, depuis lors, leur grande maison était plus faiblement éclairée que les demeures environnantes sans tenir compte, naturellement, des logis des pauvres.

Outre toute la parentèle et les nombreux parents par alliance, vinrent plusieurs fonctionnaires, et le conseiller du vali pour les affaires judiciaires, Hafuz effendi lui-même, fut au nombre des convives. Selma s'était fardée avec beaucoup de soin, mais la poudre, le henné et les paillettes d'or collées à ses joues et sur son front, au lieu de l'embellir, l'avaient encore enlaidie.

## 35

Après le mariage de Basri, la situation des Hankoni, comme on pouvait s'y attendre, s'améliora rapidement. Basri quitta sa chambre de célibataire et s'installa avec sa femme au troisième étage du kiosque nord, que Kaskapan avait quitté, n'ayant plus la force de monter l'escalier. C'étaient de vastes pièces, pourvues de grands placards sculptés et que l'on ne parvenait pas à chauffer durant l'hiver.

La grande maison allait bientôt avoir cent ans et elle avait besoin de réparations. Les Hankoni, en raison de leurs tracas, avaient renvoyé d'année en année cette réparation. Mais après le mariage de Basri Hankoni, ces travaux ne pouvaient plus être ajournés. La façade du Kiosque des orphelins, éprouvée par le vent et la pluie, était décrépie par endroits; sur le côté sud, les auvents étaient gravement endommagés, et les poutres qui avaient pourri en certains points risquaient de se rompre et de tomber sur des passants. Quant au kiosque nord, la partie de la maison où s'installa précisément Basri et où, au-dessous de lui, habitait Kaskapan avec sa fille Roxane, on y distinguait les premiers signes de la ruine. L'avant-toit, le mur de la façade, avec les deux fenêtres qui ne s'ouvraient plus depuis longtemps, avaient l'air atteints de la lèpre, comme la peau incurable de Hadji Bardhush.

C'est précisément par cette aile que les ouvriers commencèrent leurs travaux.

## 36

En mars, il neigea. Ce fut une très belle neige. Elle reposait encore sur les toits quand Roxane mourut étouffée. Les Hankoni eurent beau s'efforcer de garder le secret, il fut éventé. La petite Roxane de dix-sept ans n'avait pas fait une chute dans l'escalier, comme on en fit courir le bruit, mais les siens l'avaient tuée de leurs propres mains, avec le youk[1]. C'est ainsi que de temps immémorial on mettait fin aux jours des jeunes filles qui perdaient leur honneur. Et Roxane, apparemment, avait perdu le sien. On murmura que c'était un jeune ouvrier, de ceux qui travaillaient au réaménagement du kiosque nord de la maison, qui l'avait conduite à sa perte. Mais les Hankoni eux-mêmes ne soufflèrent mot. Ils se bornèrent à faire interrompre les travaux, mais on ne savait pas trop si c'était à cause de la douleur de cette mort, ou pour se débarrasser des ouvriers.

Lorsque la neige commença à fondre et que les avant-toits se mirent à dégoutter, la jolie Roxane était déjà dans la tombe. « Comment un ventre de femme a-t-il pu enfanter une telle beauté ? » se demandaient ceux qui l'avaient vue. Elle semblait lointaine et comme voilée par une couche de brouillard, lointaine à l'image de son nom, que son père avait rapporté on ne savait d'où. Étrangement, elle donnait l'impression d'être une visiteuse éphémère en ce monde. On pensait : « Oui, bien sûr, elle est jolie, jolie, mais à quoi bon, elle a l'air de ne devoir passer qu'un court moment sur cette terre. »

1. *Youk* : amas de literie. (*N.d.T.*)

37

Après la mort de Roxane, Kaskapan s'effondra. La boisson le dégrada et il ne devait jamais plus se ressaisir. Il n'avait pas, disait-on, participé au meurtre de sa fille, mais, ivre mort, avait regardé les autres commettre leur forfait. Plus tard, d'autres rumeurs coururent, mais on n'apprit jamais exactement qui, dans la famille, avait participé à l'étouffement de Roxane. On disait que la malheureuse n'avait pas poussé un cri, qu'elle avait seulement appelé une fois : « Père ! » Elle n'avait eu aucun mot pour sa mère.

Cet appel de « père », qu'il évoquait à chaque fois qu'il était en état d'ivresse, rongea toujours plus Kaskapan, jusqu'à le détruire. Plus tard, au fil des années, les gens, à l'évocation de Kaskapan, confondaient toujours plus l'histoire de son amour de jeunesse avec celle de sa fille. Mais peut-être cette confusion tenait-elle à l'identité du prénom, Roxane, qui passait de l'histoire de la plus ancienne à la plus récente, comme une vieille pierre utilisée dans un mur neuf.

38

A la fin de l'année, qui s'avéra sombre pour les Hankoni, Basri eut un fils. On voulut le prénommer Hatib, en souvenir du père de Basri Hankoni le Jeune et du fils aîné de Basri l'Ancien, mais Shano insista pour qu'on l'appelle Fatri, un nom, donc, qui augurait d'un nouveau destin. Elle ne se tenait plus de joie. Les Hankoni étaient encore plus satisfaits qu'elle. Et ils avaient bien raison. Par cette alliance, maintenant consacrée, leur bien était devenu commun.

Entre-temps, Shano avait ajouté à ses biens quelques quarts de maison, une moitié de magasin et un tiers de hammam. Elle avait parfois perdu un procès en appel, mais en avait gagné la plupart.

Chacun pensait que les affaires des Hankoni marchaient bien. Certes, ils avaient de temps à autre quelque contrariété comme, par exemple, quand ils entendirent une chanson composée à leur sujet et que l'on chantait dans les cabarets :

*Roxane, belle Roxane,*
*On t'a étouffée avec un jorgane*[1].

C'est le jeune maçon, croyait-on, qui en était l'auteur. Mais elle ne bouleversa pas le cours de leur existence.

## 39

Il y eut deux hivers de suite d'une rigueur sans précédent de mémoire d'homme. Les avant-toits gelèrent et laissèrent pendre des stalactites pareilles à des lances de combat. Les vieux disaient que ce phénomène était le signe de la prochaine fin du siècle.

Au cœur de l'État, des troubles s'étaient de nouveau produits, mais personne ne savait trop à propos de quoi.

Le fils de Basri Hankoni n'avait toujours pas commencé à parler. Pour remédier à ce retard, on recourut à divers sortilèges, on lui coupa des

1. *Jorgane* : en albanais, couverture faite d'un mince édredon généralement en ouate. (*N.d.T.*)

morceaux de papier avec des ciseaux devant la bouche, on éteignit des charbons ardents dans un verre d'eau, on le conduisit à la teqe de Baba Ali, à la Caverne des bons djinns, chez la vieille Hatidjé, mais en vain. L'usage de la parole ne lui venait toujours pas. On le fit alors examiner par quelques médecins éminents, on le mena à Janina, et l'on se préparait à le transporter à Sofia, et même, si besoin était, jusqu'à Istanbul, mais les médecins déclarèrent que rien n'y ferait. Le petit était frappé d'une tare mentale. Les Hankoni furent accablés. Surtout Shano. Elle se sentait responsable de cette alliance. Au fond, c'était elle qui, la première, avait suggéré ce mariage. Les médecins avaient déclaré que le mal était probablement dû à la consanguinité.

Ainsi se fit jour un nouveau souci : Basri Hankoni devait-il ou non avoir un nouvel enfant ?

## 40

A la mort de Kaskapan, Hadji Bardhush était devenu le plus âgé des Hankoni, le seul de l'ancienne génération, mais personne ne faisait plus grand cas de lui. Il était absorbé par ses prières et par les soins de sa peau. Les fils de Hatib, les frères aînés de Basri le Jeune, ne se faisaient pas entendre dans la maison. Ils s'occupaient du Champ des Merles et se soumettaient sans rechigner aux ordres de leur frère cadet. On n'entendait pas non plus Hato, la sœur aînée restée vieille fille. Au début, elle parut devoir se quereller avec la plus jeune de ses belles-sœurs, mais elle ne tarda pas à lui céder le pas. Quant aux autres garçons et épouses, ils formaient comme une bande de muets qui couraient en silence d'un coin de la maison à l'autre.

## 41

A la fin de l'été, avant la publication des nouveaux impôts, on eut à déplorer une espèce d'invasion de scorpions. On ne se souvenait pas d'un pareil phénomène. Il était arrivé que des scorpions jaillissent en quantité lorsqu'on avait abattu une maison ou rénové une toiture, mais, de mémoire d'homme, on ne se souvenait pas d'avoir vu la ville envahie par des scorpions, etc.

On pensait que, tout comme les grands gels de l'hiver, cela avait quelque lien avec la fin du siècle. C'était, en effet, son avant-dernier été.

## 42

Suivant les conseils des médecins, Basri Hankoni ne fit plus d'enfants. Mais cela ne rabaissa guère l'autorité de sa femme, Selma. C'était la seule femme qui était écoutée à la maison. Toutes, y compris Hato, la plus âgée, se tenaient coites devant elle. « La fille de Shano a mis la bride aux Hankoni », disait-on de Selma. Mais cela tenait peut-être à ce que la nouvelle épouse n'avait en quelque sorte pas de belle-mère. Sa belle-mère, qui avait été la femme de Hatib avant de devenir celle de Kaskapan, errait dans la maison comme une ombre, surtout après la mort de Roxane, qui avait été la demi-sœur de ses fils, mais une sœur pas comme les autres, comme étrangère à ce monde. Quant à Shano, elle passait des journées entières dans la grande maison de son père. Elle donnait des conseils à sa fille, lançait quelques piques, tout en se maintenant à l'écart. La grand-tante, c'est comme cela que tous l'appelaient.

## 43

A la fin de l'automne, Basri Hankoni fut promu à une plus haute fonction. Cela le rendit encore plus sombre. Une semaine plus tard mourait Hadji Bardhush. Les derniers temps il avait eu l'air complètement ahuri. Il ne portait plus de chaussures, il sortait pieds nus dans la ville, ou tout au plus avec des sabots de bois qui faisaient claquer les pavés sous ses pieds. Les gamins le suivaient en se moquant de lui. Lorsqu'il mourut, les Hankoni se sentirent plutôt soulagés.

Les vieilles qui lavèrent son corps furent épouvantées. Il était couvert de squames et de marques affreuses. Après son enterrement, on aspergea de soufre et de lait de chaux la chambre où il avait vécu mais, malgré tout, personne, dès lors, n'accepta de vivre dans cette pièce. Elle demeura donc fermée et ne fut plus utilisée que pour effrayer les enfants : « Tiens-toi tranquille, sinon on t'enfermera dans la chambre de Hadji Bardhush ! »

Sur sa tombe, selon ses dernières volontés, on grava cette épitaphe : « Ici repose sous terre la créature d'Allah, grain du grain de sable du désert, Hadji Bardhush Hankoni. Il fut dans beaucoup de pays sans être nulle part, aveugle comme le sable agité par le vent. Paix à son âme ! »

## 44

La fin du siècle emporta avec lui presque toute l'ancienne génération des Hankoni. Shano en était la seule survivante.

On redoutait des tremblements de terre, des inondations, des éclipses de soleil ou de lune, mais rien de tout cela ne se produisit dans les journées qui formaient la charnière du siècle finissant et du siècle commençant. Il tomba seulement une neige tranquille, scintillante, qui couvrit le sol à perte de vue. Rien de particulier ne permettait de penser que le nouveau siècle avait commencé.

Les Hankoni comptaient maintenant quarante-deux tombes au vieux cimetière. Et les vivants de la famille étaient à peu près aussi nombreux. La famille était donc comme scindée en deux : une moitié sur la terre, et l'autre en dessous.

## 45

Dans la deuxième année du siècle, le bruit courut qu'une terrible maladie, la maladie de l'argent, s'était déclarée dans un lointain pays. Elle était plus meurtrière que la fièvre jaune ou la petite vérole. Les gens étaient bien portants, mais c'est l'argent, lui, qui était atteint. Il s'était affaibli, avait perdu son pouvoir d'achat. Il y avait longtemps qu'une telle maladie n'avait plus sévi. C'était un mal redoutable, car on en ignorait les causes. On disait que les marchés étaient déserts partout dans l'Empire. Personne n'arrivait à comprendre de quel côté venait ce mal. Certains savants, giaours ou juifs, disait-on, en connaissaient les secrets. Mais ces sortes de docteurs étaient fort rares. Et leur nom aussi était compliqué : on les appelait des économistes. (C'est le nom que l'on donnait aux intendants dans les pays des giaours.) Mais dans les pachaliks environnants, on n'en avait jamais vu un seul. On n'en avait même jamais vu dans toute cette partie de l'État.

Entre-temps, le marasme économique faisait des ravages. La famine frappait des régions entières de l'Empire. On se mit à prier partout, on éteignit du charbon ardent, on sacrifia des agneaux et d'autres bêtes, mais l'argent ne guérissait toujours pas. Les monnaies, depuis la livre jusqu'aux pièces divisionnaires, étaient les mêmes qu'autrefois. Mais à quoi bon? La maladie les avait frappées au-dedans. C'était pire que la peste.

## 46

Les Hankoni firent difficilement face à la crise. A grand-peine ils parvinrent à amasser la moitié des provisions habituelles pour l'année. Ils diminuèrent leur consommation de café, réduisirent celle de beurre. Les enfants et les femmes mangeaient du trahana arrosé d'un peu de petit-lait.

Basri Hankoni eut une augmentation de traitement, mais l'argent n'avait pas de valeur. Il en fallait des poignées pour s'acheter un kilo de viande ou de poisson. Les gens pensaient que la fin du monde était proche.

## 47

Une révolte éclata dans deux villes voisines. En application d'un décret royal pris pour la circonstance, les timarlis, vali en tête, marchèrent contre les révoltés. Avant même d'arriver sur les lieux, ils reçurent l'ordre de rebrousser chemin, car on redoutait des troubles dans notre ville.

Cette année-là, la première neige tomba plus tôt que d'habitude. On parlait de désordres dans diverses parties de l'État. Le Sultan, irrité, avait fait décapiter le Grand Vizir. C'est à lui qu'étaient imputés tous les torts. Beaucoup pensaient que c'était bien fait pour lui.

Le cocher d'un consul de France en route vers Janina, qui s'était arrêté un peu dans notre ville pour s'y reposer, avait dit, paraît-il : « Toute l'Europe a perdu la tête. On s'attend à une guerre, à un carnage comme on n'en a jamais vu. »

## 48

A minuit, le dernier jour d'octobre, la lune fut offusquée. Le préposé à la lune, qui touchait un salaire uniquement pour surveiller cet astre, s'était endormi, de sorte qu'il ne donna l'alarme qu'avec un certain retard. N'eût été la vieille Kokobobo, qui souffrait d'insomnie depuis quatorze ans et eut l'idée de l'avertir, l'alarme n'aurait pas été du tout donnée et qui sait quel malheur serait arrivé. A peine le signal entendu, toute la ville se leva et, avec force prières et roulements de tambour, on parvint à effrayer l'esprit qui avait recouvert la lune et à la dégager. Le préposé à la lune n'en fut pas moins licencié.

La même semaine, le vali démissionna, sans que l'on sût pourquoi. Cette fois, son remplaçant ne tarda pas à arriver, mais il se révéla d'une brutalité sans précédent dans la région. Avant même d'avoir bien entamé son travail, il fit interner la moitié des fonctionnaires, entre autres Basri Hankoni, qui fut déporté très loin, dans une île de Grèce.

Les Hankoni se retrouvèrent brusquement dans une situation très pénible, comme lors du désastre du pétrole. L'argent avait à peine commencé à se revigorer quand ce malheur vint les frapper. Après le départ de Basri, la maison paraissait vide. Même les volets, en s'ouvrant, semblaient pleurer leur maître. Personne ne haussait la voix. Seul le fils débile de Basri remplissait la demeure de ses balbutiements.

« Les pauvres, quel malheur les a frappés! » disait-on. Comme toujours, ce fut le Champ des Merles qui leur permit de subsister.

## 49

L'annonce des nouvelles taxes venue de la capitale laissa tout le monde bouche bée. Elles étaient bouleversées, surtout celles sur les nouveaux mariages, sur le commerce du blé, du charbon et des porcs. Maintenant, c'était surtout Shano qui s'occupait des affaires des Hankoni. Familière des tribunaux et des juges, elle alla frapper à toutes les portes, se démena comme une diablesse pour obtenir la grâce de son gendre qui était aussi son neveu.

Finalement, elle y parvint. Basri Hankoni fut ramené de Grèce. Mais, comme on devait l'apprendre plus tard, ce succès n'était dû ni aux démarches officielles de bureau en bureau ni aux pots-de-vin, mais à tout autre chose. Shano, peut-être conseillée par quelqu'un ou de son propre chef, avait écrit une lettre au Tabir Sarrail dans la capitale. Trois semaines après était publié le firman décrétant sa libération. Apparemment, le puissant

Tabir Sarrail était très vite intervenu. On avait retrouvé, paraît-il, le rêve de Basri Hankoni dans les archives où les songes étaient gardés parmi des millions d'autres, et le gouvernement avait été aussitôt averti. Le firman de sa libération portait même le numéro de son rêve.

Cela semblait incroyable, mais c'était bien ce rêve qui avait à nouveau sorti les Hankoni du pétrin. Maintenant, pourtant, Basri Hankoni non seulement était tout à fait incapable de se rappeler ce rêve, mais il doutait même de l'avoir jamais fait.

Quand il fut de retour, son visage, au lieu de s'éclairer, s'assombrit encore davantage. Il lui fut confié une fonction plus importante, son traitement fut augmenté; mais il n'en demeurait pas moins morose. Peut-être son nouveau poste exigeait-il un tel maintien.

Bien vite, la période d'adversité fut oubliée et les Hankoni reprirent leur vie d'avant. Ceux qui les avaient plaints s'étaient mis maintenant à les envier. N'eût été les balbutiements du malade mental qui remplissaient la maison, peut-être auraient-ils été parfaitement heureux. Mais Allah ne vous prodigue pas tous les bienfaits en même temps.

## 50

Ce printemps-là, les Hankoni reprirent les travaux de réparation du kiosque de l'aile nord, qui avaient été suspendus depuis la mort de Roxane. En outre, ils firent changer une partie de la toiture et réparer toute l'aile ouest de la maison. Pour remplacer la toiture, il fut nécessaire de détruire plusieurs nids de cigognes et, à cette occasion, on se ressouvint du malheureux Hadji Bardhush, qui, comme ces oiseaux, était allé jusqu'en Arabie et en était revenu pour mourir en son pays. Quant à la belle Roxane, personne ne pensa à elle.

Quelques années s'écoulèrent, tranquilles, pour les Hankoni. On célébra coup sur coup quatre mariages, et le même nombre de cercueils sortirent de la grande porte de la maison. Depuis que Basri Hankoni avait été promu à une haute fonction d'État, il avait exprimé la volonté que le Champ des Merles soit désormais loué. Et c'est ce qu'ils firent. « Il ne sied pas à notre maison, avait-il dit, de sentir la paille et le fumier. » Il trouva à deux de ses neveux un emploi dans l'administration et fit envoyer l'autre à l'école. Basri voulait que les Hankoni se détachent petit à petit du passé et deviennent une famille de fonctionnaires. Ils vivraient avec « du gros pain », comme on appelait les traitements du gouvernement. Shano, elle, disait : « N'abandonnez pas vos biens immobiliers. Les gouvernements changent comme les nuages dans le ciel, les biens immeubles restent. »

Toujours infatigable, elle continuait de courir de procès en procès, et d'en gagner la plupart. Mais, tel un coucou, elle n'avait pas de nid où se fixer, à part la vieille maison de son père.

## 51

Vraiment, comme l'avait dit le cocher de ce consul français, la grande Europe avait perdu la raison. On disait qu'une vingtaine de royaumes étaient entrés en guerre l'un contre l'autre aveuglément, sans savoir eux-mêmes pourquoi. C'était un vrai méli-mélo, une confusion où, comme on disait chez nous, le chien ne reconnaissait plus son maître. Un courtaud, rapportait-on, avait tout embrouillé. Un pacha français haut de cinq pieds, du nom de Napoléon. Mais on avait juré d'avoir sa peau. Notre grand Sultan, paraît-il, se tenait à l'écart du conflit. Il regardait d'en haut se colleter les nains d'Europe. Mais, à un moment, il allongerait le bras, en empoignerait une douzaine et leur dirait : « Je vous ai assez supportés, maudits, vous avez troublé mon sommeil », et alors on verrait ce qu'on verrait. Mais le grand Sultan avait eu lui-même des tracas les temps derniers. Lui, à qui étaient soumis et la terre et le ciel, se heurtait à la désobéissance du vizir notre voisin, Ali pacha de Tépélène.

## 52

Avec l'âge, Selma, la maîtresse de maison, et sa belle-sœur Hato, embellissaient étonnamment. Toutes deux avaient été laides dans leur jeunesse, mais chez elles la laideur, que le temps généralement ne fait qu'accentuer, tendait à disparaître. Les vieux n'avaient pas tort de dire que chacun vient sur cette terre avec sa part de beauté, mais que le mal réside en ce que les gens recherchent la beauté non pas dans la partie de la vie où Allah la leur a fixée, mais dans une autre. Selma et Hato, elles, avaient compris qu'elles étaient nées pour s'épanouir dans leur vieillesse.

Elles s'habillaient avec goût, portaient des vêtements noirs, que les marchands leur faisaient venir de Salonique. Elles se teignaient les cheveux au henné et, lorsqu'elles allaient passer quelques jours chez des parents ou des proches, n'oubliaient jamais de se faire accompagner d'une servante, généralement d'une bohémienne, qui portait un balluchon contenant leur linge. Elles étaient heureuses que la beauté leur fût venue à un âge où elle n'est plus dangereuse.

Les belles-sœurs et autres femmes de la maison, les vieilles qui avaient cessé d'enfanter comme celles qui venaient de tomber enceintes, vaquaient, silencieuses, aux travaux de la maison.

## 53

Au cours du rude hiver où le vizir de Janina fut déclaré hors la loi, un des frères de Basri tomba malade. C'était une maladie un peu particulière, dont on ne trouvait pas le remède. Il restait prostré, ne parlait à personne et ne disait pas de quoi il souffrait. Plusieurs médecins l'examinèrent tour à tour, mais aucun d'entre eux ne prescrivit de remède. Certains suggérèrent de grillager les fenêtres de sa chambre et, de façon générale, de ne pas le laisser seul.

Plus tard, on murmura que le malheureux avait dû participer à l'étouffement de la belle Roxane. Longtemps il l'avait oubliée, et voilà que maintenant, quarante ans après, la jeune fille réapparaissait à ses yeux. C'est ce qui l'avait rendu malade. Il ne supportait pas une couverture sur lui, les oreillers l'étouffaient, il ne pouvait pas dormir sur un matelas. Apparemment, tout cela lui rappelait la mise à mort de sa cousine. Il avait expliqué à un médecin auquel il s'était ouvert qu'elle ne lui apparaissait pas sous un aspect effrayant, mais au contraire, le visage éclairé d'un sourire. Mais cela ne le soulageait pas. « Au contraire, c'est pire, disait le malheureux, pire. » Et il sanglotait.

54

Ali pacha de Tépélène fut vaincu. Le Sultan, dans sa colère, l'avait finalement broyé. Le souverain aurait dit que le nom de l'Albanie serait balayé de la face de la terre. Il en serait extirpé comme on arrachait l'herbe et, à sa place, on sèmerait un autre nom. Allah ! Quelles choses horribles !

Cette année-là, Basri Hankoni fut frappé d'apoplexie. En quelques semaines, cet homme imposant fut réduit à l'état de loque. Il s'asseyait devant une des fenêtres de la maison qui donnait sur la rue et marmonnait tout au long de la journée. Il était impossible de l'arracher de cet endroit. Apparemment, il souffrait cruellement de ne plus pouvoir parler et donner des ordres. Parfois, son fils, l'idiot, s'asseyait devant lui, et, comme son père lui semblait maintenant plus proche, il se mettait lui aussi à faire « bla, bla, bla », pour répondre à son murmure, jusqu'au moment où l'apoplectique brandissait sa canne et le chassait.

55

Contrairement à ce qu'on avait pensé au début, l'apoplexie de Basri Hankoni ne fut pas un grand désastre pour la famille. Sa pension était substantielle et, avec les traitements de ses deux neveux ainsi qu'avec le loyer du Champ des Merles, les Hankoni n'avaient pas de mal à joindre les deux bouts.

Maintenant, la grande maison était gouvernée par Selma. Il va sans dire que sa mère, Shano, la grand-tante, comme tous l'appelaient, régnait sur tous en maîtresse de maison suprême.

Les gens disaient : « Les Hankoni sont gouvernés par les femmes. » Mais ce n'était pas une honte. Dans l'histoire de toutes les vieilles maisons de Gjirokastra, il y avait toujours eu des périodes où elles avaient été dirigées par les femmes. Souvent même, c'était précisément durant ces périodes-là que ces maisons avaient connu leur épanouissement.

Pendant une longue période, donc, la vie des Hankoni coula tranquille. Au son monotone du « bla-bla » de Basri Hankoni passaient les semaines, les mois et les saisons. Il n'y avait pas d'automne sans mariage, ni d'hiver sans décès. Mais ce n'étaient pas des morts tellement affligeantes. Tour à tour quittèrent ce monde les vieilles tantes de Basri et les tantes de Selma.

Dans la grande pièce au plafond sculpté, Selma, Shano, la grand-tante et d'autres vieilles femmes qui venaient en visite ou comme hôtes, sirotaient lentement leur café.

« Chez les Hankoni, le café va au fond du cœur », disait-on d'eux. Les tasses étaient en porcelaine de prix, apportées de Smyrne; le plateau, avec un verset du Coran gravé dessus, était encore plus précieux; quant au café, s'il ne provenait pas du Yemen, il n'entrait pas dans cette maison. Entre deux cafés, les vieilles femmes se passaient de la main à la main les jumelles de la maison, de vieilles jumelles à l'étui marron, que Kaskapan avait rapportées de pays lointains. De la fenêtre elles regardaient au loin à l'envi (du reste, ce café avait justement été dénommé le café aux jumelles), puis elles les reposaient, poussaient un soupir et évoquaient les temps passés, surtout les morts.

56

Depuis qu'ils étaient gouvernés par les femmes, les Hankoni sentirent s'éveiller en eux le goût du luxe, surtout des bijoux. Ils n'étaient pas assez riches pour porter une bague à chaque doigt, mais pas assez pauvres non plus pour ne pas en porter au moins une.

Chez eux, on vit apparaître des services précieux, des couverts d'argent et des miroirs en cristal. Ils avaient le sentiment que ces objets étayaient en quelque sorte les fondements d'une vieille maison comme la leur. Les temps des premiers Hankoni, qui mesuraient leur situation sociale à la quantité de provisions amassées pour l'hiver, étaient révolus. Maintenant, ils étaient prêts à économiser sur la nourriture, mais ne pouvaient se passer de ces attributs de prestige social. Et, effectivement, les Hankoni avaient commencé à manger moins.

57

Basri Hankoni eut une mort tranquille. Un après-midi, son « bla-bla » habituel cessa de se faire entendre. Ce fut tout. On observa un grand deuil, mais sans trop d'émotion. Le chagrin qu'aurait dû inspirer sa disparition avait déjà été consumé au cours des années qui avaient suivi son attaque. Son fils, l'idiot, suivit le cercueil et, s'adressant à la dépouille, lui disait de temps en temps : « Pourquoi fais-tu bla-bla ? » Mais quand le cercueil fut déposé dans la fosse, il faut croire que lui aussi comprit ce qu'il en était, car il se mit à pleurer doucement.

## 58

Le vali fut muté. Il avait été nommé dans un pays lointain (certains prétendaient qu'il avait été emprisonné). Son remplaçant arriva un mois plus tard. C'était un homme très âgé. Il procéda bien à quelques changements, mais de peu d'importance. Les impôts qui furent publiés ne présentaient aucune modification. Sur la stèle funéraire de Basri Hankoni fut gravée par le maître Vllasi une épitaphe ainsi conçue : « Ici repose Basri, de la maison des Hankoni, fonctionnaire de première classe, qui sauva l'Empire du complot de Karagjymurk. Paix à son âme. »

## 59

Shano était maintenant plus que centenaire, mais elle avait encore l'esprit parfaitement lucide. Et même, au moment où tous s'attendaient à la voir complètement ramollie, elle inaugura une pratique qui n'avait pas de précédent chez les Hankoni : elle se mit à prêter de l'argent à usure. Elle prêta aux Tora, elle prêta aux Xarba, elle prêta aux Tsana. Elle se faisait remettre par tous un reçu en bonne et due forme, portant les échéances de remboursement, les taux d'intérêt, etc.

Cela la ranima encore plus. Ses jambes la portaient toujours bien, mais sa vue était très affaiblie. Le monde lui apparaissait comme dans la pénombre du soir. « Ô monde crépusculaire », disait-elle. Mais, même dans cet état de demi-cécité, elle ne renonçait pas aux procès. Les jours où elle en avait un, elle se levait plus tôt que d'habitude, mettait ses plus riches vêtements, ajustait son voile de tête et sortait.

La vie chez les Hankoni se poursuivait tranquille, sans troubles. Les réserves à provisions n'étaient pas aussi pleines que naguère, mais les objets de luxe ne manquaient pas. Et même les maladies se manifestaient plus calmement : les rhumatismes, les migraines, les affections articulaires après soixante ans. Ils guérissaient les rhumatismes avec des aiguilles de Janina, la migraine en arrosant d'eau des charbons ardents.

Entre-temps, Selma recevait ses amies dans le grand salon. Assises sur les coussins moelleux près des fenêtres, elles prenaient leur « café aux jumelles », puis elles se mettaient à deviser sur le temps, sur les années passées, mais elles parlaient surtout des morts.

C'est à cette époque que rentra de l'étranger un des neveux, Eboubekir, le premier des Hankoni qui avait fait ses études supérieures à l'étranger. Il avait étudié le calcul, les mathématiques comme on disait depuis peu. Mais il était méconnaissable. Il avait changé de visage, de maintien, de vêtements. Quand il se fâchait, il jurait dans une langue, et quand il buvait, il chantait dans une autre. « Il est devenu dingue, pensait-on de lui. Les études excessives l'ont détraqué. Les Hankoni avaient bien raison de n'avoir jamais aimé l'école.

Un mois après son retour, Eboubekir déclara que les Hankoni couraient à leur ruine. Personne ne prit ses propos au sérieux, sauf la vieille Shano. Un jour, profitant d'un moment où il semblait de bonne humeur, elle lui demanda ce qui lui faisait penser que les Hankoni allaient péricliter. Eboubekir s'arrêta, éleva la voix, se mit à jurer en quatre langues, puis prit un morceau de craie et s'efforça de lui expliquer pourquoi. Shano n'y comprit rien, mais elle n'en eut pas moins le sentiment que son petit-neveu avait raison.

Maintenant, tous deux restaient des heures entières ensemble. Les doigts d'Eboubekir, après ses entretiens avec Shano, étaient toujours blanchis de craie. « Il lui fait perdre le peu de vue qui lui reste, disait-on, il l'abrutit. » L'écho de leurs conversations avait franchi les murs de la maison pour se répandre au loin. Il lui expliquait pourquoi et comment l'argent tombe malade et quels sont les premiers signes de ce mal. Il lui disait des choses de plus en plus étranges. Par exemple, que l'argent ne doit pas être conservé sous terre dans des pots, car il y meurt. Shano le contredisait, lui disait que l'argent, sous terre, était en sûreté, qu'il y était protégé aussi bien contre les voleurs que contre les désirs mêmes de son propriétaire. Alors, lui se levait, se mettait en colère, s'ébrouait, jurait en plusieurs langues, puis se rasseyait pour lui expliquer que, sous terre, l'argent ne respire pas, qu'il se pétrifie, mais que si, au contraire, on l'en sort, si on le met en mouvement, il se ranime, grandit, comme les mules en liberté. Shano n'y entendait toujours rien, mais malgré tout elle se confirmait dans l'idée que son petit-neveu était dans le vrai. Finalement se produisit l'incroyable. Eboubekir persuada Shano d'investir une partie de son argent dans la construction d'un moulin, dont elle recevrait chaque année une part des revenus. « Eboubekir a berné la vieille, disait-on partout, il l'a rendue folle. » Mais l'année d'après, Shano, loin de se repentir de ce qu'elle avait fait, acquit une part dans un autre moulin et, plus tard, dans un grand hammam de femmes.

## 60

La proclamation des grandes réformes, ou Tanzimat, comme on les appelait, fut accueillie partout par des troubles. L'annonce d'une épidémie de peste dans la région n'aurait pas suscité plus d'émoi. Les sandjaks d'Albanie se mirent à bouillir comme des chaudières.

Les fiefs militaires furent abolis par décret. La levée de recrues appelées à former l'armée permanente qui remplacerait les forces de feudataires commença. On se mit à pleurer dans toutes les familles. Chez les Hankoni étaient appelés trois jeunes gens. On disait qu'ils seraient envoyés faire leur service militaire dans des régions très lointaines, dans les sables du Yemen. Pour une durée de sept ans. Le jour de leur départ fut pour les Hankoni un jour de deuil plus sombre que pour n'importe quelle mort. Les jours qui suivirent le départ des garçons, tous dans la famille étaient comme hébétés. On se rappelait le malheureux Bardhush qui avait été dans ces contrées. On se souvenait aussi des autres morts. Et pour la première fois depuis de nombreuses années, les Hankoni n'achetèrent plus de café du Yemen.

## 61

La première lettre du Yemen arriva un an plus tard. Quand Eboubekir en commença la lecture, les femmes fondirent en larmes. Selma s'évanouit par deux fois.

Les mouvements de révolte contre les réformes ne cessaient de croître. La fréquence des colonnes de soldats qui passaient en bas, sur la grand-route, laissait entendre qu'une révolte avait éclaté. Il courait des rumeurs terribles. On racontait que des parents mutilaient eux-mêmes leurs fils pour qu'ils ne partent pas au bout du monde; ils leur coupaient un doigt de la main droite ou les frappaient sur la hanche pour les rendre boiteux.

N'eût été la tristesse qu'avait suscitée le recrutement des garçons (les vieilles femmes l'appelaient le poison du Yemen, et il y avait longtemps, selon elles, qu'on avait décelé ce prochain malheur dans le marc de café), n'eût été donc ce chagrin, les Hankoni auraient passé quelques années tranquilles. Shano continuait d'investir de l'argent dans diverses entreprises. Outre les deux moulins et le hammam, elle acquit une part dans une auberge pour paysans. On disait qu'en ces affaires, ce n'était pas tellement l'appât du gain qui l'attirait que l'idée des procès futurs qu'elles pourraient lui apporter avec ses nouveaux associés. Eboubekir lui avait assuré qu'elle aurait autant de procès qu'elle voudrait. Au reste, une entreprise conjointe était presque entièrement faite de querelles et de litiges, de même qu'une courge est quasiment faite d'eau.

Eboubekir se maria pendant la période même des troubles du Tanzimat. Neuf mois plus tard, sa femme mettait au monde un fils. On voulait l'appeler Didin, en souvenir de Didin Hankoni, tué naguère durant une noce, mais Shano insista pour qu'on le prénommât Basri, afin de perpétuer le nom de son neveu et gendre. Selma n'était pas pour ce nom, mais elle ne voulut pas contrarier sa mère. En sorte que chez les Hankoni apparut un troisième Basri.

62

Des troubles éclatèrent dans la ville même. La résidence du vali fut en partie incendiée, la prison forcée. Mais des troupes importantes venues de Pacha Liman rétablirent le calme.

Le vali fut remplacé. A côté de l'école turque, on ouvrit des écoles latine et grecque; mais pas d'école albanaise. Eboubekir dit que, quand son fils grandirait, il l'inscrirait non pas à l'école turque, comme le faisaient les musulmans, mais à l'école latine, à l'exemple des catholiques. « Il est devenu fou », disait qui l'entendait.

63

Cet hiver-là, chez les Hankoni, on eut trois morts à pleurer. Eboubekir mourut subitement, à la fleur de l'âge. Par une nuit de pluie, il attrapa froid, ses poumons se bloquèrent et trois jours plus tard il quitta ce monde. On le pleura comme on avait rarement pleuré quelqu'un sur cette terre. Shano surtout. Après Eboubekir mourut l'idiot. Pour lui aussi, on observa un grand deuil, mais ce fut plutôt l'occasion de célébrer la mémoire des autres morts. Finalement, au sortir de l'hiver, ce fut au tour de Shano de s'éteindre. On avait commencé à penser que Dieu l'avait oubliée sur terre. Son enterrement fut le plus imposant qu'on eût connu chez les Hankoni. Le cortège funèbre s'allongeait interminablement. Il avait neigé et le cimetière de Basilico s'étendait comme une nappe blanche. La couche de neige étouffait en partie les sanglots, mais elle étourdissait aussi les gens.

64

Les stèles avec les inscriptions furent prêtes un mois plus tard. Sur celle de l'idiot on lisait : « Allah ne lui laissa dire que deux ou trois mots en ce monde. Il les lui a tous gardés pour l'autre. Paix à son âme. »

65

Comme toujours après la mort de personnages importants de la famille, les Hankoni procédèrent à des réaménagements dans leur maison. Cette fois aussi, pour les déplacements à l'intérieur de la grande maison, il fut tenu compte de l'âge des intéressés, de leurs rhumatismes, des tristes souvenirs qui s'attachaient à certaines pièces, ou de quelque querelle qui y était à moitié enfouie comme la braise sous les cendres.

Après les déménagements, ils firent réparer l'aile droite ainsi que l'auvent surmontant la grande porte. Une partie des volets de la façade furent remplacés. Ces réparations faites, la maison parut se ranimer. Seule la pièce de Hadji Bardhush resta, comme auparavant, inhabitée.

Selma, que l'on appelait maintenant la « grand-tante », dirigeait la maison d'une main de fer. Elle ressemblait toujours plus à sa défunte mère. A ses derniers instants, celle-ci, en même temps que le cahier où elle inscrivait les échéances des intérêts à percevoir, lui avait laissé la charge des procès, et Selma lui avait promis qu'elle poursuivrait jusqu'au bout tous les procès inachevés. Elle tint parole. Au début avec une certaine répugnance, juste pour exécuter les dernières volontés de la disparue, puis avec toujours plus de goût.

Lorsque (comme l'avait prévu Eboubekir) commencèrent les premiers litiges avec les adjudicataires du hammam, Selma, ravie, en eut les larmes aux yeux d'attendrissement. « Ah, maman, si tu étais encore en vie ! » murmura-t-elle, comme on le fait à la vue d'une branche de prunier en fleur au premier printemps, en évoquant le souvenir d'un cher disparu.

## 66

Suivant la coutume des vieilles maisons de Gjirokastra, les Hankoni donnaient à une partie des enfants des nouvelles générations les prénoms de leurs grands-parents et de leurs aïeux. De sorte que le prénom de Basri donné au fils d'Eboubekir n'était pas seul à renaître pour la troisième fois; les prénoms de presque toute l'ancienne génération des Hankoni étaient toujours en vie. Ils étaient repris par deux ou même trois générations de suite, de telle sorte que des enfants s'appelant Kaskapan, Hatib, Shano, Didin, Sabeko (la femme de Basri l'ancien), Hadji, etc., ne cessaient de courir dans la maison. On eût dit que la lignée des Hankoni tournait en rond, en rond, et que, comme dans une rivière aux eaux troubles, de ces tourbillons émergeaient çà et là, mais à une courte distance les uns des autres, les mêmes tronçons. En réalité, ils étaient différents, et si les anciens avaient été encore en vie et avaient pu voir, par exemple, un Kaskapan replet et placide au lieu du Kaskapan d'antan vif comme un rosier sauvage, ou un jeune Hadji Bardhush qui aimait s'habiller à la mode d'Istanbul au lieu du Hadji Bardhush aux sabots de bois, ils seraient sûrement restés bouche bée. Mais ce monde est agencé de telle sorte que chaque génération vient et s'en va ensemble. Et heureusement qu'il en est ainsi, sinon qui sait quels heurts se produiraient.

Seul le prénom de la belle Roxane ne se renouvela plus. Telle une étoile qui s'est détachée du firmament pour tomber dans l'infini, ce nom fut à jamais arraché de la souche des Hankoni.

## 67

Pendant quelque temps, les Hankoni, ayant eu à payer les frais de justice de certains procès qu'ils perdirent, furent gênés. De plus, leurs locataires ne payaient pas régulièrement leurs loyers pour les demi-pièces et quarts de maisons laissés par Shano et éparpillés un peu partout à Gjirokastra. Et il n'y avait là rien d'étonnant. La propriété de ces biens était si embrouillée que les locataires n'avaient pas trop de mal à trouver des prétextes pour se dérober au paiement. Le recouvrement des revenus des moulins et du hammam féminin n'était pas moins laborieux. Parfois Selma soupirait : il aurait fallu le cerveau d'Eboubekir pour débrouiller ces calculs qui semblaient démoniaques. Elle sentait qu'on la trompait, mais elle ne découvrait pas comment. Cela la rongeait. Elle comprenait maintenant pourquoi l'une des dernières volontés d'Eboubekir avait été que son fils fût mis à l'école latine. Or cet établissement, comme pour faire enrager Eboubekir, fut fermé juste quand le petit Basri, son fils, fut en âge d'aller à l'école. Le bruit courut que l'on ouvrirait une école albanaise, mais il n'en fut rien. Cette rumeur avait même suscité des troubles; plusieurs personnes avaient été emprisonnées et emmenées à la forteresse de Çanak.

68

Il y avait des années que la vie chez les Hankoni n'était plus émaillée d'événements retentissants comme naguère. « Le sang des Hankoni s'est refroidi », disait-on. Le temps du sel et du pétrole, les torches des noces des fils de Hatib, le serment du Champ des Merles, Roxane, les aventures de Kaskapan et de Hadji Bardhush, le rêve de Basri Hankoni, tout cela semblait perdu dans le passé et n'était évoqué que comme un reproche tacite à l'adresse des jeunes Hankoni qui portaient les noms de leurs pères.

Même quand se produisaient certains événements, il s'agissait de choses banales et sans relief. Comme une des brus, la femme de Didin, ne faisait pas d'enfants, on l'envoya passer quatre jours et quatre nuits à la teqe de Beun. Elle en revint transformée et, au bout de neuf mois, mit au monde une fille. Un seul des garçons rentra du Yemen. Les deux autres moururent de la fièvre des tropiques. C'étaient les premiers Hankoni à être ensevelis dans des pays lointains, sur un autre continent. Des gens disaient que c'était Hadji Bardhush qui avait ouvert ce chemin. C'était lui qui avait porté le nom des Hankoni jusque-là, et ces morts devaient suivre. La femme de Didin demanda de nouveau à aller à la teqe de Beun, cette fois dans l'espoir d'avoir un fils. On l'y conduisit et, neuf mois plus tard, elle accoucha encore d'une fille. Mukerem, c'était le nom du fils qui revint du service militaire, s'évertuait à imaginer un alphabet secret pour la famille. Les derniers temps, à Gjirokastra, il était à la mode pour les vieilles familles d'avoir leur alphabet secret. Mais, juste alors, se produisirent de grands troubles, précisément à cause de certains caractères en plomb que quelqu'un avait apportés de loin en les chargeant sur son dos. Il y avait eu des meurtres, des emprisonnements; un décret particulier énonçait les sanctions qu'encouraient tous ceux chez qui on découvrirait ne fût-ce qu'un seul caractère en albanais. Mukerem fit aussitôt disparaître son alphabet. Alentour, plus ou moins loin, en entendait toujours plus souvent les mots « Shqipëri », « Shqiptar », « Renaissance nationale », mais les Hankoni ne se mêlaient pas trop de ces affaires. Ils savaient bien qu'après ces mots-là venaient toujours les fers et ils n'avaient jamais aimé avoir d'histoires avec l'État. La femme de Didin alla faire un troisième séjour à la teqe. Cette fois, elle y resta plus longtemps. Mais, de nouveau, elle donna naissance à une fille. Quant au fils d'Eboubekir, Basri, il passait toute la journée sur les gribouillages qu'avait laissés son père. On essayait de le distraire avec d'autres choses, mais il avait l'esprit aux chiffres.

Et voilà que dans cette période de relative torpeur il se produisit quelque chose qui rappelait les événements retentissants du temps des premiers Hankoni : la nuit du Nouvel An, deux vieillards de la famille des Tchana, mari et femme, se donnèrent volontairement la mort en s'endormant dans leur chambre avec un brasero de charbon qu'ils venaient d'allumer. Motif : ils n'avaient pas les moyens de rembourser aux Hankoni leur dette doublée par les intérêts usuraires.

Ces morts, certes, ne touchaient pas directement leur famille, mais les Hankoni en furent frappés encore plus durement. Jusqu'alors, s'il s'était passé beaucoup de choses chez eux, tout cependant était resté confiné à l'intérieur de leurs murs. Or, ce nouveau fait, précisément parce qu'il passait leur porte, suscita contre eux dans la ville une vague de colère. Selma, en particulier, se trouva dans une situation fort pénible. Tout comme Shano, la mort oubliait de l'emporter, mais ce nouveau remords la courba encore plus et, dès lors, les Hankoni cessèrent de prêter de l'argent à intérêt. Leur situation financière n'était guère brillante, mais, espérant éveiller une certaine pitié, ils cherchaient à donner l'impression d'être encore plus gênés qu'ils ne l'étaient réellement.

## 69

C'est à cette époque qu'éclata la guerre contre la Russie. Les réservistes furent rappelés sous les drapeaux. Chez les Hankoni, la mesure frappait Mukerem, celui qui était revenu du Yemen. Les adieux furent très tristes. Le seuil de la maison, dit-on, fut arrosé de larmes. La guerre se déroulait dans des pays lointains, dans certaines plaines que l'on appelait steppes, et les nouvelles arrivaient avec peine. De Mukerem ne parvint aucun signe, aucune lettre. La paix fut conclue, puis la guerre reprit de plus belle, et l'on n'avait toujours rien reçu de lui. Finalement, la guerre se termina pour de bon. Ceux qui en revinrent dirent ne l'avoir vu nulle part, ni vif ni mort. Certains pensaient qu'il avait dû être fait prisonnier ou se perdre dans la steppe. C'étaient des steppes sur lesquelles, après quelques heures de marche, on se sentait comme ivre, et alors vos jambes se mouvaient d'elles-mêmes sans jamais retourner en arrière, de telle sorte que l'on finissait par se perdre dans l'immensité. Alors que les Hankoni avaient perdu tout espoir de le voir revenir, ils reçurent une lettre de lui. Elle aurait mieux fait de ne pas venir. Elle était écrite dans l'alphabet secret de la famille. « Je suis interné au bout du monde, écrivait-il. Ce pays où je me trouve s'appelle Kolyma ou encore Sibérie.

Ô mon Dieu. Il fait froid. Il fait froid et il gèle, comme il doit geler derrière le soleil. Le jour ici est long de six mois et la nuit de six mois aussi. Ô mon Dieu, pleurez-moi vivant, ne m'attendez pas. M. »

C'est ce qu'ils firent. Ils le pleurèrent vivant et cessèrent de l'attendre. En fait, il ne devait jamais revenir.

## 70

Les Hankoni connurent quelques années tristes. On eût dit que la lettre de Mukerem leur avait apporté le froid de ce pays désolé. Le Champ des Merles ne rendait pas grand-chose et, comme cela leur était déjà arrivé, ils avaient du mal à recouvrer les loyers de leurs différents biens. Ils se mirent à réparer l'aile gauche de la maison, mais furent contraints d'abandonner les travaux en cours, les frais s'avérant trop élevés. Une partie de l'avant-toit du kiosque s'effondra, et on voulut d'abord le réparer d'urgence, mais, au bout de quelques semaines, ils s'accoutumèrent à sa vue. « En fin de compte, ce n'est qu'un avant-toit, dirent-ils, cela ne gâte pas grand-chose. »

La vie s'écoulait comme à mi-voix. Selma avait beaucoup perdu de sa mémoire. Elle confondait les gens, les événements, et jusqu'aux pièces de la maison. Basri le Jeune passait toute sa journée penché sur un cahier rempli de chiffres. En Albanie du Nord, il y avait la guerre. Deux nouveaux ennemis avaient surgi, le Monténégro et la Serbie, alliés de la Russie. Ils cherchaient à s'emparer d'un morceau de l'Albanie. Là-haut, disait-on, les eaux des torrents étaient rougies de sang.

La terre a tremblé. Dans les bas quartiers beaucoup de maisons ont été endommagées, mais pas dans les hauts quartiers. La maison des Hankoni, elle, n'a pas souffert. Une lézarde seulement au troisième étage. Tous se réjouirent. Mais leur joie fut de courte durée. Lorsqu'on lâcha les seaux au fond de la citerne pour puiser de l'eau, on s'aperçut qu'il n'y en avait plus une goutte. Le fond de la citerne était fissuré. On fit venir d'urgence les maçons. A la lumière de lanternes, ils descendirent au fond de la citerne à l'aide d'une corde. Ils découvrirent la fissure. Avant de combler la fente, ils décidèrent de nettoyer la citerne et en sortirent des seaux de boue. Ils en remontaient aussi des objets de toutes sortes qui y avaient été jetés, des pièces de monnaie, des boutons, une tabatière en bronze. Ils en tirèrent aussi les ossements d'un oiseau, qui avait fini là-dedans on ne sait comment. Au début, tous avaient été terrifiés. D'où était venu cet oiseau, si ce n'était des profondeurs de l'enfer? Mais quelqu'un dit qu'il avait pu tomber du ciel sur le toit de la maison, puis, de là, être poussé par les eaux dans une gouttière et glisser enfin dans la citerne. Un autre racontait qu'il lui était arrivé, par un jour d'orage, de voir des oiseaux assommés par la foudre tomber sur le toit des Hankoni.

Mais ce qui fit frémir les gens plus que les ossements de cet oiseau, ce fut une paire de vieilles chaussures que l'on tira du fond de la citerne. Tous se rassemblèrent autour, pâles comme la cire, se demandant à qui avaient bien pu appartenir ces souliers et pourquoi ils avaient été jetés là. Brusquement, dans le lourd silence, on entendit Selma demander : « Ce ne seraient pas les chaussures de grand-père? » Elle faisait allusion au Basri Hankoni d'antan. Selma ne se rappelait pas ce qui s'était passé une heure auparavant, mais elle se souvenait bien des événements anciens. Shano lui avait parlé du faux serment de Basri Hankoni au Champ des Merles. Elle lui avait parlé aussi des chaussures que sa pauvre mère, Sabeko, la femme de Basri, avait longtemps cachées, on ne savait où, dans quelque recoin de la maison. On n'avait pas retrouvé ces chaussures, même après sa mort. Et voilà que maintenant se dévoilait la vérité : elle les avait jetées dans la citerne.

L'affaire des chaussures réveilla de vieux souvenirs dans la famille. Mais c'est Basri le Jeune qui s'y intéressa le plus. Comme auparavant, il occupait toute sa journée à aligner des chiffres et à faire des calculs. Certains étaient persuadés qu'il perdrait un jour la raison. D'autres pensaient que c'était précisément lui qui redresserait économiquement les Hankoni. Le bruit courait aussi que, quand ses chiffres lui en laissaient le temps, il écrivait l'histoire de la famille. Il avait intitulé sa chronique : *Les Hankoni de père en fils.* C'est pour cela qu'il s'était tellement intéressé aux chaussures de Basri Hankoni, dont les semelles souillées de boue avaient aidé les Hankoni à commettre leur premier crime : le faux serment sur le Champ des Merles. Le deuxième crime, selon lui, était l'étouffement de Roxane. Et le dernier et le plus grave, le suicide des vieux Tchana, incapables de payer les intérêts de leur dette.

Tel était donc Basri Hankoni, un homme étrange, à la vérité.

## 71

Les années s'écoulaient. La fin du siècle approchait. Selma mourut et on l'enterra en grande pompe comme les anciens Hankoni. La grande maison était toujours plus tranquille. Les épouses se fanaient petit à petit, en ouvrant et en refermant les grandes armoires à moitié vides.

Maintenant les Hankoni comptaient au cimetière

de Basilico quelque soixante-dix tombes. La plupart d'entre eux étaient donc maintenant sous terre, et une minorité seulement sur terre, comme les arbres dont la partie souterraine est plus touffue que celle qui émerge du sol. Il y avait longtemps, maintenant, qu'on les considérait comme étant de Gjirokastra de père en fils.

Ils vivaient des revenus du Champ des Merles, à quoi s'ajoutaient la pension pour les deux fils morts au Yemen et une demi-pension pour le fils disparu en Sibérie, ainsi que des fragments de loyers qu'ils percevaient pour les parts d'immeubles éparpillées par Shano. Peut-être fut-ce pour assurer le recouvrement des loyers que les rênes de la maison furent laissées entre les mains de Basri Hankoni. Lui seul était en mesure de débrouiller ce qui s'était tellement embrouillé du vivant de Shano et s'était emmêlé encore plus après sa mort. En deux semaines, à l'étonnement de tous, Basri Hankoni épura tous les comptes qui, depuis cent vingt ans, étaient devenus quasi inextricables. Les héritiers des locataires des moitiés et des quarts de maison, ou encore des moulins et du hammam de femmes, en furent fort déçus. Ils voyaient s'évanouir l'espoir d'invoquer l'embrouillamini des comptes pour se dérober au paiement.

Mais épurer les comptes de propriété était pour Basri Hankoni un jeu d'enfant. Il s'occupait d'autres calculs, bien plus approfondis et plus compliqués. En cette matière, il avait surpassé son père, Eboubekir. Et puis, Eboubekir avait fait des études, alors que lui avait tout appris seul. Les gens se demandaient quel était son but. Certains disaient qu'il rêvait de remettre sur pied la puissance des Hankoni de jadis. Et pas seulement celle des Hankoni, mais celle du grand État turc. Ils étaient persuadés qu'il étudiait des projets de réformes économiques pour tout l'Empire. D'autres, au contraire, affirmaient avec insistance qu'il ne s'occupait de rien de ce genre. Selon eux, il ne faisait que préparer son testament. Et les gens avaient bien raison d'être perplexes et de se demander : « Qu'est-ce que ce testament, dont la rédaction se poursuit depuis dix-huit ans ? »

Voilà ce qu'on disait de lui.

72

Basri Hankoni se consacrait effectivement à préparer son testament. On s'en convainquit au lendemain même de sa mort. Il mourut brusquement, à quarante-deux ans, peu avant la fin du siècle. On trouva son testament dans son sein, scellé à la cire rouge, avec le vieux cachet de la famille.

73

Le testament de Basri Hankoni, ouvert par la famille dès le retour de l'enterrement, laissa les Hankoni pétrifiés. Et cela, pour la simple raison que ce n'était pas un testament ordinaire, mais un vakoufname[1], c'est-à-dire un acte par lequel le testateur léguait tout ce que les Hankoni avaient édifié en luttant d'arrache-pied pendant deux cents ans, tout ce pour quoi ils s'étaient donné tant de peine sans ménager la ruse, le crime et le calcul. Tous leurs biens, depuis le Champ des Merles jusqu'à la part du hammam des femmes, autrement dit la totalité de leurs biens immobiliers, étaient légués aux institutions religieuses.

Les raisons de cette décision étaient énoncées dans la première partie du testament. Basri avait

1. *Vakoufname* : acte d'établissement d'une fondation religieuse. (*N.d.T.*)

écrit de sa main que, attendu que ce monde était appelé à disparaître avec tout ce qui se trouvait dessus, que la terre est un lieu de malheur et non de joie, que le séjour en ce monde n'est que douleur, que son espace vous étreint, que l'on y manque de ce que l'on possède et que l'on y perd ce que l'on croit gagner; attendu, donc, que ce que l'homme mange se consume, que ce dont il se vêt se déchire, et qu'en revanche, ce qu'il donne ne se consume ni ne se déchire, car ce don se dépose dans la mémoire et la mémoire ne meurt jamais, en ce qu'elle se décharge comme l'éclair d'esprit en esprit, attendu, donc, que l'homme ne doit penser qu'au salut de son âme, lui, Basri, avait décidé de léguer aux institutions religieuses, à titre de fondation, tous les biens des Hankoni.

Le testament décrivait en détail les biens faisant l'objet de la donation : le Champ des Merles, la maison entière des Hankoni, la cour, le terrain des magasins brûlés; quatre maisons dans le quartier de Hazmurat, sur lesquelles Shano avait acquis les deux tiers; deux moitiés de maisons dans le quartier de Varosh; trois maisons dans le quartier du Haut Dunavat, où sa part se montait au cinquième; sept autres maisons dans divers quartiers, dans lesquelles elle n'avait qu'une petite part, une pièce, un vestibule, une demi-citerne, voire seulement une porte; la fontaine proche du pont de Zerzebil avec son enceinte de pierre; cinq magasins au centre de la ville, dont elle possédait un peu plus d'un tiers, un magasin entier au Vieux Marché, la moitié du hammam de Pashalli, le mur d'enceinte du hammam de Kaur; une part, respectivement de douze pour cent et de seize pour cent, dans les moulins de Manalat et de Djemali; la part des bénéfices du grand hammam de femmes; la fontaine sur la place du Zeman; quatre pommiers dans le jardin d'une maison à Gjobek.

Avec le revenu de ce riche patrimoine établi en fondation, Basri Hankoni demandait que soit construite au bord de la grand-route, à vingt pas du pont, une petite auberge où recevraient le gîte et le couvert tous les voyageurs, pauvres et riches, étrangers ou du pays. A proximité de l'auberge serait aménagée sa tombe, avec une stèle funéraire simple sur laquelle serait gravé seulement un prénom : « Basri ». Rien de plus, ni nom, ni date de naissance, rien. La stèle devait comporter une niche où serait posé un lumignon, qui resterait allumé jour et nuit jusqu'à la fin des temps.

Cette fondation prévoyait le versement d'une somme d'argent à chaque membre de la famille, tant qu'il serait en vie, puis, après sa mort, à ses enfants, garçons ou filles, puis aux enfants de ces derniers et ainsi de suite, de génération en génération et de branche en branche, jusqu'à ce que la souche fût complètement éteinte. Le montant de cette somme à verser n'était pas fixé par année ni par saison, mais par jour de vie de chacun.

Basri Hankoni avait tout calculé afin que les clauses de la fondation pussent être appliquées indéfiniment. Il avait prévu avec une effrayante précision toutes les possibilités d'accroissement de la lignée des Hankoni et envisagé pour chaque éventualité une solution qui s'intégrait dans le calcul d'ensemble, sans en rompre l'harmonie. C'est ainsi qu'avaient été fixés étrangement tous les frais pour la gestion de l'auberge, l'entretien de sa tombe, le salaire quotidien de l'aubergiste, qui ferait en même temps fonction de cuisinier, le menu qui serait préparé chaque jour pour le repas de midi et celui du soir, les dépenses pour les réparations éventuelles, les frais pour l'huile du lumignon, etc. Rien n'avait été oublié. Et les calculs n'avaient pas été faits pour des dizaines ou des centaines d'années, mais pour des millénaires.

Maintenant seulement les Hankoni comprenaient pourquoi il avait fallu à Basri Hankoni dix-huit ans pour écrire cette horreur.

74

Immédiatement, il leur vint l'idée d'attaquer le testament. C'était naturel, car si le testament n'était pas annulé, ils resteraient complètement démunis. Les actions en nullité contre les testaments étaient très courantes, mais dans ce cas, les choses étaient un peu particulières. Ici on avait affaire à un vakoufname, et notoirement, le vakouf, ou fondation religieuse, était protégé par l'État et les institutions religieuses. Les Hankoni furent durement ébranlés, mais il ne se résignèrent pas. Ils engagèrent des avocats habiles dans la ville même, réputée pour ses hommes de loi. Alors qu'à Gjirokastra on faisait venir les médecins de fort loin, ses cadis, en revanche, étaient recherchés au-dehors, jusqu'à Andrinople, Sofia, voire, parfois, jusqu'à la capitale. Les Hankoni engagèrent donc des avocats très capables et entamèrent le procès.

75

La procédure pour l'annulation du testament de Basri Hankoni fut longue et triste. Lentement, l'un après l'autre, furent rassemblés des témoignages anciens et récents pour prouver que le testateur avait été irresponsable durant tout le temps de la rédaction du testament. Les avocats avaient soutenu que c'était la seule cause pouvant justifier l'annulation du vakoufname. Ils s'efforçaient de prouver que dans la vieille famille des Hankoni, en même temps que la santé et l'intelligence, s'était manifestée de temps en temps aussi une prédisposition à la folie. C'est de ce trait qu'avait précisément hérité Basri Hankoni.

De grands vieillards affluèrent au tribunal. Prêtant serment sur le Coran, ils témoignèrent de l'état mental du fils de Selma et du précédent Basri Hankoni; on produisit même une copie de son épitaphe qui en apportait la preuve irréfutable. D'autres vieillards, d'un âge encore plus avancé, vinrent déclarer qu'un Hankoni d'une ancienne génération, un des fils de Hatib, était mort quasiment fou, de la phobie des courtepointes. Des témoignages furent également recueillis sur diverses manies, étrangetés et comportements plutôt bizarres qui confirmaient le fait que dans la lignée des Hankoni serpentait de temps à autre une veine de folie.

La fin du siècle trouva les Hankoni avec ce procès sur les bras. Des troubles s'étaient à nouveau produits dans la ville. Les garçons des Topulli avaient pris le maquis comme comitadjis. Les autorités les recherchaient partout. Leurs têtes avaient été mises à prix et le montant de la récompense promise pour chacun d'eux dépassait ce que dépensaient les Hankoni pour leur nourriture de plusieurs années. Toute la ville parlait des Topulli, mais les Hankoni, complètement absorbés par leur procès, s'étaient encore plus qu'auparavant repliés sur eux-mêmes.

## 76

Vint le dernier mois du siècle finissant, puis la dernière semaine. Les Hankoni n'avaient l'esprit qu'à leur procès. Le jour qui marqua le passage d'un siècle à l'autre fut un jour sans bruit, sans neige, et même sans pluie. De temps en temps seulement, on entendait gronder le tonnerre à travers les nuages, comme le fracas du galop d'un cheval traversant un pont.

77

Le premier jour du vingtième siècle se leva. S'acheva ensuite sa première semaine. Puis sa première saison. Les Hankoni étaient toujours engagés dans leur procès. Ils avaient grand espoir de le gagner. Les juges étaient stupéfaits par les calculs sans fin de Basri Hankoni.

L'été passa, l'automne aussi, et le procès se poursuivait toujours. Finalement, vers la fin de décembre, le jugement fut rendu. Les Hankoni voyaient leur vœu pleinement exaucé. Le testament fut déclaré nul. Épuisés, ils n'étaient même plus capables de se réjouir de leur succès. Les juges aussi se sentaient comme étourdis. Pendant qu'il rédigeait la sentence définitive, sanctionnant l'infirmité mentale de Basri Hankoni, l'un d'entre eux, paraît-il, avait dit : « Sait-on jamais, cet homme était peut-être le plus grand mathématicien de notre temps, un grand savant. Mais à quoi bon, avait-il ajouté, un mathématicien pour le salut de son âme... par conséquent inutile... parfaitement inutile... »

*Traduction de Jusuf Vrioni*

# LE CHANT

Plus le temps passait et plus son rêve l'obsédait, un rêve unique : qu'un chant naquît un jour qui célébrât son nom; un chant qu'il pût entendre lui-même, le soir, dans la montagne, sous un ciel envahi de nuages.

Mais après tant d'années, nul n'avait jamais songé à le chanter. « Il n'y aura donc personne pour composer un chant en mon honneur? » s'étonnait-il, bien qu'il fût jeune encore et qu'il lui restât beaucoup de temps à vivre.

Ce rêve était né en lui bien des années auparavant, par une nuit d'automne, tandis qu'il allait seul au milieu des montagnes, sur le chemin de sa bannière[1]. Aux quatre horizons, les montagnes se faisaient plus hautes et menaçantes dans l'ombre de la nuit, et marchant ainsi, le fusil à l'épaule, il éprouvait de plus en plus le sentiment de sa petitesse sous la tombée vertigineuse de ces façades noires. Il avançait toujours, l'âme accablée de ce sentiment, quand de très loin un chant arriva jusqu'à lui. C'était un chant héroïque, dit d'une voix traînante, aux accents pénétrants, qui venait d'une hutte lointaine, perdue dans les ténèbres. Le

1. *Bannière* : à l'origine, domaine seigneurial (par métonymie), puis territoire relevant d'une autorité patriarcale. (*N.d.T.*)

vent portait ce chant au hasard, et il ne put donc en deviner exactement la provenance; puis la voix s'éteignit peu à peu et le chant disparut quelque part au-delà des montagnes, plus inaccessible et plus éternel que les montagnes mêmes. Et c'est alors que son grand rêve naquit soudain : entendre chanter son nom dans un même chant languissant et pathétique, au plein cœur de la nuit.

Des années s'étaient écoulées depuis, et aucun chant n'était venu s'attacher à sa vie. Certes, les chants nouveaux se faisaient de plus en plus rares sous le ciel de la Malessie, mais on en composait encore, ici ou là, et il arrivait même qu'on chantât des vivants. « Il n'y aura donc personne pour me vouer un chant? » ne cessait-il de s'étonner, et le chagrin l'assombrissait de plus en plus.

Un jour de marché, dans un petit bourg écarté, il tua un homme au beau milieu du café. Sa victime appartenait à une famille à laquelle une vieille vendetta opposait la sienne. Ce n'était pas à lui, en fait, qu'il revenait de répandre le sang, car de tous les membres que comptait son propre clan – et ils étaient nombreux – lui-même était le parent le plus éloigné de la précédente victime de cette vendetta. Il osa pourtant risquer sa vie et tua le gjaks[1] au beau milieu du café de ce bourg lointain. Mais en dépit d'un tel acte, personne n'entreprit de lui vouer un chant. Il attendait vainement, à la tombée des nuits, d'entendre chanter son nom. Les soirs venaient et s'en allaient, tous également froids, désespérément sourds.

« Jamais personne! » se désolait-il, la mine pâle, tout en suivant des yeux ses compagnons de village

1. *Gjaks* (de l'albanais *gjak*, « sang ») : meurtrier, mais sans la connotation péjorative qui s'attache à ce terme, le *gjaks* accomplissant son devoir aux termes du *kanun* ou Coutumier. (*N.d.T.*)

qui rentraient des terres qu'ils avaient loin de là, un sac de maïs sur le dos. « Le chant se paie d'un prix cher, lui avait dit un jour un des patriarches de la bannière. Ne t'entiche pas du chant, mon fils, car il réclame des vies ! »

« Je ne saurais croire, avait-il pensé, qu'un chant s'obtienne à si haut prix. Et en serait-il ainsi... »

Une nuit, il enleva une jeune fille dans une bannière voisine et l'épousa. Ce n'était pas qu'il aimât cette fille; il voulait seulement que le bruit de son nom se répandît partout. Mais les semaines et les mois d'hiver passèrent, chargés de neige et de vent, tandis qu'il se morfondait auprès de cette épouse qui savait maintenant que son cœur ne l'aimait pas, et jamais le chant rêvé ne se levait.

« Qui sait, quand le printemps reviendra... », se disait-il alors, et dans ses yeux se lisait le profond chagrin que le minait. « Oui, le printemps féconde plus aisément les chants », enchérissait-il.

Mais le printemps passa et s'en alla de même, et nulle part ne résonna le moindre chant pour célébrer son nom. « Il viendra peut-être cet été, espéra-t-il encore. Les nuits sont chaudes, alors, et les hommes ont moins le souci de leur faim. »

Mais l'été s'évanouit à son tour et, dans leur orbite creuse, ses yeux s'assombrirent plus encore. Volée par volée, les oiseaux désertaient les alpages, tandis que du nord-est arrivaient sans cesse des nuages gros de pluie. Le vent traversait en sifflant ces immensités vides.

Un soir d'automne, les membres d'une noce qui conduisaient la mariée vers leur lointaine bourgade se trouvèrent pris sous la pluie à proximité d'un gros village. Comme ils faisaient hâter le pas à leurs chevaux, ils virent le corps d'un homme étendu à plat sur le bord de la route. Il avait sur lui son fusil passé en bandoulière, et la pluie qui trempait ses cheveux avait lavé le sang dont il était souillé. Un des membres du cortège le retourna sur le dos, mais personne ne sut dire qui il était. Ils l'abandonnèrent en cet endroit de la chaussée et dirigèrent leurs chevaux vers le village tout proche, à l'auberge duquel ils devaient passer la nuit. Et dans cette auberge, alors qu'ils buvaient du raki, l'un d'entre eux, un vieillard maigre et sec, s'empara de sa lahoute[1] et se mit à improviser un chant qui parlait d'un inconnu trouvé mort au milieu d'une route, face contre terre, tandis que la pluie battait sur lui.

Le lendemain, les gens de la noce reprirent leur chemin vers les hauts défilés, à travers les montagnes couvertes de nuages, emportant avec eux le chant qui venait de naître.

*Traduction d'Alexandre Zotos*

1. *Lahoute* : instrument à long manche et à corde unique. (*N.d.T.*)

# LE CRIME DE SUZANA

ILS étaient en train de fumer devant le magasin de la coopérative lorsque Suzana vint à passer.

« Suzi qui s'amène ! » lança Leza, le premier à l'apercevoir.

Les trois hommes interrompirent leur conversation et Leza, après avoir longuement tiré sur sa cigarette, se cala plus posément contre le mur, les deux coudes appuyés sur le rebord de la fenêtre.

Suzana s'efforça de passer devant eux de l'air le plus tranquille, mais, visiblement gênée par ces regards, elle ne put maîtriser sa nervosité. Au moment même où elle arrivait à la hauteur du magasin, elle laissa échapper quelque chose et dut se baisser par deux fois pour remettre la main dessus. On aperçut alors fugitivement un bout de jambe blanche entre la frange du bas et la fine dentelle de son jupon. Les yeux ivres de Leza obliquèrent aussitôt sur cet endroit précis. Mais la vision ne dura qu'un instant et Suzana s'éloigna en hâte, crispant sa lèvre inférieure en une grimace de colère et de dépit.

« Qu'elle me tombe seulement entre les mains ! » murmura Leza.

Les deux autres se mirent à rire. Leza tira sur sa cigarette.

« Ne me dites pas que cette femme n'est pas une allumeuse ! Vous avez vu sa dentelle, en dessous ?

– Qu'est-ce que ça prouve ?

– Quand on porte des jupons comme ça, on est forcément une allumeuse.

– Peut-être que c'est la mode dans le pays d'où elle vient. Ils ont des coopératives prospères, là-bas, ce n'est pas comme chez nous.

– Tu ne me l'ôteras pas de l'idée, insista Leza. Une femme qui porte un jupon pareil, tu peux être sûr qu'elle cherche à t'allumer.

– Sacré Leza ! Les gens s'habillent un peu mieux aujourd'hui qu'il y a dix ans, au sortir de la guerre.

– Et ses bas ? répliqua Leza. Tu as vu de quelle couleur ils étaient ? Un rouge brique foncé.

– Pour ma part, je n'ai vu que des bas qui venaient de l'usine de tricotage de Korça.

– C'est vrai, Leza, ils venaient de Korça, confirma le troisième. Toutes les femmes portent ce modèle, à présent.

– Pas les femmes de chez nous ! répliqua Leza.

– Mais c'est peut-être le cas dans son pays, je te l'ai déjà dit. »

La cigarette finissait par brûler les doigts de Leza. Un silence se fit, coupé seulement d'un soupir qui lui échappa. « Dis plutôt, mon vieux, que ce genre de femme n'est pas pour nous, reprit-il peu après. Mais n'empêche que c'est une allumeuse, que tu le veuilles ou non ! Qui sait si du côté de Tirana ou de Laç elle n'a pas un amant, un directeur de quelque chose, sans doute. »

Personne ne lui répondit. Ses camarades abordèrent un autre sujet de conversation, mais lui ne parvenait pas à chasser Suzana de son esprit. Le soir tombait. Tout se noyait peu à peu dans l'obscurité. La dentelle qu'il avait vue gainant ces jambes blanches ne cessait de l'obséder.

« Misère du diable ! » grogna-t-il.

Suzana s'était mariée dans le village trois mois auparavant. La jeune épouse de Myfit provoqua alors l'admiration de tous. Et le premier, sans doute, à l'admirer fut Myfit lui-même, son mari.

Elle était très soignée de sa personne, toujours propre, bien vêtue et bien coiffée. On n'avait jamais connu de bru aussi propre et soignée dans le village. Au début, nul n'y trouva à redire, et on se répandit même en louanges sur elle. Mais ensuite naquirent certains doutes. Elle s'occupait beaucoup de sa toilette, l'épouse de Myfit ! Le temps de la lune de miel passa et on la vit tout aussi propre, bien vêtue et coiffée, qu'elle l'était aux tout premiers jours. Les femmes racontaient que Myfit l'avait mise au fait de ces commentaires malveillants, mais qu'elle n'avait pas changé de conduite pour autant. Ils avaient dû avoir des scènes, et cela continuait sans doute.

« Elle n'a pas l'air d'aimer son mari, déclara Leza. Ça se voit clairement.

– Ah çà ! tu ne vas pas recommencer ! Allez, bonne nuit, fit l'un des deux amis.

– Bonne nuit, répéta le troisième.

– Bonne nuit. »

Leza, lui, ne bougea pas, ne sachant à quoi se résoudre; puis il prit le parti de s'en aller à son tour, plein de dépit.

« Suzi, pensa-t-il. Même son nom est différent des autres. C'est comme un couteau à fine lame qui te travaille et te brûle la chair. »

Leza était âgé de vingt-huit ans, mais pas encore marié. Non qu'il n'eût pas trouvé de parti : il se refusait lui-même au mariage. C'était un garçon séduisant, à qui le village avait fait une réputation de don juan. Il avait eu quelques aventures amoureuses par le passé, mais il en fallait plus pour le satisfaire. Et maintenant, il ne pensait plus qu'à Suzi. Elle lui plaisait à un point fou. Il la trouvait incompréhensible et ressentait même une sorte de peur devant elle. Mais tout cela ne faisait qu'accroître son désir. De plus, il restait persuadé qu'elle n'aimait pas son mari qu'elle était prête à le tromper. Qu'elle fût portée aux aventures amoureuses, cela, même l'idiot du village pouvait le deviner, estimait Leza. Pourtant, Suzana demeurait si réservée que son raisonnement en était quelque peu contrarié. Elle ne croisait pas le regard des hommes et ne semblait pas tenir à se faire remarquer d'eux. Mais alors, pourquoi se piquait-elle de paraître aussi belle et aussi propre ? Pour les beaux yeux de qui ? De Myfit ? Bah !

Cela faisait deux semaines que Leza n'avait l'esprit occupé que de Suzi. Il en négligeait même son travail. Deux fois, déjà, on lui avait fait des observations, lors des réunions de sa brigade. Il écoutait consciencieusement ces critiques, mais dans ses petits yeux luisait toujours une flamme trouble. Depuis le soir où il avait vu Suzana passer devant le magasin de la coopérative, il s'était définitivement persuadé que tout ce qu'on disait d'elle était vrai.

Sans délibérer longtemps, il décida de tenter sa chance. Leza était un garçon audacieux. Il se résolut donc à écrire une lettre. Si jamais elle ne montrait pas la lettre à Myfit, son mari, dès qu'elle l'aurait reçue, cela voudrait dire que Leza avait gagné la partie. Il employa toute une journée à composer la lettre. Il lui semblait que Suzi allait rire de chacune de ses phrases. « Pourquoi faut-il qu'une lettre d'amour soit aussi difficile à tourner ? » pensa-t-il alors. Il utilisa tout un cahier d'écolier pour s'en tenir, à la fin, à un texte des plus brefs. Plus qu'une lettre, c'était un simple billet : « Suzi, pouvoir dormir une seule nuit auprès de toi, et tant pis si j'y risque ma tête ! » En vérité, ce billet exprimait de la manière la plus condensée toutes les idées dont le fil s'embrouillait dans l'esprit de Leza.

Il fit porter son message par une petite fille rencontrée dans la rue et resta là à attendre, suivant des yeux les pas menus de l'enfant. Celle-ci traversa le pont de bois qui reliait la venelle où habitait Myfit à la rue principale du village, puis courut le long des haies, poussa la porte et disparut dans la cour. Leza eut l'impression qu'elle y restait assez longtemps. Puis la porte s'ouvrit à nouveau et la petite fille revint en courant par le même chemin. Le pont résonna sous ses petites jambes qui se hâtaient vers lui.

« Et alors ? lui lança Leza.

– J'ai remis la feuille à tante Suzi, et elle a dit que tu étais un gros bêta », répondit la fillette en reprenant son souffle.

Le visage de Leza se renfrogna. Sa messagère s'en fut aussitôt en sautillant.

Leza rebroussa chemin en suivant la ligne des peupliers, incapable de penser à rien. Il ne lui restait plus de cigarettes. Il avait la tête creuse. Il jeta le paquet vide dans le fossé, puis cracha. Des poules picoraient au bord du chemin. Tout au bout, sur la place du village, il aperçut un minibus. Il alla voir ce que c'était.

« Qui donc est venu avec cet engin ? demanda-t-il au chauffeur.

– Des visiteurs », répondit l'autre.

Leza jeta les yeux sur la plaque d'immatriculation.

« Des visiteurs qui vont nous causer quelques

ennuis », ajouta le chauffeur en désignant de la tête la porte d'entrée du foyer des activités culturelles. Trois filles et un jeune garçon se tenaient là, debout. Les filles étaient en pantalon. Leurs sacs étaient déposés en tas à même le sol, auprès d'une petite valise.

« Des inspecteurs ? » demanda Leza.

Le chauffeur se mit à rire.

« C'est une équipe venue pour rompre les fiançailles imposées à des mineures, dit-il. Ça se fait encore, dans votre village ?

– C'est pas ça qui manque.

– Tous ces jeunes sont ici pour inciter à les dénoncer. »

Leza observa les nouveaux venus.

« Elles ne sont pas à ton goût ? demanda le chauffeur.

– J'ai rien dit », répliqua Leza.

Le chauffeur lui tendit une cigarette.

L'une des filles vint à eux en courant.

« J'ai dû laisser tomber mon peigne derrière le siège, dit-elle.

– Laisse-moi le chercher », proposa le chauffeur.

La jeune fille salua Leza d'un signe de tête. Leza lui rendit sa politesse, mais sans doute en inclinant la tête plus qu'il ne fallait, car la fille se mit à rire.

« C'est des petits bouts de femme comme ça qui vont faire des ennuis aux fanatiques de la coutume, dit le chauffeur en tapotant le bras de la fille. Quelle est ton idée là-dessus, à toi ?

– Qu'on annule toutes les fiançailles qu'on voudra, cela ne me gêne pas, répondit Leza. Je suis pour l'ém... pour l'ém...

– L'émancipation, dit la fille.

– Oui, je suis pour l'annulation générale », déclara Leza.

Il prononça ces mots du ton le plus sincère. Il regrettait seulement que cette campagne n'eût pas commencé plus tôt. Il regrettait qu'une équipe comme celle-là ne fût pas venue à temps pour empêcher Myfit de prendre la belle Suzana pour femme.

« Bravo, fit le chauffeur, voilà un bon camarade !

– Il faut que vous nous aidiez dans notre tâche, dit la fille à l'adresse de Leza, car elle n'ira pas sans difficultés, vous ne pensez pas ? »

Leza garda un moment le silence, observant la jeune fille avec attention.

« Je ne me mêle pas de ces bagarres », lâcha-t-il après coup.

Le chauffeur et la fille échangèrent un regard. Leza les salua et les quitta.

Il était de fait qu'il se posait en défenseur convaincu de l'émancipation de la femme. Aux assemblées qui s'étaient tenues, ces derniers temps, à ce sujet, il avait maintes fois pris la parole. Mais, deux semaines auparavant, une vieille l'avait gravement outragé et il ne fréquentait plus ces réunions. La vieille s'était levée tout de suite après lui pour prendre la parole et n'avait pas mâché ses mots. « On comprend aisément, avait-elle déclaré, que les vagabonds du genre de Leza n'attendent que cette aubaine pour agir impunément. Ce qu'ils veulent, c'est que les filles se dévergondent avec eux et eux avec elles. Ils sont comme le loup qui espère le brouillard. »

Leza s'en alla, l'esprit amer, ne songeant toujours qu'à Suzana.

Plusieurs jours passèrent sans que rien survînt. Myfit continuait de saluer Leza dans la rue comme par le passé. « Ainsi donc, elle lui a caché la lettre, pensa Leza, ravi, à chaque fois qu'il croisait le mari de Suzana. C'est bien moi qui avais raison. Évidemment que j'avais raison! Il ne pouvait en être autrement. Du moment qu'une femme s'habille avec coquetterie, cela veut dire qu'elle accepte les lettres d'amour. Et du moment qu'elle cache ces lettres à son mari, cela veut dire qu'elle ne refuse pas de faire l'amour. »

Leza était de belle humeur. Sans réfléchir bien longtemps, il décida d'écrire une seconde lettre à Suzana. Mais comme la première, celle-ci demeura sans réponse. Tout, du reste, se déroula comme la fois précédente, avec cette seule différence que Suzana ne se montra plus nulle part. Elle ne sortit ni pour aller travailler ni pour se rendre aux réunions. Cette réaction inquiéta quelque peu Leza, mais il se rassura bientôt quand il croisa Myfit dans la rue. Ce dernier le salua avec sa chaleur accoutumée – voire avec plus de chaleur encore.

Tous ces jours-là, le village fut en émoi. L'équipe vouée à la rupture des fiançailles de filles mineures passait de maison en maison. A présent, quand Leza rencontrait dans la rue les jeunes filles du groupe, il s'arrêtait volontiers et plaisantait un moment avec elles.

C'était un samedi après-midi. Leza sortait du foyer des activités culturelles où il allait de temps à autre pour feuilleter des revues. Au milieu de la rue, il vit Myfit et son frère juchés sur une mule.

« Santé à toi, Leza, lui dit Myfit.

– Santé à toi, dit Leza. Où t'en vas-tu comme ça?

– Nous avons perdu un de nos cousins à Laç. Nous devons y être ce soir. »

Leza resta un moment à regarder, l'air pensif, le nuage de poussière soulevé par les mules qui s'en allaient. Cette rue bordée de peupliers lui offrait une image belle et triste à la fois. Il la remonta en marchant lentement. Des branches tombaient déjà les premières feuilles mortes.

Il entendit un bruit de petits pas courant derrière lui et tourna la tête.

« Oncle Leza, tiens, prends ça, lui dit un petit garçon en lui tendant un bout de papier plié en quatre. C'est tante Suzana qui me l'a donné pour toi. »

Son cœur se mit à battre à coups de plus en plus espacés et de plus en plus forts. Il prit la lettre dans ses mains et la déplia : « Viens ce soir à minuit. Mon mari est parti pour Laç. Suzana. »

Il crut soudain que des gens l'avaient vu recevoir ce papier et tourna la tête. Il n'y avait personne alentour. Seuls les hauts peupliers signalaient leur présence en bruissant dans le vent.

Minuit. Il était incapable de réfléchir à quoi que ce fût. Son esprit était las. « Qu'entend-on par minuit ? se demanda-t-il. Est-ce quand l'aiguille est sur le douze ou quand elle est sur le un ? En principe, minuit coïncide avec le douze. Mais le véritable milieu de la nuit, en fait, c'est quand l'aiguille passe au un. »

Une heure. En l'espace d'une seconde, dans une sorte de vision chaotique où tout se bousculait, il imagina l'ouverture de la porte, son passage à l'intérieur en pleine obscurité, le jupon de dentelle de Suzana et tout ce qui s'ensuivrait...

Une femme si propre... Il baissa les yeux sur sa chemise. « Il m'en faut une autre », pensa-t-il tout à coup, s'arrachant à sa rêverie. Il fourra la main dans sa poche. Il avait cent leks sur lui. Le magasin de la coopérative n'avait pas encore fermé. Il y alla presque en courant.

« Une chemise pour homme, demanda-t-il à la vendeuse.

– De quelle couleur?

– Blanche. »

Leza tâta le tissu doux et fin de la chemise, tandis que la vendeuse s'apprêtait à lui rendre la monnaie.

« Qu'elle te fasse long usage et que la santé aille avec!

– Vous dites? demanda-t-il, l'air égaré, comme un homme qu'on vient de tirer de son sommeil.

– Qu'elle te fasse long usage et que la santé aille avec! » répéta la jeune fille.

Il fixa sur elle un regard absent et sortit sans remercier. La vendeuse eut une moue qui voulait dire : « Quel drôle de client! »

Ce soir-là, Leza ne cessa d'aller et venir par le village. Plus tard, lorsqu'on entreprit de reconstituer les faits, il apparut que, dans la seule soirée de ce samedi, il avait eu l'occasion de rencontrer deux ou trois fois tous les membres de la coopérative. Il errait dans les venelles, tournant souvent la tête en direction de la maison isolée de Myfit. Un silence absolu régnait à l'entour. Le portillon était fermé. Dans la cour, sous la vigne vierge, aucun signe de vie. Sur la venelle et le petit pont de bois tombaient de maigres feuilles. Au-delà de ce pont, puis de cette porte, se cachait son secret à lui.

Leza n'eut pas envie de dîner. Tard le soir, il se mit au lit comme tous les siens et resta étendu les mains croisées sous la nuque. Il fumait dans l'obscurité, impuissant à pousser ses réflexions jusqu'au bout. Elles se déroulaient sans suite, bribe par bribe.

Aux environs de minuit il se leva silencieusement. En tâtonnant contre le mur, il atteignit l'endroit où était suspendu le fusil de son frère et le décrocha. La porte grinça à peine. Dehors, la lune brillait. Il vérifia ses cartouches et chargea le fusil. Les haies et les venelles avaient un aspect étrange sous l'éclat de la lune au milieu de la nuit. Les quelques feuilles qui jonchaient le bord de la rue semblaient recouvertes d'une luisante pellicule d'or. Il s'engagea sur le petit pont de bois en pliant les genoux pour amortir le bruit de ses pas. Il passa ensuite dans la venelle et s'arrêta devant la maison. Il ôta le cran de sûreté de son fusil et n'eut qu'à pousser le portillon. La cour, abritée par la vigne, était noyée dans l'obscurité. Il s'avança jusqu'à la porte d'entrée. Arrivé devant le seuil, il jeta un regard autour de lui. Silence total. Il frappa de très légers coups. De l'intérieur lui parvint une voix sourde, ou plus exactement une sorte de soupir.

« Va-t'en, va-t'en vite, ne comprends-tu pas?

– C'est toi-même qui m'as invité à venir », fit-il d'une voix qui lui sembla étrangère à lui-même.

Au même moment, quelque part sur le côté, vers l'angle du mur, dans le coin le plus obscur, une voix d'homme éclata :

« Où crois-tu aller? »

Rapide comme un tigre, Leza tira aussitôt dans la direction de la voix, quelque part sur le côté, vers l'angle du mur, dans le coin le plus obscur.

Derrière la porte, Suzana se rongeait les poings. Ainsi donc, sa terrible angoisse était parvenue à ce dénouement : une voix qui interpelle, une décharge de fusil et, aussitôt après, le cri d'un homme : « Ah! il m'a touché! » Et, chose étonnante, ce cri n'était pas celui de Leza, mais de son propre mari. De toute évidence, Leza avait tiré le premier.

Il y eut d'autres coups de feu dans la cour. Suzana avait les doigts en sang. Elle défaillait. Elle venait de passer trois jours sans manger ni dormir. Trois jours pendant lesquels ils l'avaient assiégée pour l'obliger à écrire le billet destiné à Leza. Elle avait refusé. Myfit l'avait frappée plusieurs fois. « Je vois, tu cherches à protéger ton amant, hein! » En vain s'était-elle efforcée de persuader son époux et son beau-frère qu'elle n'était pour rien dans le second billet qu'avait écrit Leza et que Myfit avait surpris dans les mains de l'enfant; quant au premier (car le billet intercepté prouvait aux hommes que Leza en avait envoyé un autre), elle avait préféré ne pas le montrer à Myfit pour ne pas provoquer de vaines querelles. Les deux hommes ne voulurent rien entendre, s'arrêtant au seul fait qu'elle avait caché le billet; et ce qui renforçait leur conviction, c'est qu'elle avait refusé d'inviter Leza à venir la trouver. « Une jeune femme qui cache une lettre d'amour est une femme qui cherche l'amour », criaient Myfit et son frère Bajram dans toute la maison. A la fin, quand ils virent que ni les menaces ni les coups ne pourraient la contraindre à écrire le billet, ils le rédigèrent eux-mêmes sans lui en souffler mot. Mais aux précautions dont ils s'entourèrent, elle comprit tout. Lorsqu'ils eurent répandu le bruit qu'ils devaient se rendre à Laç, alors qu'ils se préparaient à se poster en embuscade dans la cour, elle pensa avertir le village. Mais les deux hommes parvinrent à l'en dissuader en jurant qu'ils ne feraient aucun mal à Leza; ils se contenteraient de cracher sur lui et de l'insulter, comme le méritait un homme sans honneur qui ne respectait pas l'amitié.

Suzana se rendit compte alors que tout cela

n'avait été que mensonge. On tirait encore dans la cour. Elle ouvrit la porte. Oui, quelqu'un tirait en se sauvant à reculons. Leza, sans doute. La flamme du fusil jaillit deux ou trois fois encore dans la venelle. Déjà sa belle-mère s'était précipitée, elle aussi, dans la cour.

« On a assassiné mon Myfit ! Malheur à moi, ô mon fils ! »

La cour retomba dans le silence. Leza ne tirait plus. Des bruits de voix et de gens qui couraient se firent entendre au-dehors. Suzana s'élança dans la cour. La lune éclairait toujours la venelle et le pont de bois.

Elle arriva près de Leza. Sa chemise blanche luisait d'un éclat étrange sous cette lumière lunaire. Il était agenouillé à deux pas du pont, le dos courbé et les mains tendues devant lui dans l'attitude d'un sorcier. Il s'efforçait en vain de saisir son fusil qu'il avait lâché. Ses mains grattaient la poussière à quelques centimètres de l'arme, impuissantes à l'atteindre. Cependant, le frère de Myfit avait quitté son poste d'embuscade et arrivait en courant. Leza leva des yeux voilés vers l'homme qui s'approchait et supplia d'une voix défaillante :

« J'ai les genoux à terre, ne me tuez pas ! »

Bajram se campa devant lui. Puis il leva son fusil et tira.

« Ah ! » fit Leza, et il s'affala dans la poussière.

La venelle et les haies qui la bordaient basculèrent alors et restèrent comme en suspens, accrochées à l'air même. La lumière de la lune, en tombant sur les feuilles, les branches et les épines qui hérissaient les haies, semblait former une dentelle blanche.

A l'instant même où il perdit connaissance, Leza sentit comme une lame de couteau qui pénétrait sa chair, et il pensa une dernière fois qu'il ne s'était pas trompé, qu'elle était bel et bien une allumeuse, comme il l'avait dit. Seulement, voilà, il n'avait pas eu de chance.

Il était deux heures du matin quand l'ambulance de secours et la voiture de la police arrivèrent au petit pont de bois, près du cadavre de Leza qui gisait dans une posture étrange.

Les travailleurs de la coopérative, hommes et femmes, et même quelques enfants perdus dans la foule, ne cessaient de tourner autour du lieu du drame. Un membre du conseil du village aux traits tirés, l'air accablé, demandait aux curieux de s'éloigner.

L'une des filles de l'équipe militante, celle avec qui Leza avait eu l'occasion de plaisanter quelquefois, étouffait de temps à autre un sanglot. Les deux autres regardaient, la mine atterrée, blotties contre leur camarade. Elles avaient les yeux rivés sur le corps de Leza, lequel, sous les phares allumés des deux voitures, offrait une image plus saisissante encore avec ses deux bras tendus en avant. Un médecin et un policier s'affairaient autour de lui.

« Des scènes pareilles, murmura le jeune homme de l'équipe, qui aurait pu imaginer qu'elles soient possibles ?

– Que s'est-il passé exactement ? demanda l'une des jeunes filles. A-t-on éclairci l'affaire ?

– Elle a l'air assez embrouillée, répondit le garçon. Mais la lumière sera faite quand même. Je crains que tout cela ne complique notre tâche.

– Pourquoi ? » demanda-t-elle d'une voix sans timbre. Mais le garçon se tut.

Un policier emmenait vers la voiture le frère de

Myfit, qui s'efforçait de prendre l'air digne et fier.

« Avance ! lui dit-il.

– Ne me pousse pas, camarade policier ! Je n'ai fait que défendre l'honneur de ma famille. »

Le policier le poussa à nouveau.

« Ne me pousse pas ! Je ne suis pas un réactionnaire. J'ai défendu mon honneur.

– Nous te louons, Bajram, lança quelqu'un parmi la foule. Il est seulement dommage que vous ayez laissé la vie sauve à cette chienne.

– Oui, la sale chienne. C'est elle qui a provoqué tout cela, dit à son tour une vieille. On pouvait s'en douter. Dès que cette femme est arrivée dans le village, elle a apporté le malheur avec elle. »

Une infirmière sortit en courant de la maison de Myfit. Elle vint prendre quelque chose dans l'ambulance et retourna tout aussi précipitamment vers la maison.

Deux garçons commentaient l'événement :

« La chemise blanche a permis à l'assassin de mieux viser, disait l'un d'eux.

– Pas de doute. Regarde l'éclat qu'elle a sous la lune.

– Le coup l'a frappé au beau milieu de la chemise. Je l'ai remarqué quand le médecin a retourné le corps. La plaie était affreuse à voir. »

Le policier continuait à pousser Bajram vers la voiture. Comme ce dernier se montrait de plus en plus récalcitrant, il le saisit par le bras pour le forcer à s'asseoir dans le véhicule.

« Garde la tête haute, Bajram ! cria à nouveau quelqu'un dans la foule.

– Qui manifeste ici ? lança le policier.

– Éloignez-vous ! s'écria son collègue, occupé à prendre des mesures. Laissez-nous travailler !

– Retirez-vous ! demanda à son tour le membre

du conseil. Éloignez les enfants ! Ce n'est pas un spectacle pour eux.

– Pourquoi les laisses-tu se conduire ainsi avec le peuple ? lui jeta celui qui avait pris la défense de Bajram. Nous sommes du Parti, nous aussi.

– Celui-là n'est pas du Parti, répondit le conseiller en désignant la voiture d'un geste de la main. Et toi non plus, qui parles comme tu le fais.

– Garde la tête haute, Bajram ! répéta tout fort un autre homme aux premiers rangs de l'assistance.

– Tire-toi d'ici ! lui ordonna froidement l'un des policiers.

– Ne me touche pas, toi ! Je m'en irai si je veux, sans que tu me touches.

– Si tu m'empêches de faire mon travail, je ne me gênerai pas pour te mettre la main dessus, que ça te plaise ou non, lui répliqua le policier.

– Sûr que non ! Tu n'oseras pas me toucher. Car j'ai versé le sang, moi, pour ce pouvoir populaire que nous avons. Je suis un homme du Parti, moi, tiens-le-toi pour dit !

– Et la police, alors, elle n'a rien à voir avec le Parti ? répliqua l'autre en lui tournant le dos pour aller prendre une bâche dans la voiture. De qui relève-t-elle ? continua-t-il d'une voix tranquille, un rien méprisante. Tu veux me dire ?

– La police est tenue de protéger l'honneur des citoyens et non pas de...

– Allez, débarrasse les lieux, intervint un jeune homme. Tu nous as assez cassé les oreilles avec ton honneur. »

L'autre écuma de rage.

« A qui crois-tu parler, toi, petit avorton de chienne ?

– Oui, c'est la chienne, là-bas, qui a entraîné tout cela, répéta la vieille femme. Ce Parti n'a fait que de bonnes choses, sauf de laisser ces femelles en chaleur courir les rues en pantalons. »

Elle jeta un regard de mépris sur les filles de l'équipe.

« Oh! là! là! Quelle terreur! chuchota l'une d'elles à ses camarades. Vous l'entendez?

– Jamais je n'ai entendu critiquer le Parti sur ce ton, dit le jeune homme. Il y a de ces vieilles grand-mères un peu débiles à qui on passe tout. C'est à n'y rien comprendre. »

La vieille toisa les filles d'un regard hautain et cracha par terre.

« L'horrible sorcière! » murmura le jeune homme.

Les filles se serraient l'une contre l'autre comme pour se donner chaud. Le garçon qui faisait équipe avec elles et qui s'était éloigné quelques instants reparut auprès d'elles.

« Et alors? demandèrent-elles en même temps.

– Une sombre histoire, fit-il, en cherchant ses cigarettes dans ses poches. Les fils sont plutôt embrouillés. »

Il promenait un regard attentif sur cette foule de gens qui se tenaient alentour en se disant que le combat pour l'émancipation de la femme auquel il participait avec son équipe n'allait pas de soi, comme on voulait parfois le laisser croire dans les sketches satiriques ou dans les pièces de théâtre. C'était un combat qui passait par bien des malentendus, par des événements souvent très graves et qui même pouvaient faire des morts, comme c'était le cas avec le drame de Leza.

« Oui, le mot qu'on emploie est juste : c'est bien un combat qu'il faut mener, se dit-il. Une guerre. »

Entre-temps, aidé de l'infirmière et de deux villageois, le médecin avait fait emmener Myfit sur un brancard. Sa tête recouverte d'un pansement ballottait doucement tandis qu'on le conduisait jusqu'à l'ambulance. Sa mère suivait les porteurs, se laissant parfois tomber sur les genoux tout en se griffant le visage, les cheveux défaits.

Suzana était restée debout, un peu à l'écart. Le visage blême, le regard hébété, elle suivait les gestes des uns et des autres.

« Tenez, la voilà ! » dit à ses camarades l'une des filles de l'équipe.

Elles tournèrent vers elle des yeux pleins de fièvre.

On installa Myfit dans l'ambulance et l'on y chargea aussi le corps de Leza.

« *Obobo!* Jour de malheur ! cria une voix de vieille femme. Ils se sont tués, ils se sont déchirés pour un vil bout de femme ! »

Le gyrophare s'alluma et l'ambulance s'élança en direction de la grand-route, immédiatement suivie de la voiture de police.

*Traduction d'Alexandre Zotos*

## A BORD D'UN TRAIN PERDU DANS LA NUIT HIVERNALE

Le front appuyé contre la vitre du compartiment, je contemplais l'immense désert de neige et de ténèbres qui s'étendait au-dehors. Cela faisait deux nuits que le train filait en direction de la Crimée. Au cœur de l'ombre surgissaient des forêts dont les arbres au tronc échancré se rejetaient en arrière à l'approche du train comme une armée de cavaliers apeurés.

Au fil de ces apparitions et de ces disparitions soudaines, je ne sais trop pourquoi, des lambeaux de ma vie me revenaient en mémoire. Tout cela était si décousu, si incohérent qu'il me semblait revoir des images étrangères à moi-même, empruntées à je ne sais quels autres destins. De temps à autre, sur le quai de petites gares dont, comme chacun des autres passagers sans doute, j'ignorais le nom, des hommes se détachaient de l'ombre, une lanterne à la main, enveloppés de lourdes vestes matelassées. Je m'efforçais de distinguer leur visage, mais ils étaient tellement immobiles, et si bien emmitouflés, qu'on les aurait pris pour des bonshommes de neige abandonnés là par des enfants après les jeux de la journée, plutôt que pour des êtres vivants. Nous continuions à traverser des steppes gelées, où, de loin en loin, s'allumaient, puis s'éteignaient des lumières, signaux incompréhensibles remontant à la nuit des temps et qui semblaient fuir vers le cœur de la nuit.

J'avais en poche un titre de séjour pour la maison des écrivains, à Yalta, mais après trente heures de voyage, il me semblait qu'il n'existait plus de Yalta et qu'au lieu de cette ville, de cet azur, de cette lumière cristalline qui imprégnait son nom, nous ne trouverions rien d'autre qu'une nouvelle étendue de steppes grises, pareilles à celles que nous traversions.

Après des kilomètres, les forêts reparurent à l'horizon, et je me figurais que tout au long de ma vie je n'avais cessé de voyager dans ce même train lancé entre des arbres au tronc échancré qui se rejetaient subitement en arrière comme des cavaliers apeurés.

« Ouï-ouï », haletait la locomotive, tout au bout du convoi, nous entraînant on ne savait où. De temps à autre, j'étais près de céder au sommeil, mais le tremblement de la vitre contre laquelle j'appuyais mon front me rappelait à moi. Durant mes brefs moments de somnolence, le halètement saccadé de la locomotive résonnait de plus en plus fort, harcelant mes oreilles d'une clameur affolée. « Ouï-ouï, que dis-tu, que dis-tu, locomotive de malheur... Ouïtch... ouïtch... manovitch... quel est ce mot, quel est ce mot... manovitch... vukmanovitch. »

Je secouai la tête et, aussi soudaine que le déclic d'une pièce de monnaie dans un téléphone automatique, la question rebondit alors en moi : qu'était donc venu faire à Moscou Vukmanovitch Tempo ? Le halètement de la locomotive, sorcière pantelante du domaine des steppes, s'était de nouveau assourdi, maintenant que j'étais réveillé. Oui, pourquoi Vukmanovitch Tempo... Je connaissais cet homme depuis des temps révolus; c'était un vieil ennemi de mon pays dont j'avais appris le nom à l'école, en classe d'histoire, avec celui de quelques autres spectres... L'année 1948, Koçi Xoxe... Et voilà justement que deux jours avant mon départ pour Yalta, un de mes camarades de promotion de l'Institut Gorki m'avait demandé d'un ton plein de sous-entendus, les yeux fixés droit dans les miens : « Savais-tu que Vukmanovitch Tempo était à Moscou ? Il est arrivé il y a une semaine. »

Allongé à plat ventre sur ma couchette, j'allumai une cigarette, puis appuyai de nouveau mon front contre la vitre glacée. « Ouïtch-ouïtch », scandait au loin la locomotive, répandant le nom du spectre aux quatre coins de ce désert de steppes. J'avais vraiment l'impression que le train n'arriverait jamais nulle part, que les rails danseraient ainsi indéfiniment devant lui dans cette nuit profonde. Puis les arbres se dressèrent à nouveau et je crus voir pour de bon de sombres silhouettes de cavaliers qui se rejetaient en arrière à une vitesse de plus en plus folle, avant de s'élancer à leur tour, de part et d'autre du train, pour faire corps avec lui. Des crinières bleutées, raidies par la glace, cinglaient les vitres au passage, et je crus même entendre le bruit étouffé des sabots en retombant dans le sommeil.

Je ne sais quelle heure il pouvait être quand un brusque arrêt du train me réveilla. Au-dehors, une lampe froide projetait sa lumière sur une neige éparse, mêlée à de la pluie qui tombait sur le ciment du quai tout détrempé. « Nous avons dû quitter la Russie, me dis-je, et nous sommes maintenant en Ukraine. Ou, si nous n'y sommes pas encore, nous devons nous trouver quelque part entre les deux pays, puisqu'il tombe en même temps de la neige et de la pluie. » Le train repartit bientôt, et je sombrais à nouveau dans le sommeil quand j'entendis quelqu'un ouvrir la porte et s'installer dans le compartiment. En dépit du sommeil, je distinguai un moment, à la pâle lueur de la veilleuse qui éclairait le couloir, la longue silhouette d'un homme enveloppé dans un ciré noir dégouttant de pluie.

« Où sommes-nous? lui demandai-je à voix basse.

– Un bled où on ne trouve que de la boue », répondit l'inconnu d'une voix nasillarde, en déposant sa valise. Puis j'entendis comme un froissement d'étoffe. Apparemment, le nouveau venu s'installait sur la couchette supérieure. Le silence régna à nouveau dans le compartiment. A l'extérieur, il n'y avait rien que la nuit et le martèlement des roues d'acier. « *Malenkoïé griaznoïé gorodichko.* » Je me répétais les mots de l'inconnu tandis que je pressentais l'approche de nouveaux cavaliers, prêts à reprendre leur course aux côtés du train, et ce roulement de sabots qui n'en finissait plus.

Quand je me réveillai, le train filait toujours à la même vitesse. Le jour était revenu. C'était un matin maussade, sous un ciel gros de nuages plus lourds et plus noirs qu'ils n'étaient dans le nord. Je décidai de me lever, bien qu'il fût encore très tôt, car j'étais tout ankylosé à force d'être resté allongé. Tandis que je passais mes habits, assis sur ma couchette, le souvenir de l'inconnu me revint.

« Tu dois veiller à ne pas faire de bruit », me dis-je, en me mettant sur la pointe des pieds. C'est alors que je m'aperçus que la couchette du dessus était vide. La valise avait disparu, elle aussi. « Qui sait où il a pu descendre au cours de la nuit? pensai-je. Sans doute à quelque gare sans nom, une de celles qu'on ne désigne que par un chiffre. »

J'allumai une cigarette, puis m'allongeai de nouveau, tout habillé, face à la fenêtre, le coussin calé sous le menton. Une pluie cinglante crépitait sur le wagon et c'est tout juste si l'on entendait le halètement de la locomotive. Des isbas aux murs couleur de cendre, disséminées çà et là, se perdaient dans le silence de la plaine. Je repensai alors, mais quelques secondes à peine, à ce passager de la nuit, descendu on ne savait dans laquelle de ces petites gares pour gagner une autre petite ville embourbée, sa valise à la main, enveloppé dans ce ciré noir qui dégouttait de pluie. Mais peut-être n'avait-il pas poussé si loin et s'était-il simplement arrêté là pour reprendre son poste au bord de la voie, planté lui aussi, sa lanterne à la main, comme un sphinx immobile, emmitouflé dans sa grosse veste, parmi tous ces autres sphinx qui, de station en station, formaient une chaîne de garde sans fin. Puis j'oubliai l'homme pour contempler à nouveau le paysage dénudé. On sentait maintenant que l'on approchait de la Crimée, car la neige n'était plus aussi blanche ni aussi sûre d'elle que dans le nord; elle ne dessinait plus que quelques taches pâles, ici et là, sur le sol noir. « Ouï-ouï », scandait encore de temps à autre la locomotive comme si elle eût reconnu sa route, mais moi, j'avais toujours l'impression que nous n'allions nulle part.

*Traduction d'Alexandre Zotos*

## POUR QUE VIVE ENCORE QUELQUE CHOSE D'ANA

J'ATTENDAIS l'autobus près de la Banque centrale, quand j'aperçus Ana qui s'en venait du côté du théâtre de marionnettes. Sur le coup, je ne la reconnus pas, car elle avait changé de coiffure et elle était très bronzée.

« Qui donc est cette fille qui a la même démarche qu'Ana ? » pensai-je alors, et je constatai aussitôt que c'était elle en personne.

« Ana ! » appelai-je, au moment où elle passait devant moi sans me remarquer.

Elle s'arrêta pile, l'air désemparé, semblant ne plus savoir où elle était.

« Eh bien, Ana, comment vas-tu ?

– Pas mal », fit-elle d'une voix évasive.

Elle dit cela en retirant ses lunettes de soleil, et je demeurai saisi. Ana avait eu les plus beaux yeux de toutes les filles de notre promotion, de grands yeux cendrés au regard profond, capables de tourner la tête au premier garçon venu, de lui ôter le sommeil et de le faire rêver des nuits entières, jusqu'à ce qu'il en vînt à se rappeler que tel était toujours et pour tous le regard d'Ana, qu'il ne pouvait appartenir à lui seul. Mais en cet instant, je perçus dans ces yeux une lassitude, un air d'égarement que jamais dans le passé je n'avais eu l'occasion de remarquer.

« Tu accuses le coup, Ana, comme nous tous » – cette pensée me traversa en un éclair. « Tu nous as bien fait souffrir, moi le tout premier, mais le temps t'a marquée, toi aussi, comme nous autres. »

« Tu as passé les vacances à la mer, à ce que je vois, lui dis-je. Tu es joliment bronzée.

– Oui, fit-elle. Oui, j'étais à la mer, redit-elle après une pause, l'esprit toujours ailleurs, à ce qu'il semblait.

– C'est demain qu'ont lieu les nominations, je crois.

– Ah bon! »

« Que se passe-t-il, Ana? » pensai-je en la dévisageant. Elle me regarda elle aussi, sans me parler. Il y avait quelque chose d'insaisissable dans ce regard, comme s'il n'avait pas vraiment rencontré le mien, mais s'était évaporé tout autour de moi.

« Écoute, fit-elle soudain en me prenant la main, veux-tu me rendre un petit service? Accompagne-moi là où je vais.

– Avec plaisir », lui dis-je.

Elle se rapprocha de moi et je pus lire, alors, au fond de ses yeux, une expression de désespoir.

« Tu as toujours été pour moi un parfait ami, dit-elle, bien qu'entre nous deux... »

Je l'interrompis aussitôt :

« Inutile de t'excuser, Ana », dis-je en souriant tristement, tandis que se condensait soudain en moi le brouillard d'amertume qui avait noyé mon cœur des jours et des nuits, à l'époque où elle se montrait toujours en compagnie de Viktor. « Ce n'est rien, insistai-je sur un ton tranquille, tout en baissant les yeux.

– Alors, tu veux bien?

– Certainement.

– Prenons le bus; je t'expliquerai en route ce qui me ronge », et elle m'entraîna vers le bus de la ligne du Kinostudio.

« Où allons-nous?

– A l'hôpital. »

« Ah, Ana! pensai-je, tu t'es donc fait avoir! »

Je montai derrière elle, admirant ses jolies jambes et le bout de genou qu'elle montra, ce qui attisa la douleur qui s'était réveillée en moi.

« J'ai une amie infirmière qui travaille à l'hôpital, dit-elle. Grâce à elle, on s'occupera bien de moi.

– Pourquoi? » demandai-je, d'une voix presque éteinte. Je regrettai aussitôt cette question. Tout était parfaitement clair, avant même qu'elle me réponde.

« C'est vrai, je ne t'ai encore rien dit. Pardonne-moi. J'ai complètement oublié. »

« Ignoble Viktor, pensai-je. Tu aurais pu lui témoigner plus d'égards. »

Nous prîmes place au fond de l'autobus.

« Je n'en ai parlé à personne, reprit-elle. Tu es le premier à qui je confie ce secret. Tu m'entends? » Et elle me saisit de nouveau la main.

« Cela va de soi, me dis-je en baissant les yeux. Elle m'accorde un traitement de faveur. Pour me tourmenter jusqu'au bout. »

« Voilà des jours que je vis dans l'angoisse, continua-t-elle. Des jours et des jours. Je n'ai voulu alarmer personne, malgré le besoin que j'avais de me confier. Et voilà que tout à coup je tombe sur toi. Tu m'écoutes?

– Je t'écoute.

– Tu as toujours été un garçon bien. Tu me pardonneras, n'est-ce pas, s'il m'est arrivé de te faire du mal. C'était sans le vouloir.

– Tu n'as rien à te reprocher, lui dis-je. Tout a été de ma faute.

– Ou de la faute de personne.

– Peut-être. C'est même sûr. »

Peut-être bien, en effet, que ce n'était la faute de personne. C'était là une de ces aventures dont l'origine finit par se perdre, par devenir inaccessible, comme les nuages. Je me rappelai alors ce jour de neige où j'avais accompagné Ana pour la première fois. Cela faisait des années qu'il n'avait pas neigé sur Tirana, et tout le monde était devenu comme fou, grands et petits. On se lançait des boules de neige dans tous les coins. On prenait surtout les filles pour cibles. Je sortais de la faculté et je me sentais moi-même envahi par la fièvre de la neige, lorsque j'entendis le souffle haletant de quelqu'un qui arrivait derrière moi et me prit par le coude. Je me retournai et aperçus Ana, la figure toute rouge, ses habits criblés d'éclats de neige, belle comme elle ne l'avait jamais été. « Accompagne-moi jusqu'à la maison, me demanda-t-elle. Tu vois ce qu'ils m'ont fait ? » Et elle secouait ses cheveux mouillés, tout saupoudrés de fins cristaux de neige. Nous poursuivîmes notre chemin au milieu de l'ivresse générale. On nous bombardait à tous les coins de rues, et à chaque boule qu'on lui lançait, elle abritait sa tête derrière moi, et la boule s'écrasait sur mon épaule, éclatant comme un bouquet de lumière qui jaillissait dans l'air, illuminant le monde entier. « Allez-y, tirez encore, me disais-je à chaque carrefour que nous passions. Visez-nous ensemble, tous les deux ensemble... » C'est ainsi que nous devînmes proches l'un de l'autre. Mais bien vite, quelque chose se grippa entre nous. Elle faisait comme si elle n'avait plus souvenir de ce jour où nous avions marché ensemble, et je recevais cela comme une injure. Si elle regrettait cette intimité qui était née entre nous le temps d'une promenade, j'étais encore moins disposé à l'évoquer moi-même devant elle. Et j'adoptai à mon tour une attitude de froideur. Mais cette froideur ne témoignait que de la fébrilité de mes nerfs. Parfois la glace fondait un moment entre nous; l'un des deux cherchait une réconciliation, mais l'autre en profitait alors pour se venger des froideurs précédentes. Ainsi se succédèrent les vains caprices, les provocations, le persiflage des petits billets et parfois aussi le scintillement d'une larme au coin de l'œil. A qui la faute... A tous les deux sans doute.

« Peut-être bien, répétai-je, sans cesser de penser à la dernière phrase qu'elle avait prononcée.

– Que veux-tu dire? » demanda-t-elle.

L'autobus prit un tournant et elle dut s'accrocher à mon bras. Oui, où était cette neige qui tombait sur nos épaules, qui couvrait ses cheveux, qui nous entrait jusque dans la bouche? Tout était d'une plate sécheresse dans cet autobus bondé qui roulait à pleins gaz en direction de l'hôpital. Mais il y avait du moins les yeux d'Ana, que je vis alors tout embués de larmes.

« Cela ne te désespérerait pas, toi, de tout abandonner à cet âge? me lança-t-elle dans un sanglot qu'elle réprima à grand-peine. Tout abandonner, et pourquoi cela? Pour rien du tout.

– Qu'est-ce que c'est que ces histoires, Ana? Allons, reprends-toi! »

« Que songe-t-elle donc à faire? me dis-je. Que signifie ce " tout abandonner "? Est-ce que par hasard... »

« Pour rien du tout, répéta-t-elle, en se remettant à sangloter. Pour une boule de chair, une simple boule de chair. »

Je lui fis un écran de mon corps pour que personne ne la vît pleurer.

« Une boule de chair? » m'étonnai-je. Curieuse invention. J'avais l'esprit plongé dans le plus grand trouble. Jamais je n'avais entendu personne évoquer une grossesse en ces termes, même par pudeur. « Ignoble Viktor, me dis-je pour la troisième fois. Tu aurais pu lui épargner cela! »

Elle se mit à suivre les cours assise à côté de Viktor, pour me faire enrager. J'étais conscient de ce jeu, et pourtant je ne maîtrisais pas ma nervosité. C'était une nervosité cachée derrière un sourire froid, plus mauvaise que toute autre forme de dépit. Elle n'était pas la seule que je voulais tromper sur le vrai sentiment qui était le mien à son égard : je cherchais aussi à me tromper moi-même. Je faisais tout pour me persuader que je n'étais pas amoureux d'Ana, que seul mon esprit s'était attaché à elle, et cela sans nulle autre cause qu'une malsaine vanité de mâle. Or c'était chose bien connue que le désir excité par une telle vanité s'éteignait dès l'instant qu'on l'avait assouvi. Aussi m'appliquais-je à me convaincre que la souffrance qui me rongeait était une punition méritée, puisque j'étais égoïste et vaniteux à ce point. En définitive, cette épreuve me serait d'un effet salutaire, j'en sortirais moralement plus propre. Mais je sentais bien, au fond, que je trichais avec moi-même. En fait, chaque fois qu'il m'arrivait de penser à Ana, il se produisait une chose étonnante : alors que jamais l'idée du mariage ne m'avait traversé avec aucune des filles que j'avais connues jusque-là, je ne pouvais avoir d'Ana une autre image que celle de ma future épouse. Je m'efforçais de chasser cette évidence de mon esprit, mais en vain. La neige nuptiale de ce lointain jour d'hiver semblait nous avoir liés l'un à l'autre.

Je sentais toujours contre moi le tremblement de ses épaules secouées de sanglots.

« Allons, calme-toi, calme-toi, lui dis-je doucement. Pourquoi tout ce drame, Ana?

– Une simple grosseur, répéta-t-elle.

– Que veux-tu dire par là? Qu'est-ce donc que cette grosseur?

– Tu ne me le demandes que maintenant! » répliqua-t-elle.

Je me mordis la lèvre.

« Je devine ce dont tu parles, Ana, mais que veux-tu y faire? »

Elle leva vers moi ses yeux tout en larmes.

« Comment oses-tu dire cela! »

Pour toute réponse, je voulus écarter les bras, mais il y avait tant de monde que je n'y parvins pas.

« Ce sont des choses qui arrivent, lui dis-je, en cherchant à éviter son regard. Ne le prends pas au tragique. A la fin des fins... »

Elle me regarda d'un air étrange, comme en se demandant si je n'étais pas devenu fou. « Une grosseur, répétai-je en moi-même. Veut-elle dire par là que... »

« Mais de quoi s'agit-il exactement, qu'est-ce que cette grosseur? »

Sans détourner ses yeux des miens, elle me montra du doigt le point où cette grosseur était censée se trouver, et c'est tout juste si je n'en vins pas à m'écrier : « C'est de cela seulement que tu voulais parler! » Je cédai à un mouvement de joie, car je m'imaginais qu'Ana s'était ainsi libérée d'une gêne qui lui pesait. Les yeux fixés sur moi, elle parut cependant deviner ma réaction.

« Tu trouves cela plaisant? » me lança-t-elle

indignée, et je sentis poindre à nouveau cette euphorie d'autrefois dont nous avions joué sans merci l'un contre l'autre.

« Tu supposes donc que c'est...

– Un cancer, lança-t-elle brutalement.

– Quelle idée stupide... Moi qui croyais que... Quelle idée stupide, vraiment ! »

Le soulagement que je venais d'éprouver persistait, mais un nuage noir, chargé d'inquiétude, m'enveloppait déjà.

« Non, Ana. Ce n'est pas possible », lui dis-je, mais ma voix n'avait plus cette assurance qui était encore la sienne quand je m'étais exclamé : « Quelle idée stupide ! » Le doute s'insinuait en moi, de plus en plus obsédant. « L'autre malheur eût mieux valu ! » pensai-je aussitôt.

« Tu vois, dit-elle, cela te bouleverse toi aussi.

– Moi ? Hum ! Je ne sais vraiment pas comment il faut se conduire avec toi, répliquai-je d'un ton si vif que deux ou trois personnes tournèrent leur visage de mon côté. Quand je ris des sottises que tu dis, tu le prends comme une offense, et quand je redeviens sérieux, le diable sait ce que tu vas imaginer !

– Ne parle pas si fort, dit-elle, il y a du monde autour de nous. »

Je commençai alors à m'emporter vraiment, laissant éclater mon désarroi, et cela me soulagea un peu. L'autobus ralentissait à nouveau, près de s'arrêter.

« C'est de ce mal-là qu'il s'agit, déclara tranquillement Ana. Je le sais parfaitement. Mais je vais quand même me faire examiner une bonne fois. Question de m'ôter un dernier regret, ou plutôt un dernier espoir. Les médecins te cachent toujours la vérité, mais moi, je devinerai aussitôt ce qu'ils pensent. Ça se lit aisément dans leurs yeux.

– Hôpital ! » lança le receveur.

Nous descendîmes. J'étais encore sous le choc de ce qu'elle m'apprenait, et elle s'en aperçut.

« Tu as de la peine pour moi ? demanda-t-elle en poussant la porte d'entrée.

– Tu parles comme dans un film, Ana. En fait, tu n'as rien du tout. Ne sois pas obnubilée par ça. »

« Il faut la piquer au vif, pensai-je. Comme autrefois. Et de manière plus dure encore, même, pour lui enlever cette idée. »

« Tu dis que je n'ai rien ? lança-t-elle d'une voix fébrile, indignée. Je n'ai donc rien, selon toi ? Viens donc voir ! »

Elle m'entraîna dans un coin de la cour et me fit toucher du doigt une grosseur qu'elle avait à la base du sein.

« La mort », pensai-je aussitôt. Dans cette petite boule infectée logeait la mort. Il suffisait qu'on l'irrite un tant soit peu pour qu'elle montre aussitôt ses griffes.

« Tu me crois maintenant ? demanda-t-elle en me tirant par la main.

– Non, lui dis-je machinalement. Pas du tout. Ce n'est qu'une grosseur anodine, rien de plus.

– Tu dis cela pour me rassurer, mais ton émotion te trahit. Tu n'es pas aussi cynique que tu cherches à le paraître.

– Je ne te savais pas aussi sotte ! » lui dis-je, mais les remontrances ne la touchaient plus. J'avais épuisé cette arme et je n'en avais pas d'autre à ma disposition.

Nous étions près de la porte intérieure, où nous devions nous séparer.

« Tu m'attends ? demanda-t-elle.

– Bien sûr, Ana. »

Elle fit deux ou trois pas, puis s'arrêta et revint vers moi.

« Tu auras vraiment du chagrin pour moi? » demanda-t-elle d'une voix douce, et ses yeux s'embrumèrent à nouveau.

Je voulus trouver des mots froids, mordants, déconcertants, mais aucun ne me vint à la bouche. J'avais la gorge nouée.

« Je sais que tu auras beaucoup de peine, dit-elle lentement, parce que tu as le cœur bon, et même si nous deux... même si entre nous deux...

– Même si quoi, nous deux? »

Elle eut un geste de la main, comme pour dire : « Laissons cela! », puis s'enfuit presque en courant.

Je restai un moment sans réagir, comme pétrifié. Puis je gagnai la cour où je me mis à faire les cent pas le long des bâtiments, parmi le va-et-vient des infirmières. Je m'arrêtai face au mur où étaient affichés les journaux et lus machinalement quelques articles : « Nous, les travailleurs de la santé publique, mobilisés pour tenir les engagements pris, nous devons... »

Un jeune homme qui portait le bras en écharpe était assis devant la porte de l'infirmerie et chantonnait un air, mâchant les mots entre ses dents. Je distinguai seulement un bout de refrain :

*En automne les feuilles changent de couleur,*
*En automne les filles changent de nom.*

« Comment est-ce possible, Ana? pensai-je. Que faudra-t-il te dire quand tu ressortiras, comment pourrai-je te consoler? » L'automne marie les jeunes filles, l'automne leur donne un autre nom... Mais Ana aurait-elle le temps de changer le sien, elle? Cette idée ne cessait de me harceler. Je me mis à chercher les mots que je lui dirais lorsqu'elle sortirait, mais j'avais l'esprit en déroute et je fus incapable de composer la moindre phrase. Mes pensées ressemblaient à ces petits nuages blancs qu'on voit flotter dans le ciel, les chaudes journées d'été, et dont on attend toujours qu'ils se réunissent pour former une masse plus compacte, mais en vain, car au fur et à mesure qu'ils rejoignent le cumulus, d'autres s'en détachent, sans raison apparente, et s'éloignent peu à peu en se modifiant sans cesse au fil de leur voyage, jusqu'à se dissiper à la fin au bout de l'horizon.

Un an plus tôt, lors d'un meeting où nous devions accueillir une personnalité africaine, j'avais retrouvé Ana par hasard, au milieu de la foule, et l'avais empoignée par l'épaule.

« Qu'est-ce qui te prend, tu es devenu fou? me lança-t-elle.

– Ça se pourrait », lui dis-je.

Elle me considéra d'abord avec des yeux pleins de colère, mais impressionnée, sembla-t-il, par mon propre regard, elle prit un air plus doux.

« Est-ce que tu aurais bu?

– Non.

– Alors, dis-moi ce que tu as.

– Tu le sais bien, fis-je, tu le sais très bien, Ana. »

Elle me sourit et s'éloigna sur le trottoir. Je la rattrapai et joignis mon pas au sien, lui ouvrant un chemin à travers la foule. Juste à ce moment-là, les voitures de la délégation arrivaient par la rue de Durrës. Ana tenait un bouquet de fleurs à la main. Je le lui arrachai et le lançai à toute volée sur la voiture décapotable qui passait, bondée de Noirs. Puis j'entourai de mon bras l'épaule d'Ana, mais elle se libéra aussitôt d'un léger mouvement.

« Bas les mains! » me dit-elle en me montrant le slogan sur la pancarte que brandissait quelqu'un devant nous : « Yankees, bas les mains devant la République dominicaine! »

Nous éclatâmes de rire. Je l'accompagnai jusqu'à l'immeuble où elle habitait et tentai de l'enlacer au pied de l'escalier, mais elle me repoussa.

« Si tu continues ces manières, je ne te laisserai plus m'accompagner, dit-elle.

– Peut-être en préfères-tu un autre, lançai-je après coup, au moment même où elle poussait sa porte.

– Peut-être, répondit-elle. Bonne nuit! »

Je restai un instant immobile face à cette porte d'appartement, qui me parut soudain haïssable avec sa couleur gris pâle et cette plaque de bronze où était gravé « Famille Vuksani ». J'éprouvais une envie folle de cogner dessus, et pas seulement à coups de poing ou de pied, mais aussi avec ma tête. Cogner, cogner en plein milieu du panneau, juste à l'endroit de la plaque, une fois, deux fois, vingt fois, jusqu'à ce que ce nom de Vuksani fût devenu complètement illisible. Mais je ne fis rien de cela; je me contentai de serrer les dents en murmurant : « Que diable veux-tu, Ana? Que diable veux-tu? »

A cette époque-là, il n'y avait rien eu encore entre Ana et Viktor, ainsi que je l'appris par la suite de la bouche même de Viktor, lorsque, un de ces jours où l'on a le cœur en mal de confidences, il me raconta toute l'histoire de sa liaison avec Ana. Mais cela ne se passa que bien plus tard. Avant même les révélations de Viktor, j'avais eu un autre moment d'intimité avec Ana. Cela se passa peu de temps après l'invasion de la Tchécoslovaquie par les troupes soviétiques, le jour même où fut proclamé le retrait de l'Albanie du pacte de Varsovie. La radio diffusait d'heure en heure la déclaration officielle de notre gouvernement et commentait les réactions qui l'avaient suivie, à l'intérieur comme à l'extérieur du pays. A l'université, on tenait meeting sur meeting. Le bruit courait qu'on allait aussi armer les étudiants. C'est par Ana que je l'appris.

« On dit que vous, les garçons, vous allez prendre les armes, dit-elle.

– Et vous, les filles ? »

Elle haussa les épaules.

« Je ne sais pas. Après vous, peut-être. »

Ses yeux me réchauffaient de leur regard, comme aux belles heures du passé. Chaude aussi était sa voix, et chaudes ses épaules. Dans le quartier des ambassades, le long de la rue d'Elbasan, c'était un continuel va-et-vient de voitures. Nous prîmes une petite rue tranquille, derrière le bâtiment de la Radio nationale. « Tiens, voilà l'ambassade de Tchécoslovaquie », dit-elle. Le jardin, derrière la grille de fer, les garages, la villa elle-même, tout semblait inhabité.

Nous devînmes alors inséparables; on nous voyait toujours ensemble entre les cours ou dans les meetings. Nous nous trouvions spontanément, sans avoir à nous chercher. Le soir, j'écoutais assidûment les nouvelles, et le lendemain, je lui rapportais quelques-uns des faits piquants que j'avais appris. Elle m'écoutait avec attention. Je lui racontai, par exemple, l'histoire du premier avion soviétique qui atterrit à Prague dans le plus grand mystère, au milieu de cette nuit fatale où le pays fut envahi. Il se posa sur l'une des pistes les plus écartées de l'aéroport et ne bougea pas de là. On ne vit pas ses portes s'ouvrir et aucun homme n'en descendit. Comme on le sut plus tard, c'était le corbeau annonciateur de l'invasion, suivi bientôt de tous les escadrons noirs.

Ana continuait de m'écouter avec attention.

« Vont-ils nous envahir à notre tour pour avoir quitté le pacte de Varsovie ?

– C'est possible, lui dis-je.

– Quelle chose infecte ! Voilà un État qui se trouve à des milliers de kilomètres, avec lequel, depuis des années, tu désires ne rien avoir à faire, et qui, pour la seule raison qu'il est plus grand que toi, menace de t'envahir. C'est à devenir fou, ne crois-tu pas ? »

J'imaginais à quel point une telle agression pouvait révolter Ana, elle qui ne supportait même pas la plus légère brutalité des voyous qui traînaient dans les rues. Aurait-elle pu réagir différemment à la brutalité des États ?

Au cours de ces journées, j'eus plusieurs fois l'occasion de la raccompagner chez elle, et à chaque fois, elle ralentissait visiblement le pas dans l'escalier, de même qu'elle mettait plus de temps à ouvrir sa porte après m'avoir souhaité une bonne nuit. Aussi n'avais-je plus du tout envie de cogner sur cette porte avec quoi que ce fût, et encore moins avec la tête.

Outre les cours et les meetings, nous allions aussi ensemble à des soirées dansantes. Cela rendait Viktor un peu nerveux, mais à vrai dire, il se maîtrisait assez bien. Je dois avouer que je m'attendais à moins de dignité de sa part. Je m'étais trompé. Il grandit dans mon estime. On n'avait pas tort de dire que nous avions beaucoup de points communs, tous les deux. C'est alors que j'attrapai la jaunisse.

« Tara... tara... tara... tara... » Le jeune garçon au bras en écharpe continuait de chanter entre ses dents.

Pour la troisième fois, je m'arrêtai devant le panneau où étaient exposées les photographies des travailleurs les plus méritants. L'attente se faisait longue et Ana ne paraissait pas. C'était toujours le même va-et-vient à la porte d'entrée.

De l'autre côté du jardin se dressait le bâtiment des maladies infectieuses, où j'avais été hospitalisé pendant deux mois. Lorsque je quittai l'hôpital, tous les étudiants du cours de troisième année étaient partis en travail volontaire sur les grands chantiers. Le teint encore cireux, je dus me morfondre seul à Tirana quelques semaines. Je n'avais pas revu mes camarades depuis très longtemps, car on interdisait les visites dans le bâtiment où j'étais.

C'est précisément au cours de cette expédition qu'Ana et Viktor s'étaient définitivement attachés l'un à l'autre. C'est lui-même qui me le confia plus tard, en cette inoubliable soirée des aveux où nous nous retrouvâmes à l'occasion d'une fête d'anniversaire. Nous étions assis côte à côte, et au bout de deux verres, nous commençâmes à nous épancher. Ce soir-là, il faisait une chaleur lourde, étouffante. Tantôt nous nous emportions l'un contre l'autre, tantôt nous étions prêts à tout nous pardonner. Nous nous étions faits les champions de l'altruisme, chacun renchérissant sur les sacrifices que l'autre se disait prêt à faire, jusqu'aux défis les plus héroïques : « Tu ne peux pas savoir ce dont je suis capable pour le bien d'un ami, je veux dire pour toi... Pour toi, vois-tu... Oui, tu comprendras un jour quel homme est ce Viktor qui te parle... » Il avait une respiration profonde, les yeux noyés dans une sorte de brouillard, et moi, je n'étais pas moins attendri que lui. On aurait dit, à nous voir, deux clients d'un hammam surchauffé où les vapeurs de la grandeur d'âme s'exhalaient jusqu'à les asphyxier. Mais la figure du sacrifice restait au centre de tous nos propos, comme dans la légende de la citadelle de Rozafat[1]. Chacun souffrait à l'idée que l'autre ne pourrait jamais comprendre ce qu'il était capable de faire pour son ami. Et en tout cela, nous étions l'un et l'autre d'une sincérité totale. Il m'assura pour sa part qu'il avait encore des moments de jalousie à mon égard, parce qu'Ana (il avait le courage, lui, de ne rien cacher à son ami)... parce qu'Ana, donc, sa future épouse (ils devaient se fiancer à l'automne)... manifestait encore de la sympathie pour moi en certaines occasions. « C'est une espèce d'amour lent, m'expliquait-il. Un amour latent, voilà le nom qu'on lui donne, c'est-à-dire un sentiment qui s'exprime et se vit en douceur, sans jamais faire d'éclat, tu saisis ? Lorsqu'à ta sortie de l'hôpital, tu as surgi devant nous, plus pâle que le fantôme de Banco, tu t'en souviens, elle a été secouée comme jamais de sa vie. » Et il repartit dans ses explications sur l'amour latent. Mais il ne se confondait pas, lui, avec ces hommes tremblants et mesquins qui éloignent leur femme de leurs amis; outre cela, il ne craignait rien d'Ana, et surtout, il était sûr de moi, son ami, tout autant que de lui-même. « Tu ne sais pas encore qui est Viktor ! affirmait-il. Tu pourras venir chez nous quand tu voudras, tu seras toujours le bienvenu, et pour moi, et pour Ana, bien sûr. » Je secouais la tête en signe de dénégation. Ni lui ni Ana ne concevaient bien jusqu'où je pouvais me dévouer pour eux. Mon seul vœu était qu'ils fussent heureux ensemble. Jamais je n'irais les encombrer de ma présence. Il me suffisait de les savoir heureux, lui, Viktor, et plus encore Ana. « Quant à venir chez vous, je t'avertis bien sincère-

1. Voir *le Grand Hiver* et *le Pont aux trois arches.* (*N.d.T.*)

ment, Viktor, cela est exclu. » Et je le disais comme je le pensais. Je ne me voyais pas dans le rôle du troisième personnage : le mari, l'épouse et l'autre (c'est-à-dire moi-même), soit le fameux triangle, comme dans les romans de mœurs bourgeois. Me trouver réduit, pour ainsi dire, à une catégorie esthétique, non, en aucune façon.

Tandis que j'étais là à attendre Ana, je revécus en pensée cette folle soirée. Et soudain, comme frappé d'une idée soudaine, je faillis crier à haute voix : « Mais où est Viktor? Pourquoi n'est-il pas en compagnie d'Ana? »

Je me remis à faire les cent pas entre la porte de l'infirmerie et celle du bâtiment central. Peut-être s'étaient-ils séparés? pensai-je. Ou peut-être qu'il ne savait rien du malheur d'Ana. C'était impossible qu'il l'eût abandonnée dans une telle situation... Personne n'aurait fait cela. Et lui moins que tout autre.

Je poursuivais mon va-et-vient dans la cour. Une ambulance de secours franchit en trombe la porte principale. « Ignoble Viktor! » me répétai-je, mais aussitôt je pris conscience que ces mots n'étaient que le résidu de ma colère initiale, lorsque j'avais cru qu'Ana était enceinte. J'avais déjà eu l'occasion d'observer que même lorsque ses causes s'étaient effacées, la saveur de la colère persistait.

Le jeune homme au bras en écharpe continuait sans se lasser de siffloter sa chanson devant l'infirmerie, reprenant le refrain pour la centième fois. Délibérément, je décidai d'oublier Viktor. Je ne devais penser qu'à Ana, à elle seule, intensément, avec une impatience, une alarme de tous les instants, comme la sirène de cette ambulance qui venait de passer. Si vraiment elle était atteinte du mal qu'elle croyait, il ne lui restait au plus qu'un an à vivre. Au-delà commenceraient les terribles souffrances, jusqu'à l'extrême fin. « En automne les feuilles changent de couleur », sifflait le garçon. Un an, pas davantage. Et aucun automne n'entrerait plus dans la vie d'Ana. Je voyais devant mes yeux la petite plaque de bronze que j'avais voulu enfoncer de mes coups de tête : « Ana Vuksani. » Ce serait Vuksani pour toujours.

Je n'avais plus de cigarettes sur moi, et je demandai au garçon au bras en écharpe de m'en offrir une. Il me tendit son paquet, sans interrompre son sifflotement. « Un jour on saura comment guérir le cancer, pensai-je, mais à quoi bon, Ana ne sera plus là. »

Un an, tout au plus, et elle aurait cessé d'être! Je ne parvenais pas à me pénétrer de cette idée. Elle ne vivrait même pas jusqu'au trentième anniversaire de la Libération, elle ne verrait pas la déroute du fascisme en Espagne, l'achèvement de la centrale de Fierza, l'an 2000. Non plus que l'automne de ses noces...

« Qu'au moins cette seule année soit pour toi une année de vie pleinement vécue! » pensai-je. Le souvenir de Viktor s'était passablement éloigné de mon esprit, il ne comptait plus tellement, et je me sentais véritablement le seul, désormais, à qui il revenait de tenter quelque chose pour Ana. Que cette année-là, au moins, fût pour elle une année de bonheur! Le garçon au bras en écharpe sifflotait toujours. Un instant auparavant, j'avais été à deux doigts de lui crier « assez! », car j'avais l'impression que cette chanson était une insulte pour Ana, tandis que maintenant l'envie me venait de lui sourire. Chante, chante, bras cassé! Il y aurait aussi un automne pour Ana, si tel devait être son désir... Une idée me venait irrésistiblement, flottant dans l'air comme un petit nuage blanc qui grossissait sans cesse jusqu'à prendre très vite possession de tout mon ciel. Je ferais tout ce qu'exigeait le bonheur d'Ana. Plus que ne ferait un époux. Plus que ne ferait un amant. Je ferais tout ce qu'un homme peut faire au monde pour une personne aimée, même si l'on ne pouvait dire qu'Ana était à moi. Était à moi... Que signifiait cette odieuse forme de possessif dont on usait habituellement entre garçons et filles? Je suis à toi, tu es à moi, à moi pour toujours... Comme dans un marché d'esclaves.

Oui, je ferais tout ce qui pouvait être fait pour mon amie Ana. Mais encore? L'épouser?... Cette idée me traversa subitement, sans me surprendre outre mesure, comme une chose sans conséquence. Mon désir de secourir Ana dans un pareil malheur se situait bien au-delà du mariage; j'aspirais à quelque chose de plus grand, de plus sublime encore. Bien sûr, le mariage n'était pas exclu pour autant, si tel était son propre vœu. Mais là n'était pas le plus important. J'étais capable d'aller bien plus loin. De faire tout ce qui peut s'imaginer, par-delà ces « à moi » et ces « à toi » du langage courant.

Je m'étais mis à aller et venir à grandes enjambées. Quelques femmes me regardèrent d'un œil intrigué. L'idée du mariage avec Ana ne m'avait pas quitté; elle restait blottie quelque part, timide encore, comme un arc-en-ciel que je couvais dans le secret de moi-même. Viktor n'occupait plus alors dans mon esprit qu'une place infime. Toutes mes pensées devaient aller vers Ana, vers elle seule, avec une impatience, une alarme de tous les instants, comme lors d'une intervention d'urgence. La question n'était pas qu'Ana vécût assez pour changer de nom, l'automne venu, comme toute autre fille, ni qu'elle eût le temps de donner naissance à un enfant pour laisser au monde quelque chose d'elle. (Tout cela ne fit que passer dans mon esprit.) Ces joies pouvaient lui être accordées, si son cœur le voulait. Mais il n'y avait pas que cela, non. Je songeais à quelque chose de plus profond, de plus vrai, que mon esprit ne parvenait pas à définir très exactement. Nous nous connaissions depuis longtemps. J'avais été très amoureux d'elle, mais sans réciprocité – si l'on exceptait ces moments de chaude intimité où s'exprimait son « amour latent », selon l'expression de Viktor. Cela étant, nous nous habitions l'un l'autre, pour ainsi dire, nos êtres demeuraient solidaires, comme nous l'étions de tous ceux qui nous entouraient. Et en quittant ce monde, donc, elle emportait une part de moi-même, en y laissant toutefois beaucoup plus qu'elle ne me prenait. Car elle occupait en moi une place bien plus grande que celle qu'inversement j'occupais en elle. Et puisqu'Ana était en moi, Ana pouvait ne pas mourir, dès lors que moi... dès lors que moi... « Dès lors, quoi donc ? » me demandai-je. Je repensai à ces jours qui avaient suivi le retrait de l'Albanie du Pacte de Varsovie, lorsque je la raccompagnais chez elle. « Je voudrais savoir quelle figure tu ferais s'il y avait la guerre », me dit-elle une fois, en me faisant un sourire dont on ne pouvait dire vraiment qu'il était sournois, car c'est là un mot bien dur pour qualifier ce sourire de jeune fille. « Quelle figure je ferais s'il y avait la guerre... » Plusieurs fois, je m'étais rappelé cette question qu'Ana m'avait posée, mais sans comprendre exactement le sens qu'elle avait voulu lui donner. Puis j'avais écarté ce mystère en me disant seulement, pour apaiser mon esprit, qu'aux questions les plus simples qu'une fille peut vous poser, parfois, même une équipe entière de philosophes auraient du mal à répondre.

Quelle figure ferais-je s'il y avait la guerre... Quelle figure ferais-je quand Ana serait partie... Et soudain jaillit en moi l'idée que Viktor, que moi-même, que nous tous, garçons et filles, qui étions les amis d'Ana, nous la garderions vivante au milieu de nous, véritablement présente parmi nous, si seulement nous savions nous montrer dignes de ce qu'il y avait eu de meilleur en elle, si seulement il lui était permis, en s'en allant, de laisser au fond de nous, comme dans une urne, cette meilleure part d'elle-même. On pourrait dire alors que rien de tout ce qu'elle avait été n'était vraiment perdu.

Je continuais à aller et venir dans la cour, en m'arrêtant de temps à autre devant le stand de presse, où je dus lire au moins dix fois les titres de tous les articles placardés contre le mur. Cela faisait plus d'une heure et demie qu'Ana se trouvait à l'intérieur. Le ciel se couchait déjà du côté du boulevard central, privé de tous ses rayons, réduit à un gros disque rouge qu'une immense affiche aurait coupé en son milieu. Le jeune homme au bras cassé était parti, et presque plus personne ne passait dans la cour. Mais moi, je restais toujours là à penser à elle. On dépensait des millions pour sauver des monuments en péril. Les inondations du Nil... les sphinx égyptiens... des commissions internationales... des spéculations... des détournements de tous ordres... Tandis que moi, je me fixais comme seul et unique devoir de penser toujours au salut d'Ana, sans être pourtant ni son frère, ni son mari, ni son chef, ni membre d'aucune commission. Je me tiendrais toujours prêt à faire vivre cette modeste part de bien qui lui revenait dans l'héritage des hommes, car tout individu, si humble fût-il, avait quelque chose de bon ou de mauvais à verser dans l'océan de l'humanité. Il fallait que je me tienne prêt, à chaque instant... Mais pourquoi donc tardait-elle à ce point ? J'en vins à me poser la question plusieurs fois de suite.

Enfin, je vis à travers les pins de la cour la silhouette d'Ana, une blouse bleu ciel qui venait à moi accompagnée d'une blouse blanche.

Je me tournai vers la porte, m'appliquant à chasser de mon visage tout signe d'émotion, concentrant avec force tout mon esprit sur une seule idée. « L'essentiel, c'est que je sois là pour l'attendre », me répétai-je, soudain paralysé.

J'entendis soudain sa voix qui m'appelait. Je fis demi-tour, comme si un éclair m'avait frappé, et je l'aperçus qui courait vers moi, pleurant et riant à la fois, tressautant de joie et me faisant des signes d'allégresse. J'allai au-devant d'elle et la reçus dans mes bras, où elle se jeta pour m'embrasser. Je fermai les yeux et le désir me prit de laisser rouler ma tête sur son épaule, de m'y reposer un moment de toute la fatigue qui pesait sur moi. Mais son étreinte se relâcha aussitôt.

« Je suis sauvée, dit-elle en reprenant son souffle. Ah ! quelle angoisse, mais aussi quelle joie ! Je suis sauvée ! »

Des gens qui passaient l'entendirent et se mirent à sourire, s'imaginant sans doute que c'était ma fiancée ou peut-être ma sœur.

« Eh bien, raconte, lui dis-je d'une voix lasse.

– Ce n'est rien, a estimé le docteur, absolument rien. Une simple grosseur comme tu l'as dit toi-même. Si tu ne tiens pas à te faire opérer tout de suite, cela peut très bien attendre, a-t-il ajouté. Ce n'est rien d'autre qu'un kyste graisseux. Au début, je ne voulais pas le croire. Mais quand il m'a parlé d'opération, j'ai tout de suite été convaincue. Il avait même déjà le bistouri à la main ! Un médecin prodigieux, vraiment! Voilà, je t'ai tout dit. Je suis si heureuse! »

Tandis qu'elle parlait ainsi, toute à son excitation, je la buvais des yeux, aussi étonné que réjoui de retrouver devant moi l'Ana d'autrefois, celle qui me hantait, celle pour qui je passais des nuits sans sommeil.

« Mais que se passe-t-il? Tu as un air bizarre... Tu n'éprouves donc aucune joie pour moi?

– Moi, aucune joie pour toi!

– Ne t'offusque pas. Je n'ai pas dit cela pour te blesser. Et puis, ne fais pas trop attention à moi, la joie me rend si folle! »

Elle me prit par la main et m'entraîna vers la sortie. Avant de passer la porte, je jetai un dernier regard à cette cour ouverte entre l'infirmerie, les placards de presse et le pommier du coin, à cet endroit où j'avais conçu et où j'abandonnais maintenant le projet de toute une vie : sauver Ana du néant.

L'autobus était bondé et, comme à l'aller, nous nous réfugiâmes dans le fond, là où la courbe de la vitre allonge et brouille tout ce que l'on voit au-dehors. Dans le centre de la ville, les lumières commençaient à s'allumer. Les vitrines des magasins et des stands de restauration réfléchissaient leurs reflets sur son visage. Nos yeux se croisaient parfois et elle me souriait d'un air plein de gratitude.

Toutes les pensées qui m'étaient venues dans la cour de l'hôpital me semblaient à présent loin de moi et plutôt naïves. En promenant mon regard le long des rues, je me disais : « Si tous ces gens pouvaient savoir les folles idées qui se bousculaient dans ma tête, il n'y a pas plus d'une heure! Si Ana le savait elle-même! » Et pourtant, chose étonnante, même si j'étais bien conscient d'avoir cédé à une simple exaltation sentimentale, je n'en éprouvais pas la moindre honte. Dans d'autres circonstances, j'aurais pesté contre moi-même, mais en cette occasion je demeurais parfaitement serein. Je me sentais même une douce joie au cœur, en repensant à tout ce qui s'était passé. J'avais lu un jour une légende originaire de je ne sais quel pays, dont le sujet se recomposait vaguement dans ma mémoire; on y voyait des hommes qui, au seuil de la mort, devenaient comme des bêtes fauves, se dépouillant furieusement des habits qu'ils portaient et de tout ce qui les rattachait à l'état humain. Tandis que moi, vis-à-vis d'Ana... Oui, mieux valait avoir eu à vivre une telle aventure. Et même cent fois mieux. S'il n'y avait eu ces heures que nous venions de traverser ensemble, quelque chose aurait manqué au souvenir que je devais garder d'Ana, et peut-être à celui qu'Ana, elle aussi, emporterait de moi.

Elle me souriait toujours de cet air tranquille, plein de tendre reconnaissance. L'autobus n'était plus loin de la station où nous devions descendre, et je songeais déjà à ce moment difficile qui nous attendait – celui où il faudrait se séparer. Nous risquions de tomber alors dans la banalité des propos de circonstance, de tuer ce que cet après-midi de hasard avait eu pour nous de plus précieux et de plus rare. Appréhendait-elle aussi, consciemment ou non, ce moment critique, je ne sais; mais quand nous fûmes descendus de l'autobus et quand vint enfin l'instant de l'épreuve, celui où il nous faudrait passer par-dessus ces formules héritées du mercantilisme bourgeois que sont les « je te revaudrai cela », « tu seras récompensé de ta longue attente », Ana me demanda d'une voix toute naturelle :

« Et maintenant, que faisons-nous ? Qui raccompagne l'autre ? »

Je haussai les épaules comme pour lui dire « comme tu veux », et ce fut elle qui vint avec moi jusqu'à la station de la Banque centrale, là même où, quelques heures auparavant, je m'apprêtais à prendre l'autobus pour me rendre chez un ami.

Je grimpai seul dans l'autobus, la laissant sur le bord du trottoir, où elle demeura jusqu'à ce que je me sois installé. Elle s'approcha alors de la fenêtre près de laquelle j'avais pris place et continua de me parler, comme font ces gens que l'on voit accompagnant un des leurs qui part pour un long voyage. Bientôt l'autobus démarra et elle me fit un dernier signe de la main avant de disparaître de ma vue. J'appuyai alors mon front sur le siège de devant et demeurai ainsi durant quelques secondes, n'éprouvant rien d'autre que vide et fatigue en moi-même. Mais j'eus tôt fait de me ressaisir. Je me sentis envahi soudain d'une vague de joie qui réchauffait tout mon être, d'une griserie pareille à celle que j'avais connue en ce lointain jour de neige – plus débordante même, plus triomphante encore. C'était simplement la joie de savoir qu'Ana existait encore en ce monde, que dans les rues, dans les magasins, dans les maisons, partout existaient des milliers de gens qui lui ressemblaient, capables de donner aux autres les plus belles joies et des peines de cœur encore plus belles. Et c'était aussi la joie de savoir qu'il y avait encore bien des automnes à venir pour changer le nom des filles et la couleur des feuilles sur les arbres, même s'il était dit que le nom d'Ana ne s'envolerait jamais de son front pour faire place au mien. Tant pis, tant pis ! L'essentiel était qu'Ana fût bien vivante et que le bonheur l'habitât. Et je me promettais bien d'aller les voir, quand ils seraient mariés tous les deux, non pas sous les traits du troisième personnage, non pas réduit à une... catégorie esthétique, mais bien comme un ami, comme un homme.

L'autobus continuait de rouler et, au bout de quelques instants, je me surpris à siffloter la chanson du garçon qui avait un bras en écharpe, à la porte de l'infirmerie.

*Traduction d'Alexandre Zotos*

## INVITATION À UN CONCERT OFFICIEL

On crut, dans un premier temps, que le bruit d'un retour soudain à de bonnes relations avec la Chine ne tenait pas qu'à des murmures de circonstance émanant aussi bien de ceux qui, pour une raison ou pour une autre, souhaitaient une telle évolution des choses que de ceux qui, en secret, appelaient de leurs vœux une issue contraire, mais étaient impatients de voir comment le pronostic qu'ils feignaient d'avancer serait démenti. Toutefois, à la grande satisfaction des premiers et au grand dépit des seconds, il se confirmait bel et bien qu'il ne s'agissait pas de simples racontars. Il y avait là une part de vérité, de plus en plus perceptible aux alentours de certains ministères – ceux de la Construction, des Télécommunications, de la Planification ou des Affaires étrangères –, mais qui transparaissait surtout dans les informations provenant de la Direction générale de la Flotte. On disait qu'après être restés longtemps immobilisés dans les ports de Chine, les bâtiments de la compagnie sino-albanaise « Chal » avaient enfin pris chargement des turbines destinées aux centrales hydro-électriques du Nord ainsi que des pièces de rechange nécessaires au combinat métallurgique – les deux chantiers en cours les plus importants mais dont les travaux avaient dû être interrompus –, et qu'ils faisaient route, enfin, vers les côtes de l'Albanie. Certains précisaient qu'ils avaient déjà passé le détroit de Gibraltar, tandis que d'autres les voyaient encore très loin, à hauteur du cap de Bonne-Espérance, mais cette incertitude ne changeait rien à l'affaire. L'essentiel restait que les navires avaient bien pris le large avec les chargements prévus, et cela, plus personne n'osait le nier.

Gjergj, qui venait de rentrer chez lui, était en train de rapporter à Silva, son épouse, les dernières nouvelles concernant cette affaire de bateaux, profitant des moments où le jet du robinet baissait d'intensité pour continuer son discours. Debout devant son évier, Silva réagissait parfois par un petit rire à la drôlerie des propos qu'elle entendait dans son dos.

« Tu devrais te renseigner sur la situation actuelle de Viktor Hila, dit-elle. Je crois t'avoir déjà parlé de lui : c'est le meilleur indicateur de tendance qui puisse exister pour ce qui est des affaires chinoises. »

Gjergj se mit à rire.

« Et où en est-il donc ? demanda-t-il.

– J'ai l'impression que ça ne marche pas très fort pour lui, répondit Silva. Il a cherché à me voir au bureau, il y a quelques jours. Je crois qu'on va le muter de son usine.

– C'est vrai ? Alors, ce serait le signe assuré d'un rapprochement avec les Chinois.

– Pour rien au monde je ne souhaiterais une chose pareille, déclara Silva.

– Cela me paraît impensable, quoi qu'il en soit. »

Le téléphone sonna dans le hall d'entrée. Ce fut Gjergj qui alla décrocher.

« Silva, fit-il aussitôt, c'est pour toi. »

Celle-ci s'essuya hâtivement les mains et se précipita vers l'écouteur. C'était Skender Bermema qui appelait.

« Excuse-moi de te déranger en pleine heure de repas, dit-il, mais j'ai absolument besoin de te parler. »

Silva sentit les battements de son cœur s'accélérer.

« Quand vous voudrez, répondit-elle.

– Il s'agit de l'affaire pour laquelle tu es venue me trouver.

– Je m'en doute.

– L'ennui, c'est que cet après-midi même, je prends l'avion pour Pékin; je voulais te joindre plus tôt, mais je n'ai pas été libre un seul instant.

– Vraiment? Et comment cela se fait-il?

– J'ai été retenu toute la matinée. Pas une seule minute à moi. Tu me crois, n'est-ce pas? »

Silva sentit le rouge lui monter aux joues.

« Ce n'est pas un reproche, dit-elle. Je demandais seulement comment ce voyage a pu se décider.

– Il y a de quoi s'en étonner, en effet, après tous les reports successifs; et pas plus tard qu'hier, voilà que nous avons été avisés de nous tenir prêts à partir sans délai.

– Et vous décollez cet après-midi?

– Oui, à cinq heures et quart. Nous prenons le Londres-Shanghai des Pakistan Airlines. Écoute-moi, Silva : il est actuellement deux heures vingt et je dois me mettre en route pour l'aéroport à quatre heures au plus tard si je veux y être à quatre heures et demie. Pourrais-tu passer chez moi sur le coup de trois heures et demie? »

Silva réfléchit un moment.

« Trois heures et demie? Aucun problème,

répondit-elle. Non, aucun problème, répéta-t-elle au bout d'un instant.

– Eh bien, je t'attends. A tout à l'heure, donc. »

Après avoir raccroché, Silva demeura un moment devant le téléphone, le regard pensif, puis elle regagna lentement sa cuisine.

« C'était Skender Bermema, dit-elle à Gjergj, qui, selon son habitude, se tenait debout près de la fenêtre. Il avait quelque chose à me dire à propos de Sajmir.

– Ah bon ? »

Silva n'avait pas mis Gjergj au courant de sa récente démarche auprès de l'écrivain pour obtenir des nouvelles de son frère.

« D'après ce que j'ai compris, il s'envole pour la Chine ?

– Oui, dès cet après-midi.

– Nouveau signe d'amélioration de nos rapports avec les Chinois.

– Je dois être chez lui à trois heures et demie », dit Silva.

Gjergj consulta sa montre.

« Tu as encore le temps. Déjeunons d'abord en vitesse. Mais où est Brikena ?

– C'est vrai, où donc cette gamine est-elle passée ? »

Silva dressa la table, mais sans retrouver ses gestes habituels; elle semblait soudain manquer d'assurance.

« Ainsi donc, on se relance dans les échanges de délégations », déclara Gjergj, sans détourner les yeux de la fenêtre.

Silva songeait à la gêne qu'elle éprouverait à se retrouver devant l'épouse de Skender Bermema en se rendant à son domicile. Cela faisait des années qu'elles se croisaient dans la rue en feignant de s'ignorer.

« Ou alors, ce ne sont que les derniers soubresauts ?

– De quoi parles-tu ? » demanda Silva.

Gjergj la regarda tendrement.

« Tu as l'esprit là-bas, lui dit-il. Ne t'inquiète donc pas. Quelque chose me dit que tout se passera bien.

– Tu en es sûr ? » interrogea-t-elle en levant les yeux vers lui, tandis qu'elle disposait les assiettes sur la table. Il répondit par un hochement de tête vigoureux, doublé d'un clin d'œil entendu.

« Tiens, voilà Brikena qui rentre », dit-elle alors, et elle alla ouvrir la porte.

La voix essoufflée de Brikena se fit entendre dans l'entrée, articulant, semblait-il, les raisons de son retard. Gjergj se décida enfin à quitter la fenêtre et vint se mettre à table.

Plus elle s'approchait de la rue où habitait Skender Bermema, et plus Silva trouvait inconvenante cette visite à peine une heure avant son départ. Elle s'était déjà rendue chez lui, certes, mais en sachant que sa femme était absente, ce qui, en cet instant, était plus qu'improbable. Sans doute aurait-elle rebroussé chemin, n'eût été l'affaire à laquelle était mêlé son frère.

Le moment le plus difficile serait celui où elle se trouverait nez à nez avec l'épouse de Skender. La situation n'aurait rien eu de gênant si elles ne s'étaient jamais connues; mais, par malheur, elles avaient longtemps vécu dans une certaine familiarité avant de redevenir peu à peu étrangères l'une à l'autre. « Si au moins c'était lui qui venait ouvrir la porte ! » songeait Silva en montant l'escalier. La meilleure solution serait peut-être de refuser d'entrer, sous prétexte de ne pas vouloir le déranger dans ses préparatifs de départ; cela lui permettrait d'entendre ce qu'il avait à lui dire sur le pas de la porte, ou, à la rigueur, dans l'entrée.

Silva appuya sur la sonnette, décidée à ne pas passer le seuil. Il était exactement trois heures et demie – une assurance qu'il viendrait ouvrir en personne, d'autant que, selon toute vraisemblance, il devait être pareillement gêné d'une telle situation.

Un bruit de pas se fit entendre derrière la porte, mais si léger qu'on ne pouvait guère l'attribuer à un homme. L'espace d'une seconde, Silva songea à redescendre l'escalier en courant, mais il était trop tard : la porte s'était ouverte et l'épouse de Skender Bermema se tenait là, dans l'encadrement. « Il aurait pu avoir la courtoisie de m'ouvrir lui-même », pensa Silva machinalement. La lampe de l'entrée éclairait l'épouse de Skender Bermema par-derrière, et Silva ne pouvait donc distinguer nettement l'expression de son visage.

« Comment allez-vous? » demanda-t-elle, toute décontenancée. Elle n'était nullement préparée à cette rencontre. Devait-elle décliner ses nom, prénom et qualité, comme une personne étrangère à la maison? Cela lui parut hors de propos. « Comment allez-vous? répéta-t-elle. Excusez-moi de me présenter en un jour pareil, mais Skender m'a appelée au téléphone...

– Oui, je sais. Malheureusement il est sorti », dit l'autre femme.

Silva sentit son corps se figer.

« Mais entrez donc, continua d'un ton affable l'épouse de Bermema. On l'a demandé d'urgence au ministère des Affaires étrangères pour lui donner une dernière recommandation, à ce qu'il semble. Quelle histoire, vraiment, que le voyage de cette délégation! » Et elle accompagna ces mots d'un sourire des plus naturels qui fit fondre de moitié la gêne qu'éprouvait Silva.

« Mais il m'a dit qu'il devait se mettre en route pour l'aéroport à quatre heures...

– Il ne devrait plus tarder. Entrez donc, je vous prie.

– Ce n'est peut-être pas le moment opportun, fit Silva. D'autant plus que Skender n'est pas là.

– Allons, entrez donc! » insista l'épouse, et elle la précéda à l'intérieur de l'appartement.

Une grosse valise et un sac de voyage occupaient le milieu de la salle de séjour.

« Je vous prie encore une fois de m'excuser, dit Silva. Ce n'était vraiment pas le jour qui convenait. »

La femme de Bermema la rassura :

« Aucune importance, dit-elle, très calmement, tout en s'asseyant dans un fauteuil face à Silva. Et voilà : nous allons l'attendre ensemble. Les enfants sont partis faire du ski sur le Dajti et ne savent rien encore du voyage de leur père. »

Silva observa l'épouse de Skender Bermema à la dérobée; elle nota l'ovale du visage, le blond léger de ses cheveux, et ces yeux clairs qui conféraient à toute sa personne un air de sérénité ou d'indifférence selon l'état d'esprit de qui venait à la rencontrer. « Et voilà : nous allons l'attendre ensemble », se dit Silva, reprenant en écho les paroles que l'autre avait prononcées. Il lui sembla qu'elle était assise dans la pose que l'on prend lorsqu'on est à un concert. Elle eut soudain le sentiment aigu d'avoir fait du tort à cette femme, et un besoin irrésistible de lui demander pardon l'envahit. Elle resta cependant assez lucide pour se demander la raison d'une telle réaction. Car, en réalité, jamais elle n'avait nui à cette femme. « Et pourtant, et pourtant, finissait-elle par se dire, il n'y a pas eu seulement le fait que mon beau-frère a abandonné sa nièce pour les beaux yeux de ma sœur Ana; il a encore fallu que le nom de Skender et celui d'Ana soient longtemps liés l'un à l'autre, chose qui, sans doute, a profondément perturbé sa vie et qu'elle a ressentie comme une insulte – sans compter, peut-être, de pénibles scènes familiales. »

Silva continuait de l'observer en affectant le regard le plus neutre.

« Skender m'a aussi dit quelques mots à propos de votre frère, mais il vous expliquera tout lui-même.

– L'affaire est grave? demanda Silva.

– Pas vraiment, à ce que j'ai compris », répondit l'autre.

Silva aurait voulu se jeter au cou de cette femme admirable en lui redemandant pardon, pardon pour tout.

Mais peut-être ce pardon avait-il déjà été accordé, maintenant qu'Ana n'était plus. N'était-ce pas là ce que traduisait cet air souverain qui régnait sur son visage, sous les mèches souples d'une chevelure qui semblait obéir, en quelque sorte, à une ligne mélodique?

« Combien de passions qui ont éclaté en vain! paraissait dire ce visage, dans sa quiétude même, combien de doutes, de dilemmes : et voilà que vient le jour où l'homme doit s'en aller, laissant la scène vide. »

Silva regarda sa montre.

« Il tarde bien à venir. »

L'épouse de Bermema dressa l'oreille. Le bruit d'une voiture qui freinait se fit entendre au-dehors.

« J'ai l'impression que c'est lui. »

Elle ne s'était pas trompée.

« Ah, je savais que je te trouverais là ! lança-t-il en apercevant Silva. Excuse-moi, je te prie, de ce retard. C'est que j'ai dû répondre à une convocation d'urgence; comme toujours, des consignes, des instructions de dernière minute. Ce voyage de notre délégation finit vraiment par devenir toute une histoire. Je suis désolé, encore une fois.

– Ce n'est rien, répondit Silva. C'est moi qui devrais vous faire des excuses, car en un jour pareil, c'était certainement abuser que de...

– Mais pas du tout. C'est moi-même qui t'ai appelée ici. Ta visite ne gêne personne. Le seul ennui » – il jeta un coup d'œil à sa montre – « le seul ennui, c'est qu'il nous faut nous mettre en route sans plus attendre... Sais-tu ce qu'on peut faire, Silva ? Tu nous accompagnes jusqu'à l'aéroport. Il y a assez de place dans la voiture et nous pourrons parler durant le trajet. Je ne vois pas d'autre moyen, car nous avons déjà un gros retard sur l'horaire prévu. Qu'en penses-tu ?

– Je vous accompagne, dit Silva. Mais je suis bien embarrassée. J'ai l'impression de vous bousculer...

– Absolument pas.

– Pas du tout, en effet », renchérit l'épouse de Skender Bermema.

Silva eut à nouveau envie de se jeter à son cou.

« Vous me traitez avec la plus grande gentillesse, murmura-t-elle timidement.

– Eh bien, allons-y ! » déclara Skender Bermema; et là-dessus il empoigna la valise et le sac qui attendaient au milieu de la pièce.

« Tu es sûr de n'avoir rien oublié ? lui demanda son épouse, au moment où ils s'installaient dans la voiture.

– Vite, lança-t-il au chauffeur. Nous sommes en

retard. Si la délégation venait à annuler son départ par ma faute, qui sait comment les Chinois interpréteraient la chose !

– Quand on t'a convoqué au ministère, j'ai cru que le voyage était remis une fois de plus », lui dit son épouse.

Skender Bermema éclata de rire.

« Il y avait de quoi se l'imaginer, en effet, répondit-il. Je doute qu'il y ait jamais eu de mission officielle aussi souvent différée que la nôtre.

– On en voit assez la raison, fit Silva.

– Elle est même très claire, renchérit-il. Mais comme la tendance générale se trouve être finalement à l'amélioration des rapports entre nos deux pays – vous avez dû en avoir des échos, je pense –, les Chinois ont fait savoir qu'ils attendaient notre venue. Même à ce stade, pourtant, tout n'a pas été simple. C'est qu'un nouveau délai était requis pour la mise au point des termes de l'invitation. Et sais-tu en quel honneur nous nous rendons finalement à Pékin ? Tu auras beau chercher pendant cent ans, l'idée ne t'en viendra jamais à l'esprit. Eh bien, nous y allons en l'honneur de la journée des oiseaux ! »

Silva partit d'un gros éclat de rire.

« Vous plaisantez, à ce qu'il semble.

– Absolument pas, lui répondit l'écrivain en se tournant vers son épouse.

– Non, non, il ne plaisante pas, confirma celle-ci. J'ai bien ri, moi aussi, en apprenant la chose, mais c'est la pure vérité. »

Skender Bermema se mit alors à raconter le fin fond de l'histoire. Le premier à poser cette question avait été le fonctionnaire du ministère des Affaires étrangères chargé des missions à l'étranger. Ayant pris connaissance du texte porté sur la carte d'invitation que lui tendait l'attaché culturel chinois, il n'avait pu s'empêcher de remarquer, en effet, que cela avait tout l'air d'être une plaisanterie. Ce que le Chinois nia fermement. Alors le fonctionnaire albanais, quelque peu exaspéré et dérouté à la fois par le mystère d'un tel motif, fit observer au Chinois que l'État albanais était un État qui entendait se faire respecter, et qu'il n'était pas dans ses habitudes d'envoyer des délégations à l'étranger pour de simples expositions de volatiles ou de quelque catégorie d'insectes que ce soit. A quoi le Chinois répondit sans se démonter que, de son point de vue, la journée des oiseaux était une fête on ne peut plus sérieuse, puisqu'elle figurait aussi dans l'édition officielle du calendrier albanais. Et il avait sidéré plus encore son interlocuteur en lui mettant sous le nez un exemplaire du calendrier en question et en lui faisant constater que tel jour d'avril ou de février était bel et bien voué à la célébration des oiseaux, « ce dont pas plus que moi, je pense, vous ne vous étiez jamais avisées, n'est-ce pas?

– Jamais, au grand jamais! reconnut Silva entre deux éclats de rire. C'est bien la première fois que j'en entends parler.

– N'empêche que le Chinois, lui, était parfaitement au courant », insista Skender Bermema.

Et il poursuivit sa relation des événements en expliquant que le fonctionnaire du ministère, enfin revenu de son premier étonnement, avait demandé pourquoi on avait choisi cette occasion plutôt qu'une autre, ce à quoi le Chinois avait répondu que c'était tout simplement dû au fait que l'Union des écrivains chinois, dispersée aux quatre vents dès le début de la révolution culturelle, avait pratiquement cessé d'exister, d'où l'obligation de trouver une autre raison. Et il n'y en avait pas de meilleure, estimait-il quant à lui, que cette journée des oiseaux. « N'était-ce pas là un joli thème, avait ajouté le Chinois en riant, puisque lié au ciel, à l'inspiration, à la légèreté de l'air : tout ça très subtil, pas trouver vous aussi ? »

Silva et l'épouse de Skender Bermema continuaient de rire à gorge déployée.

« On voit bien que vous n'avez jamais eu affaire à des Chinois, reprit l'écrivain. C'est à devenir complètement fou. Me croirez-vous si je vous dis que, depuis cette histoire du jour des oiseaux, je ne peux plus regarder ces petites créatures avec les mêmes yeux qu'avant ? D'un côté, c'est vrai, je me sens porté à rire, tout comme vous, mais, sans le vouloir, je sens naître aussi en moi une sorte d'affinité, de complicité avec elles... Comment dire : des préoccupations d'oiseau, des états d'âme d'oiseau. »

Les deux femmes rirent de plus belle.

« Qui donc vous accompagne ? » demanda Silva.

Skender Bermema fit une moue.

« Un type que j'ai eu l'occasion de te montrer de loin, un jour : C. V.

– Oh ! oh ! s'exclama Silva, comment se fait-il que le sort vous ait imposé celui-là et pas un autre ?

– Les Chinois apprécient beaucoup cet homme, aussi l'invitent-ils pour la troisième fois.

– On comprend leurs raisons », intervint l'épouse de Bermema.

Ils arrivèrent bientôt à l'aéroport, où régnait une animation plus intense que de coutume. Parmi la foule qui se pressait dans les salles d'attente et les antichambres de la douane, on remarquait de nombreux Chinois.

« Il est de fait que quelque chose a changé dans les relations avec la Chine, ne pensez-vous pas ?

observa Skender Bermema quand ils furent entrés dans les locaux. Si vous saviez ce qui se dit dans toutes les conversations que l'on tient ici et là! Certains prétendent même que Mao Zedong ignorait totalement que les choses s'étaient envenimées ces derniers temps, et qu'il a piqué une sacrée colère lorsqu'on l'a mis au courant; il a vertement réprimandé ses subordonnés et a aussitôt donné l'ordre à Zhou Enlai de veiller personnellement à ce que le matériel promis depuis longtemps à l'Albanie soit enfin chargé sur les bateaux qui devaient en assurer le transport... Et ainsi de suite.

– Les légendes que l'on fait courir en pareils cas! commenta son épouse.

– Reste que quelque chose a changé », répéta-t-il, ponctuant ces mots d'un sourire qui semblait vouloir ajouter : « Et cela est bien regrettable. »

Comme ils se dirigeaient vers la salle d'attente, ils faillirent se heurter à C. V.

« Ah, te voilà? fit ce dernier. Je commençais à me faire du souci. Je ne pensais plus te voir arriver.

– On s'en va, on s'en va, tu n'as plus à t'en faire », répliqua Skender Bermema sans le regarder.

Silva craignait que Skender Bermema n'ait plus le temps de l'entretenir, même brièvement, de son frère, comme cela était convenu. Elle en était presque venue à croire qu'il n'y songeait plus du tout.

Elle poussa un soupir de soulagement quand C. V. prit enfin congé d'eux pour rejoindre un groupe de parents venus l'accompagner à l'aéroport.

« Allons boire quelque chose à la cafétéria, proposa Skender Bermema. Nous y serons tranquilles pour parler du sujet qui nous préoccupe. » Et, se tournant vers Silva, il ajouta : « J'ai préféré ne rien dire dans la voiture, à cause du chauffeur.

– Oui, oui, je comprends », répondit-elle d'une voix éteinte.

Le visage de Bermema prit soudain un air grave, et Silva frissonna de tout son corps.

« J'ai du mal à apprendre de quoi il retourne, fit-il en dépliant son billet sur la table. C'est une affaire assez étrange, pour ne pas dire mystérieuse. Ce que je peux te dire de sûr, en tout cas, c'est que ton frère et quelques autres officiers des Blindés ont été exclus du Parti pour non-exécution d'un ordre reçu.

– Je suis au courant, dit-elle, c'est tout ce que lui-même a pu me faire savoir.

– Oui, mais écoute-moi, insista-t-il, tout en continuant de jouer avec son billet. Cet ordre était tel, en fait, que moi-même, comme presque tout le monde, j'aurais refusé de l'appliquer. C'était un ordre pervers émanant de certains officiers tout aussi... pervers. »

Silva ne fut pas très sûre de l'avoir bien entendu prononcer ce dernier mot.

« Vraiment ? s'étonna-t-elle, oubliant cette incertitude.

– Ainsi, puisque nous aurions tous agi comme lui et puisque nous demeurons tous des communistes, cela veut dire qu'en fait, il l'est resté lui aussi, indépendamment du fait qu'à l'heure actuelle il se trouve exclu du Parti.

– Pour le moment... commença Silva, mais il ne la laissa pas poursuivre.

– Ne m'en demande pas plus, lui dit-il à voix basse. C'est là tout ce que je sais moi-même. Mais le peu que je t'en dis est parfaitement exact. L'affaire demeure enveloppée de mystère. Peut-être es-tu au courant de certains bruits qui circulent... Il se passe des choses, dit-on, dans le secteur économique, dans l'industrie du pétrole... et même au sein de l'armée. Mais en ce qui concerne ton frère, tu peux être sans crainte. »

Silva prenait progressivement conscience de ce qu'elle entendait. Ces nouvelles lui avaient tout d'abord paru assez banales, du fait, peut-être, qu'elle s'attendait à des renseignements plus précis. Mais elle se rendait compte, à présent, que l'affaire était bien plus grave qu'elle ne l'avait cru jusque-là. « Reste qu'il n'a rien fait de mal, rien de vraiment répréhensible », se répétait-elle. Elle fut sur le point de lui demander si tout cela avait un lien quelconque avec les Chinois, mais il la devança à nouveau :

« Je te le répète, tu n'as pas à t'inquiéter, dit-il en posant la main sur la sienne. Peut-être serai-je en mesure de tirer tout cela un peu plus au clair une fois rentré de Chine.

– Je vous remercie, Skender, lui dit-elle d'une voix émue. Je n'oublierai jamais ce que vous avez fait pour moi.

– Tiens, voici l'attaché culturel chinois, lâcha Skender Bermema en souriant de loin au diplomate, qui se dirigeait vers eux en compagnie du responsable des relations extérieures auprès de l'Union des écrivains. Comment allez-vous, camarade Hong? Quelles sont les nouvelles? Mais permettez-moi d'abord de faire les présentations : ma femme, une amie à nous.

– Grand plaisir pour moi, dit le Chinois. Je suis venu jusqu'ici pour vous souhaiter bon voyage.

– Merci à vous, camarade Hong. Ainsi donc, les oiseaux s'envolent pour Pékin! Cui, cui, cui!

– Ha! Ha! s'esclaffa le Chinois en même temps que les autres. Jolies petites bêtes, les oiseaux, idées pour les poètes, vous pas d'accord avec moi ? Mais où est passé votre collègue ?

– Le camarade C. V. ? Tenez, le voilà, répondit Skender, en indiquant d'un geste l'autre bout de la salle.

– Ouf ! J'ai eu de la peine à me retenir de rire, déclara la femme de Skender Bermema lorsque le Chinois se fut éloigné. Quelles curieuses créatures que ces gens-là ! On dirait des poupées plutôt que des êtres humains ! »

Après le soulagement qu'elle éprouvait malgré tout, concernant le sort de son frère, Silva se sentait emportée dans un mouvement d'allégresse. Elle avait envie de rire et de parler. La salle bourdonnait d'un continuel brouhaha. Elle s'étonna qu'il y eût tant de voyageurs à destination de Pékin. Soudain, parmi cette foule de gens qui allaient et venaient sous ses yeux, elle remarqua un Chinois à la jambe plâtrée. Elle sursauta. Seigneur, la victime de Viktor Hila ! Ça ne pouvait être quelqu'un d'autre. Oui, c'était lui, il n'y avait pas de doute.

« Regardez ce Chinois, là-bas, murmura-t-elle à l'adresse de ses amis.

– Celui qui a la jambe plâtrée ? »

Elle hocha la tête.

« Cette jambe est au centre d'une histoire proprement fantastique, à supposer qu'il s'agisse bien du Chinois auquel je pense. Mais je ne crois pas me tromper. »

Entre les rires retenus de l'épouse de Skender Bermema et les éclats tonitruants de ce dernier, elle raconta donc l'incident qui avait opposé Viktor Hila à Ping le Chinois.

« Prodigieux ! répétait l'écrivain. Inouï ! Les radiographies de la jambe d'un Chinois jointes à des notes gouvernementales! Un événement dramatique, s'il en est, que celui-là! »

« Mais quel est donc ce pays vers lequel tu t'envoles, tel Nosferatu, à travers le ciel et la nuit? » se dit-il dans un soupir de lassitude.

Le visage de l'épouse s'était assombri avant même que le rire du mari se fût éteint. Silva se souvint alors de ce noir pressentiment qui l'avait assaillie parfois, elle aussi, durant le séjour de Gjergj en Chine. « Puisse-t-il ne plus jamais refaire ce voyage! » implora-t-elle en son for intérieur.

Il y eut tout à coup un regain d'animation dans la salle.

« L'avion vient d'arriver », annonça quelqu'un à côté d'eux.

Dehors, la nuit commençait à tomber.

Une voix de femme sortit du haut-parleur pour inviter les voyageurs à destination de Shanghai à se tenir prêts pour l'embarquement. Skender Bermema se leva avant les deux femmes de la table où ils avaient pris place. Là où les voyageurs devaient se séparer de ceux qui les avaient accompagnés, des femmes étouffaient des sanglots.

« Il y a aussi des femmes et des enfants parmi les voyageurs, fit remarquer Silva à voix basse.

– Ce sont sans doute des fonctionnaires de l'ambassade de Pékin qui partent avec leur famille », lui répondit l'épouse de Skender Bermema.

Quand ils eurent atteint la porte vitrée, elle embrassa son mari en refoulant un sanglot. Silva donna à son tour l'accolade à Skender, puis elles restèrent toutes deux collées à la vitre, suivant des yeux la colonne de voyageurs qui se dirigeait vers le gros avion. Certains se retournaient pour adresser à leurs proches un dernier salut, et, peut-être à cause des lourds sacs qu'ils emportaient à chaque main, ils semblaient avancer d'un pas mal assuré.

Dans le demi-jour, Silva distinguait encore la silhouette de C. V. ainsi que celle du responsable des Relations extérieures auprès de l'Union des écrivains, qui marchait de l'autre côté de Skender Bermema et l'accompagnerait, sans doute, jusqu'au pied de l'avion. Puis elle repéra Ping le Chinois, qui fermait la marche en traînant péniblement sa jambe plâtrée. « Ils vont faire le voyage ensemble », se dit-elle, comme contrariée de cette idée. Elle voulut le faire remarquer à l'épouse de Skender Bermema, mais quelque chose l'en retint au dernier moment.

Les voyageurs pénétraient maintenant un à un dans l'avion. Du haut de la passerelle, Skender Bermema leur fit un dernier signe, machinalement, car à la distance où il se trouvait, il ne pouvait plus distinguer personne.

« Seigneur! s'exclama soudain son épouse. Regardez là-bas!

– Qu'y a-t-il donc?

– Voyez qui est en train de monter la passerelle!

– Je l'ai déjà remarqué, fit Silva en s'efforçant de sourire, tandis qu'une sorte de terreur se peignait sur le visage de son amie.

– On dirait le Chinois à la patte cassée, murmura celle-ci. C'est plutôt mauvais signe. »

Silva chercha les mots pour la délivrer de cette appréhension, mais elle ne sut que dire.

« Fallait-il qu'ils se retrouvent dans le même avion! » lâcha l'épouse de Skender Bermema, toujours aussi inquiète.

Elles restèrent ainsi, le nez collé à la vitre froide, jusqu'à ce que le gros appareil eût quitté la piste et se fût perdu dans le ciel noir.

La nuit avait fini de tomber quand elles remontèrent dans le taxi. Elles restèrent silencieuses un long moment. Silva observait du coin de l'œil la mine affligée de son amie et ne trouvait toujours pas les mots qu'il fallait pour la rassurer. Elle-même se sentait lasse. Les propos qu'avait tenus Skender Bermema revenaient en désordre dans sa tête. « Les affaires qui se passent dans les milieux du pétrole et même dans l'armée. » Tout cela s'associant au ronflement des moteurs de l'avion et à l'embarquement clopin-clopant de ce Chinois du nom de Ping qui fermait la colonne, un peu en retrait des autres. « Eh bien, tout ce scandale que tu as soulevé, ces notes gouvernementales, ces échanges de radiogrammes, l'opprobre jeté sur la vie d'un homme, tout cela, c'était pour gagner quoi, à la fin? » Elle s'alarma soudain à la seule idée que Skender Bermema pût heurter involontairement le pied du Chinois au moment où les passagers s'asseyaient : tout risquait alors de recommencer à partir de ce nouvel incident. Puis elle se dit que si elle avait occupé seule l'arrière de la voiture, elle aurait volontiers fermé les yeux pour somnoler un peu.

« Venez me voir un de ces jours, lui proposa l'épouse de Skender Bermema, lorsque le taxi eut fait halte et qu'elle s'apprêta à descendre. Nous nous tiendrons compagnie un moment.

– Très volontiers, répondit Silva, ce sera avec le plus grand plaisir. »

Elles se souhaitèrent une bonne nuit et Silva hâta le pas jusqu'à l'entrée de son immeuble. C'est seulement alors qu'elle s'avisa que Gjergj avait dû s'inquiéter de son retard.

On continuait de gloser sur l'amélioration des relations avec la Chine. La presse, elle, restait muette à ce sujet, si l'on excepte les deux articles parus coup sur coup dans un périodique des arts et des lettres à propos de la tombe d'un vieil empereur chinois qu'on venait de découvrir dans les environs de Pékin. Aucun des grands cargos qui avaient pris la mer, disait-on, sur l'ordre exprès de Mao Zedong, n'avait encore atteint le port de Durrës, et rien n'assurait même qu'ils eussent passé le détroit de Gibraltar, bien que les ouvriers et ingénieurs chargés du montage de l'une des centrales hydro-électriques du Nord fussent d'ores et déjà à pied d'œuvre pour procéder à l'installation des turbines en provenance de Shanghai. On attendait de même, au grand combinat métallurgique, le matériel nécessaire à la mise en fonction des premiers hauts fourneaux.

L'affaire des bateaux était au centre de toutes les conversations, et les informations colportées à leur sujet étaient si contradictoires que cette traversée des mers et des océans finissait par évoquer une flotte de vaisseaux fantômes errant dans les brumes. Certains allaient jusqu'à dire que tous ces retards et tous ces doutes avaient été calculés d'avance par les Chinois pour entretenir en Albanie un climat d'incertitude et d'anxiété.

« Les Chinois s'imaginent qu'ils peuvent jouer avec nos nerfs, mais ils ignorent que nous avons déjà fait l'expérience de pressions de ce genre. » Ces propos, par lesquels on disait qu'Enver Hoxha avait conclu son discours devant le plenum du Comité central, étaient reproduits çà et là – sans désignation expresse des Chinois, cela se conçoit – non seulement dans les articles de la presse politique ou les commentaires de la radio-télévision, mais jusque dans des poèmes récemment publiés dans les journaux littéraires.

Debout sur le trottoir, Ekrem Fortuzi suivait le défilé des voitures sur le boulevard central. « Que signifie ce cortège? se demanda-t-il, en supposant aussitôt qu'une réunion de haute importance devait se tenir quelque part. Quelque autre plenum », songea-t-il, et il tapota sa sacoche comme pour s'assurer que son contenu en était toujours là. Les voitures s'espaçaient de plus en plus et il reprit son chemin. « Qu'ils tiennent tous les congrès ou plenums qu'il leur chante, se dit-il, du moment que cette sacoche contient ce qu'elle contient... » et il la caressa doucement, comme on se flatte le ventre au sortir d'un bon repas.

Ekrem Fortuzi était dans un de ses bons jours. Après être resté un mois et demi sans recevoir la moindre commande de traduction de documents chinois, voilà que, d'un coup, il était sollicité de quatre côtés à la fois, chaque commanditaire insistant même sur l'urgence des travaux requis. Et maintenant, il se hâtait de rentrer chez lui pour annoncer l'heureuse nouvelle à son épouse.

« Ou-ou! appela-t-il, sitôt entré, mais aux bruits d'eau qui lui parvinrent, il comprit que sa femme était dans la salle de bains. J'ai une bonne nouvelle pour toi, chérie! »

Elle ne l'avait pas entendu. Il se débarrassa alors de son chapeau et de son pardessus, puis alla jusqu'à la porte de la salle de bains. Mais avant de se signaler à nouveau, il s'avisa de coller un œil sur le trou de la serrure. Pas mal fichue, vraiment, surtout vue sous cet angle-là...

« Une bonne nouvelle, lança-t-il derechef tout en tapotant la sacoche, au moment où elle sortait du bain, une serviette enroulée autour des cheveux.

– Des traductions?

– Exactement.

– A la bonne heure! Autrement dit, tout rentre dans l'ordre?

– Ça m'en a tout l'air. »

Tandis qu'elle était occupée à se faire les sourcils devant son miroir, il ne cessait de tourner autour d'elle, récapitulant toutes les démarches qu'il avait entreprises avec succès auprès de tel ou tel service.

« Tu en as là pour vingt mille leks, non ?

– Hum ! Je ne sais pas au juste. Je pense que...

– Ne cherche pas à me raconter d'histoires, Ekrem !

– Moi, te raconter des histoires, chérie ? Par Allah !

– Je répète ma question : cela va bien te rapporter vingt mille leks, n'est-ce pas ?

– Est-ce que je sais, moi ? Peut-être bien.

– Mon manteau d'astrakan est âgé...

– Ah-ah !

– Il n'y a pas de « ah-ah » ni de « oh-oh » qui tiennent : j'en ai assez de porter cette vieillerie complètement démodée.

– Comme tu voudras, mon amour.

– Je ne veux pas ressembler à ces actrices du Théâtre Populaire lorsqu'elles jouent des rôles de femmes déclassées. Je vais m'en acheter un neuf ! »

Il ouvrit sa sacoche pour en retirer les documents à traduire.

« Enlève-moi tous ces hiéroglyphes, lui lança-t-elle aussitôt, et ne te déshabille pas, car nous allons chez les Kryekurt. Nous ne leur avons pas encore présenté nos vœux pour les fiançailles de Mark.

– Comme tu voudras, mon amour. »

Une demi-heure plus tard, portant un énorme gâteau, ils poussaient le portillon des Kryekurt. Comme toujours, quand elle se rendait chez eux, Hava Fortuzi lança un regard furtif vers l'escalier qui menait à l'étage supérieur de la villa, sous le rosier grimpant complètement desséché en cette saison de l'année.

A l'intérieur, hormis les familiers de longue date des Kryekurt, Hava Preza et Musabelli, ils rencontrèrent un couple de personnes âgées, venues elles aussi, c'était évident, présenter leurs vœux. Les Fortuzi eurent l'impression que leur arrivée avait interrompu une fort agréable conversation.

« Excusez-nous de venir si tard, dit Hava Fortuzi, mais c'est bien involontaire. Ekrem est submergé de travail, comme toujours, et moi, avec mon mal de tête... Eh bien, tous nos vœux d'avenir à l'intention de votre Mark. Il n'est pas ici ?

– Je vous remercie, je vous remercie, répondit Émilie. Mark est dans la pièce à côté avec sa fiancée. Je pense qu'il va bientôt venir.

– Laisse donc, inutile de les déranger, dit Hava Fortuzi, en accompagnant ses mots d'un battement de paupières.

– Il lui donne des leçons de français, précisa Émilie.

– Ah, de français ! répéta Hava Fortuzi. Hum ! C'est une langue que j'ai eu l'occasion d'apprendre, moi aussi, ajouta-t-elle en riant à voix haute. Tu te souviens, Ekrem, des leçons que tu me donnais quand nous nous sommes fiancés ? »

Le vieux couple jeta un regard étonné sur Hava Fortuzi, tandis qu'Émilie se pinçait les lèvres.

« Et maintenant, tu t'appliques à m'enseigner le chinois », continua-t-elle, et subitement le mécanisme qui avait suscité sur son visage l'expression de rire initiale s'inversa de telle manière qu'en moins de quelques secondes on la vit hoqueter sous les sanglots qui l'étouffaient.

« Hava, ma chérie, calme-toi ! » chuchota Ekrem, qui la savait sujette à de telles défaillances.

Ce n'était pas la première fois qu'elle perdait ainsi tout contrôle. Les Kryekurt et leurs hôtes étaient restés interdits. Seul Musabelli affichait son éternel sourire.

« Excusez-moi, je vous en prie, dit Hava Fortuzi en sortant son mouchoir et un miroir de son sac.

– Ce n'est rien, ma chère, ce n'est rien, dit Hava Preza. Cela peut arriver à tout le monde.

– Il y a de quoi se désoler, vraiment, quand on voit les années filer si vite.

– Cela est bien dur, en effet.

– Elle est hypersensible, expliquait Ekrem au vieux couple. Elle peut réagir de la même manière, qu'il s'agisse d'un événement heureux ou malheureux. Elle a toujours été ainsi. »

Sa boîte de poudre de riz à la main, Hava Fortuzi s'efforçait d'effacer les traces de rimmel sur ses joues. Ces soins terminés, elle retrouva quelque peu ses esprits.

« Oui, nous sommes très heureux pour Mark, enchaîna-t-elle, tout en refermant son sac. Plusieurs fois, nous nous sommes dit, Ekrem et moi : “ Pourquoi ne se décide-t-il pas à se fiancer ? ”

– Ç'a été aussi le chagrin de sa pauvre grand-mère jusqu'à l'heure de sa mort. »

Hava Fortuzi tourna son regard vers le grand portrait accroché au mur.

« Pauvre Nurihan, comme elle eût été heureuse de vivre ce jour ! »

C'était au tour d'Émilie, maintenant, d'y aller de ses larmes.

« Et comment va votre travail ? demanda Hava Preza en se tournant vers Ekrem, pour changer le cours de la conversation. Si j'ai compris ce qu'a dit Hava, vous êtes extrêmement pris ?

– Bah... j'ai eu une période creuse, et maintenant c'est tout le contraire. Je suis très pris, en effet.

– Ainsi, c'est de nouveau le beau fixe dans les relations avec la Chine, dit Hava Preza. Tant mieux, Seigneur! C'est de quoi nous étions en train de parler, justement. Et cela m'a amenée à penser à vous, car à l'heure actuelle, me suis-je dit, vous êtes le mieux placé de tous pour sentir le pouls des choses. »

A ce moment précis où la conversation rebondissait sur la Chine, le vieux couple parut se réveiller. Tout le monde voulut dire son mot, y compris Musabelli, et tous tombèrent aussitôt d'accord sur un point : le retour à de meilleures relations avec la Chine était une bonne chose pour eux, et il ne leur restait plus qu'à faire des vœux pour qu'aucun nuage ne vînt à nouveau assombrir l'horizon. Tout en causant, ils levaient parfois la tête vers le portrait de la vieille Nurihan, comme s'ils avaient voulu prendre son avis. C'est qu'en effet, elle était née pour présider à de telles conversations. Même s'ils n'en soufflaient mot, ils songeaient à l'étonnement qui aurait été le sien si elle avait entendu leurs propos. La dernière fois, lors de la rupture avec les Soviétiques, tout, en effet, s'était passé différemment : des jours durant, ils étaient restés à murmurer entre eux dans cette même pièce, formant le vœu que tout allât jusqu'à la catastrophe, que les deux gouvernements en vinssent au plus vite à s'arracher les yeux, mais aussi tremblant d'effroi au moindre signe de rapprochement, pour lâcher ensuite un grand soupir de soulagement à tout nouveau démenti.

Mais en cette nouvelle circonstance, ils tremblaient, tout au contraire, au moindre signe de refroidissement et souhaitaient du fond du cœur que l'amitié avec les Chinois se perpétuât aux siècles des siècles. Et comme s'ils avaient cherché à rallier la vieille Nurihan à leur position, mais aussi pour mieux se convaincre eux-mêmes de leurs bonnes raisons, ils énuméraient tous les avantages que leur assurait une telle amitié. Comme ils avaient été insensés, au début, d'avoir mal jugé ces Chinois! Cédant à une frénésie aveugle, ils les avaient accablés de leurs sarcasmes impitoyables; ils avaient raillé, avec la plus légère inconscience, leurs coutumes, leur mode vestimentaire, leur langue, alors que c'était ces mêmes Chinois qui apportaient le salut!

Tout ne tenait pas seulement à leur récent rapprochement avec les États-Unis, lequel avait fini, il est vrai, par leur ouvrir les yeux. Bien avant cet événement, ils avaient appris des nouvelles étonnantes, quasiment incroyables. Et, les démentant aussitôt, ils avaient décrété que c'était là des élucubrations de sots, des rêves d'esprits fous, des calomnies; mais ils en vinrent bientôt à se poser des questions, à sonder plus avant quiconque leur apportait des informations recueillies à la source même, et ils se convainquirent, enfin, que les Chinois traitaient les anciens capitalistes d'une manière plus humaine : certains avaient été nommés à des postes de sous-directeurs d'usines, et, suprême faveur, on leur accordait même un pourcentage sur les profits réalisés. Cela avait déclenché une immense vague de chuchotements, et certains anciens propriétaires de fabriques s'étaient lancés dans le calcul de leurs gains futurs d'une main que l'âge et la maladie faisaient trembler. Mais ils durent bientôt se rendre à l'évidence : si longtemps que fût appelée à durer l'amitié sino-albanaise, jamais elle n'aboutirait à de telles conséquences, du moins pas avant une ou deux générations. Au-delà, on ne pouvait rien dire. Ce fut alors le désespoir et leur moral retomba au plus bas, jusqu'au moment où de nouvelles rumeurs firent renaître l'enthousiasme. « Laissez donc vos pourcentages et autres folies de ce genre, lançaient les auteurs de ces nouvelles : tout cela est fini et bien fini; considérez donc le vrai profit que nous avons à tirer des Chinois. Ne voyez-vous pas ce qui se passe actuellement en Chine? Une tempête s'y est déchaînée, qui s'attaque à tout. Elle n'a épargné que les gens de notre sorte, les oubliant dans leur petit coin. Et après ça, vous osez vous plaindre! Chut! Silence! Bouche cousue! Nous sommes installés aux premières loges et nous contemplons le spectacle. Regardez : les Chinois se prennent à la gorge, ils s'arrachent mutuellement les yeux, chaque clan jurant la mort de l'autre. Voilà que la lutte des classes et le heurt des tendances ont été transplantés au sein même du Parti. Qui sont les auteurs de ce miracle? Les Chinois! Et vous avez, vous, l'impudence de les critiquer? Ce n'est donc rien, pour vous, que les communistes puissent se déchirer entre eux, comme ils le font en Chine? Ou bien voulez-vous qu'ils se tournent contre nous? Cessez de raconter des sornettes et baissez plutôt la tête en priant pour les Chinois! Ils sont notre bénédiction, l'instrument choisi de la divine providence. »

Tels avaient été les arguments répandus et que l'on continuait de faire valoir, avec quelques légères nuances. La vérité était bien là, et avec le temps, ces jugements se confirmaient au-delà de toute attente. Mais comme dans la précédente vague d'enthousiasme, des doutes naissaient au milieu de l'euphorie : les Chinois allaient-ils vraiment persister dans cette voie? N'était-ce pas là un printemps sans lendemain, une de leurs hypocrisies coutumières, en somme, et rien de plus? Après avoir réglé leurs comptes entre eux, n'étaient-ils pas capables de s'en prendre avec une rage décuplée aux ex-bourgeois? « Ha! ha! vous vous êtes réjouis trop tôt. Vous avez cru que nous vous avions oubliés! » Et hardi, frappons, matraquons, décapitons à tour de bras!

« Je ne suis pas près d'oublier le temps où fut lancé, en Chine, le fameux slogan " Que fleurissent cent fleurs et que cent écoles rivalisent entre elles ", déclara Hava Preza. Cela nous redonna l'espoir à tous. Enfin, pensâmes-nous, voilà du moins une libéralisation en vue. Mais qu'arriva-t-il, en fait? Ce n'était qu'un piège monstrueux. Des pièges comme celui-là, en forme de prés et de fleurs, je pense que l'histoire n'en a connu aucun exemple. Abusés par cet appât, des milliers de malheureux papillons prirent leur envol. Mais au lieu de nectar, ils ne trouvèrent à boire que du poison.

– Ah! soupira Musabelli.

– Et la suite, vous vous en souvenez? » La main de Hava Preza, qui tenait sa tasse de café du bout des doigts, tremblait tellement que deux ou trois gouttes tombèrent sur sa jupe sans qu'elle y prît garde. « Vous vous la rappelez, la suite? Au lieu d'une prairie aux cent fleurs, c'est le désert de Gobi, comme disait notre chère Nurihan, qui s'ouvrit devant nous.

– Elle se trompait rarement », dit Musabelli d'une voix sourde.

Depuis un moment, Ekrem Fortuzi secouait la tête pour montrer qu'il n'était pas d'accord avec ce que disait Hava Preza, mais sans oser l'interrompre.

« Permettez-moi quand même de vous contredire, protesta-t-il enfin, à l'instant où l'autre portait la tasse à ses lèvres. Je comprends que vous soyez sceptiques après les désillusions que nous avons eues, et celle, surtout, qui nous est venue de la rupture avec les Russes, la plus cruelle de toutes, mais cette fois-ci, vous pouvez m'en croire, il en va très différemment.

– Ekrem a raison, déclara l'un des visiteurs. Cette fois-ci, ce n'est pas pareil. Qui aurait pu imaginer, il y a quelque temps seulement, que les Chinois inviteraient chez eux le Président américain ? C'est pourtant ce qui est arrivé.

– En effet, en effet ! renchérirent les autres.

– Peut-être bien, concéda Hava Preza. Puissiez-vous avoir raison ! Ne croyez-vous pas que je partage ce même souhait ? Cent fois, mille fois par jour, je forme dans mon cœur le vœu qu'il en soit comme vous le dites.

– Il faut me croire, continua Ekrem Fortuzi, qui maintenant était tout échauffé. Il n'y a personne en Albanie, ni même peut-être dans toute l'Europe, qui ait approfondi la pensée de Mao Zedong plus que moi. J'ai pénétré tous ses secrets, tous ses sous-entendus, toutes les implications symboliques de ses formules, qu'on ne peut vraiment élucider qu'à partir du texte original. Pendant que vous vous moquiez de mes occupations linguistiques, c'est cela que j'étais en train de faire : je cherchais l'énigme.

– Pour ce qui est de l'étude du chinois, je vous donne entièrement raison, dit Hava Preza. Sur ce point, à coup sûr, vous vous êtes montré le plus avisé de tous.

– Je vous remercie, fit Ekrem. Mais où en étais-je ?

– À la pensée de Mao.

– A l'énigme.

– Ah ! M'y revoilà. Eh bien, après m'être plongé et replongé dans ses écrits théoriques, je me suis persuadé de ceci : personne, en ce vingtième siècle, n'a plus fait pour nous, bourgeois déchus ou bourgeois encore au pouvoir, que ledit Mao Zedong. Affirmation plutôt paradoxale, n'est-ce pas ?

– Avec les Chinois, plus rien ne paraît paradoxal, fit remarquer Musabelli.

– Mao nous offre notre seule porte de salut, poursuivit Ekrem. C'est lui qui nous délivrera enfin de cette maudite lutte des classes qui nous harcèle comme une vraie furie.

– Ouf ! s'exclama Hava Preza. Toute notre vie se sera passée sous le signe de ces deux mots épouvantables.

– Et on les rencontre partout, renchérit Musabelli. Sur les murs, sur les vitrines des magasins et jusque dans les chansons d'amour qu'on entend à la radio. Aussi, pardonne-moi, Ekrem, mais à ces deux mots-là, je ne crois pas que nous puissions échapper un jour.

– Avec l'aide des Chinois, je pense que oui, répondit Ekrem.

– J'en doute fort.

– Cela me paraît improbable, à moi aussi, dit Hava Preza.

– Croyez ce que je vous en dis, insista Ekrem. Dans la pensée de Mao, c'est un point qui s'embrume plus d'une fois jusqu'à s'estomper complètement ou presque, qui se perd comme dans le rêve trouble et flou d'un fumeur d'opium. Cette pensée produit une nouvelle espèce de fleurs du Léthé, je vous assure. Tout s'y concilie comme dans les prairies du purgatoire.

– On pourrait en dire autant de la religion, objecta Hava Preza. Cela fait deux mille ans qu'elle affirme la même chose, en même temps que des centaines de philosophes ou de poètes; aussi ton Mao ne propose-t-il rien de neuf.

– Le fait même de concilier toutes choses n'est pas très nouveau, je le reconnais, répondit Ekrem. Mais qu'un dirigeant communiste fasse sienne une pareille théorie, voilà qui, à mon sens, constitue une nouveauté... et quelle nouveauté !

– Que les théologiens ou certains philosophes parlent de cette idée d'harmonie générale, cela n'arrange pas nos affaires. Au contraire même, plus ils en parlent et plus ça va mal pour nous. Mais quand c'est Mao Zedong qui nous en parle, cela change tout, renchérit quelqu'un.

– Pour sûr, fit le vieux couple, d'une même voix.

– Mao, le pasteur d'un milliard d'êtres humains, le grand timonier, le soleil rouge des peuples de la terre, le quatrième des maîtres suprêmes de la doctrine communiste, hé, hé !...

– C'est Ekrem qui a raison, concéda Musabelli.

– Cela ne fait aucun doute, s'empressèrent de confirmer les autres.

– Seigneur ! Est-ce vraiment lui qui doit enfin nous sauver, ce Mao Zedong ? Quel trésor avons-nous côtoyé si longtemps sans savoir le reconnaître ?

– On ne connaît le prix des choses que lorsqu'on est en danger de les perdre.

– Non, pas question de perdre celle-ci.

– C'est totalement exclu.

– Les relations vont en s'améliorant.

– Tout s'arrange, tout s'arrange.

– Sitôt que le bruit d'un refroidissement a commencé à courir, j'en ai été malade. Pourquoi, Seigneur, nous abandonnes-tu à nouveau ? Pour une fois que le destin nous souriait, tu nous tournes brusquement le dos – voilà ce que je me disais.

– Ekrem a été le plus perspicace de nous tous, le plus clairvoyant.

– Mais vous vous êtes moqués de moi pendant longtemps !

– Oublie tout cela, à présent, et récite-nous plutôt quelque chose dans la langue bénie de ces Chinois.

– Au fait, où est Mark ? Il ne s'est même pas montré.

– Laisse-donc Mark à ses occupations. Allons, Ekrem, parle, pour l'amour de Dieu ! Je me suis laissé dire que tu jouais avec maestria de cette langue.

– Hé ! hé !

– Allons, Ekrem, je t'en prie !

– Fais-nous ce plaisir, Ekrem »

Ekrem répondit par un gloussement, et tous comprirent qu'en insistant encore un peu, ils le décideraient enfin à leur parler chinois.

Leurs propos arrivaient étouffés dans la pièce voisine, où Mark s'était retiré avec sa fiancée.

« Les voilà qui se remettent à chuchoter, comme l'autre fois !

– Comme l'autre fois ! » répéta-t-elle, se parlant à elle-même.

Il les imagina tous alignés sur le sofa, dans leur ordre immuable, comme des poupées de cire dans une vitrine.

« Toute une vie, dit-il, les mêmes et sempiternels chuchotements ! Comment n'en sont-ils pas lassés ?

– Chut ! J'ai envie de les écouter un peu. Je n'ai jamais entendu de chuchotements de déclassés.

– Hum ! s'exclama-t-il avec un sourire ironique.

Tu vas en avoir l'occasion... Et viendra le moment où ça te ressortira par le nez !

– Tais-toi ! »

Elle tendit l'oreille, puis eut une moue de désappointement, agacée de ne pouvoir saisir clairement ce qui se disait de l'autre côté.

« De là, tu ne pourras pas entendre, lui dit Mark. Il faut carrément plaquer l'oreille contre le mur. »

Elle se mit alors debout sur le canapé et, sans songer à se couvrir, colla sa joue contre la cloison. Elle demeura ainsi quelques instants, parfaitement immobile, puis, de la main, lui fit signe de s'approcher.

« Écoute-moi cela ! » murmura-t-elle, avec un air de stupéfaction mêlée d'effroi sur le visage.

Il colla à son tour son oreille contre le mur.

« Seigneur ! fit-il, au bout d'un moment, ils se parlent en chinois !... Cette fois, ils ont vraiment dépassé toutes les bornes ! »

Si l'on excepte quelques vols d'oiseaux isolés, extrêmement rares, en vérité, par rapport à l'immense frontière nord-ouest du pays, si l'on excepte aussi une quantité d'autres volatiles qui, décollant de la jungle, franchissaient la frontière sud en compagnie de quelques millions d'insectes, alors que rien ni personne ne passait la frontière himalayenne et que de la côte océane n'arrivaient en fait que des oiseaux refoulés vers les régions intérieures d'où ils étaient partis, on peut dire que l'avion dans lequel voyageaient Skender Bermema et son confrère C. V. était un des coléoptères relativement peu nombreux qui pénétraient dans le ciel chinois en cette fin de matinée d'hiver. L'idée que cette invitation leur avait été adressée à l'occasion de la journée des oiseaux avait déjà donné lieu à tous les échos et prolongements qu'elle appelait : traits d'esprit, jeux de mots, métaphores, associations d'idées.

Ces sous-produits avaient été épuisés dès avant le départ, jusque dans le taxi qui l'avait conduit à l'aéroport, et il n'en restait plus que l'ombre d'un sourire, comme persiste sur la peau, longtemps après la toilette, le parfum d'une crème à raser. « C'est peut-être aujourd'hui ou demain que cette fameuse fête doit avoir lieu, mais selon toute vraisemblance, nous n'aurons pas l'heur d'admirer le moindre oiseau », pensa Skender Bermema. Au-dessous de lui, il devinait le vide immense de l'espace intercontinental, abîme implacable où toutes ses idées, déjà alanguies par la fatigue et l'insomnie, semblaient devoir se disperser, ou du moins se délester de leur poids.

« Tout en bas, c'est la Chine », se répétait-il de temps à autre, comme pour bien prendre conscience de cet événement que constituait son entrée dans le ciel chinois. Mais, excepté la vision de quatre oiseaux isolés qu'il imaginait s'introduisant dans ce même ciel par la frontière mongole, son esprit n'enfantait plus rien.

Tout près de lui, C. V. s'était assoupi, la tête renversée sur le dossier de son siège. Sa bouche entrouverte et la respiration, plus visible qu'audible, en fait, qui s'en échappait, donnaient à cette tête un air dérisoire, mais tel, cependant, qu'il éloignait toute idée de compassion. « Tu rêvais peut-être de connaître un pays sans écrivains, songea Skender Bermema à l'adresse de son compagnon endormi. Eh bien, tu en as un juste au-dessous de toi, exemple unique dans l'histoire de l'humanité. »

Avant d'avoir définitivement chassé cette réflexion de son esprit, il s'assoupit à son tour.

L'avion filait dans les profondeurs du continent. Tout en bas, l'hiver avait transformé plus d'une moitié de la Chine en un bloc de glace. Hommes, bêtes et plantes ne résistaient que difficilement à ce froid. Dans les tréfonds de la terre, les vastes et sombres cavités qui engendrent les séismes et où nul œil humain n'a jamais pénétré n'abritaient que le silence. Et dans le même temps, sous un même silence, une autre métastase du cancer se développait sur le flanc droit du premier ministre de ce pays. Et ce n'était là qu'un des millions de phénomènes, apparents ou invisibles, qui modifiaient le monde en cette même journée d'hiver.

A l'instant où il ouvrit les yeux, Skender Bermema crut voir la silhouette du dimanche se profiler devant lui. Il la reconnaissait sur le grand rideau de soie de sa chambre d'hôtel, et, incapable de formuler aucune autre idée, il se répéta : « C'est dimanche », et se rendormit aussitôt. La même impression se reproduisit un peu plus tard, sauf que le monologue s'étira sensiblement : « Une chance que ce soit aujourd'hui dimanche », se dit-il, et il fourra sa tête plus profondément encore dans le creux de l'oreiller. Cela faisait trois semaines maintenant qu'ils se trouvaient en Chine, et c'était son premier jour de repos.

Il se réveilla et se rendormit plusieurs fois de suite, au gré d'un temps qui se dévidait comme un fuseau de laine, et cela non pas tant à cause de la tranquille blancheur des rideaux que de cet enchevêtrement de secondes et de minutes qui avait le don d'accabler son esprit autant qu'il le détendait.

Il se leva enfin en se frottant les yeux de la paume des mains et commença par tourner en rond dans la chambre. Puis son regard s'arrêta sur un amas de feuillets blancs étalés sur la table. C'était ses notes de voyage, une sorte de journal, ou plutôt de « nocturnal », devrait-on dire, si l'on considère que cette nuit d'impressions, de formulations d'idées et même de projets d'ouvrages, avait été rédigée durant ses nuits.

Encore lourd de sommeil, il tendit la main et saisit l'un des feuillets, en lut deux lignes, puis le laissa retomber et en prit un autre. Depuis qu'il avait commencé à écrire ces notes, il ne les avait encore jamais relues. Il s'absorba peu à peu dans l'examen du texte, oubliant toute autre préoccupation.

« Pendant une période de quatre siècles [retrouver les dates exactes], la Chine a été gouvernée par des eunuques. C'est ce que m'a appris hier un Chinois avec lequel, hélas, je n'ai pu m'entretenir assez longtemps. Je ne sais pourquoi, ce fait ne m'a pas quitté l'esprit de toute la matinée. Des eunuques exerçant le pouvoir, voilà qui est véritablement incroyable. Et cela non pas pour un siècle ou deux seulement, mais pendant quatre cents ans. Aussi l'Empire du Milieu aurait-il pu mériter également de s'appeler l'Empire de la Castration, ou l'Empire de la Castration céleste, si je respecte bien l'exacte terminologie chinoise.

« Hier, à la commune baptisée " L'amitié sino-albanaise ", on nous a présenté le *Trifshatars* – l'homme-triple-paysan –, qualificatif assez étonnant et que j'ai finalement cru bon de traduire ainsi après deux heures de réflexion quasi délirante pendant lesquelles j'ai essayé tous les composés possibles pour rendre en albanais le sens approximatif de ces maudits hiéroglyphes. Peut-être aurait-il été plus à propos d'écrire tout simplement " trois fois paysan ", mais à condition d'entendre le mot " fois " comme on l'entend dans l'expression " café torréfié trois fois " ou " raki distillé trois fois ". Mais tout bien considéré, même ce tour-là ne restitue pas pleinement l'essence particulière de cet individu que nous avons rencontré hier, échantillon d'une nouvelle race d'hommes, produit naturel de ce climat qui constitue lui-même comme une émanation de l'esprit de Mao, un type humain *sui generis* à coefficient de rusticité exceptionnellement élevé (tout comme on parle d'un taux plus ou moins poussé de globules blancs ou du degré d'albumine dans le sang). Il était planté devant nous, sur le bord de son champ de riz, image difficile à rendre dans une langue ordinaire, tout comme un peintre aurait du mal, sans doute, à le portraiturer avec les couleurs habituelles. Comme nos accompagnateurs chinois s'employèrent à nous l'expliquer, c'était un paysan d'une espèce nouvelle, duquel s'étaient évaporés, comme d'une argile cuite à souhait, toute survivance des aspirations individualistes, tout souvenir de la mentalité citadine, si lointain qu'il pût être, toute trace d'intellectualisme, etc. A cet égard, les hiéroglyphes dont on avait étiqueté cet homme ne pouvaient pas davantage être rendus par l'adverbe *fshatartrithellësisht* – tripaysannesquement – ou le substantif *trianëshfshatar* – trigonopaysan, c'est-à-dire, paysan tridimensionnel –, non plus que par toute autre combinaison similaire. Aussi me suis-je finalement décidé à ne conserver de tous ces équivalents approximatifs que le préfixe « tri- » et d'en rester à la simple épithète *trifshatars* – ma première traduction.

« Cet individu avait été élu pour représenter la commune au grand Congrès de la paysannerie, lequel doit se tenir sous peu à Pékin, en présence, très certainement, de Mao Zedong en personne.

« “ Ce congrès marquera, à n'en pas douter, la consécration du nouveau paysan chinois.

« – Ce n'est pas certain, me répondit l'un de mes accompagnateurs. La Chine est un grand pays, et il n'y aurait rien d'étonnant si du sein des masses populaires devaient émerger des modèles encore plus évolués.

« – Vous voulez parler d'un tétra – voire d'un hepta-paysan ? demandai-je. Et comment concevez-vous qu'ils seront ? ”

« Je prononçai cette dernière phrase sur un ton qui signifiait : “ Et quel besoin peut-on bien avoir de ces monstres-là ? ” – question que je me posais, en effet. L'accompagnateur qui, semble-t-il, avait saisi le sous-entendu, me lorgna longtemps du coin de l'œil. Cherchant un appui, je me tournai alors du côté de C. V., mais je constatai qu'il me contemplait du même regard inquisiteur que le Chinois. »

« La naissance de Lei Feng – Synopsis de nouvelle. »

« La commission était grosse de sa créature depuis fort longtemps déjà. On savait très bien que la grossesse d'une femme est d'environ neuf mois, mais on ignorait, en revanche, combien avait duré celle de la Vierge Marie quand elle eut été fécondée par le Saint-Esprit. Dès lors, le temps de gestation réservé à la commission n'aurait guère prêté à conséquence, si un coup de téléphone émanant du bureau général du C. C. n'eût exigé, une semaine auparavant, un accouchement sans délai.

« Les membres de la commission étaient dans l'incertitude. On murmurait même, ces derniers temps, par les rues de Pékin qu'ils n'étaient pas la seule commission constituée dans ce but, mais que d'autres, dans la capitale, étaient pareillement grosses de la suprême idée de Mao. De fait, celui qui avait téléphoné du Bureau général, le Zhongnanhai, ainsi qu'on l'appelait, avait transmis l'ordre sur le ton le plus sec, sans déguiser la menace qui pesait sur eux en cas de retard : le refus pur et simple de leur créature. Et il avait rappelé, en terminant, qu'ils ne devaient pas se leurrer : ils n'étaient pas la seule et unique commission de qui l'État attendait l'enfant qu'il réclamait.

« Il était donc clair, à présent, qu'à Pékin et peut-être même dans d'autres villes de la Chine, des dizaines, voire des centaines de commissions de ce genre se trouvaient attelées à la même tâche. " Nous voilà d'un coup transformés en une véritable maternité ", s'était dit le président de la commission en reposant l'écouteur. Et dans une semaine, ces multiples commissions porteraient chacune son enfant au Bureau général, lequel, parmi tous ceux qui lui seraient proposés, ne retiendrait finalement qu'un seul et unique modèle.

« " Un seul et unique modèle, répétait le président, en essuyant la sueur froide qui inondait son front. Qu'adviendra-t-il de... " – pour les bébés refusés, on savait à quoi s'en tenir : on se débarrasserait d'eux comme de tout enfant avorté – " qu'adviendra-t-il de nous ? Oh ! " se lamenta-t-il. Allait-on les exiler dans quelque commune reculée, les condamner à travailler dans les rizières sous un soleil brûlant après les avoir obligés à faire leur autocritique durant cent heures d'affilée, à dénoncer les survivances bourgeoises qui s'étaient manifestées en eux, leurs traits d'individualisme et d'intellectualisme, leur mépris du peuple, etc., ou bien les laisserait-on tranquilles et les mettrait-on simplement à l'épreuve, une fois de plus, en leur confiant une autre mission ?

« Le président de la commission demeura un moment dans l'attitude prostrée où il était. Une seule idée se faisait jour dans son esprit, à savoir qu'aucune femme au monde n'avait jamais été à ce point accablée par le poids qu'elle portait dans ses entrailles. " Maudite grossesse, se répétait-il. Trois fois maudite ! "

« Mais cet abattement ne dura pas. D'un mouvement brusque, comme s'il se fût réveillé en sursaut, le président de la commission jeta un regard à sa montre et composa sur-le-champ un numéro sur le cadran du téléphone. Puis il continua ainsi de lancer appel sur appel. A l'autre bout du fil, la voix des membres de la commission semblait sortir d'une gorge tranchée.

« Tout au long de cette semaine, la commission siégera presque sans discontinuer. Certaines séances se prolongeaient jusqu'à minuit, voire au-delà. L'ordre du Zhongnanhai était clair et net : le dossier devait être remis le samedi au plus tard. On murmurait que Mao Zedong s'intéressait personnellement à la question. Il était impatient de connaître les modèles créés par les multiples commissions à l'intention de tout le peuple chinois. La presse, les centres d'édition, les écrivains, les artistes, les maîtres d'école, l'Université, la télévision, la radio, en un mot tout l'appareil de propagande allait être mis en branle pour populariser l'image de l'individu modèle qui serait choisi, cet *homo cinesus* auquel tous les Chinois, et même tous les maoïstes du monde, seraient tenus de ressembler.

« Les membres de la commission arrivaient aux réunions les yeux bouffis de fatigue et d'insomnie. Le dossier de l'homme à créer, tel le ventre d'une femme enceinte, ne cessait de grossir. On avait déjà tranché bien des points le concernant, mais d'autres attendaient encore une réponse. On débattait de chacun d'eux des heures durant. Il paraissait très simple, par exemple, de déterminer sa taille, mais lorsqu'on aborda cette question, on s'aperçut qu'il en allait bien autrement. On estima d'abord que l'homme devait être plutôt grand, mais par la suite, une partie de la commission en vint à contester ce choix, lequel relevait à ses yeux de l'esprit individualiste bourgeois : une trop haute taille, en effet, pouvait apparaître comme le signe du désir de se distinguer des autres. Du coup, le choix d'une petite taille, dont ces mêmes membres se faisaient les défenseurs, eut les faveurs de la majorité, et cela en dépit de l'opposition, un peu molle, il est vrai, de l'autre groupe, lequel exprima sa crainte qu'une dimension trop réduite ne fût perçue comme le signe d'une carence du nouvel homme chinois. Aussi les partisans de la taille élevée finirent-ils par céder sur ce point, non sans avoir cherché d'abord à faire accepter du moins une stature moyenne, mais on ne vit là qu'une mauvaise solution de compromis qui fut également rejetée, de sorte qu'après récapitulation des qualités d'ores et déjà acquises de l'homme modèle – sa simplicité, sa modestie, sa volonté de n'être qu'une " vis " de la pensée de Mao, et surtout l'obligation de ne jamais trancher sur personne, par quelque originalité que ce soit, autrement dit de n'être qu'un banal, et même archi-banal, individu, le plus banal parmi les plus banals –, la majorité se rallia définitivement à l'idée d'une taille courte – mieux assortie à l'ensemble de ces traits – et vota en conséquence.

« Le président consigna ce dernier élément dans le dossier, puis se passa la main sur le front : ce n'était là que le premier des points restés en suspens, et si l'on songeait, par ailleurs, que le samedi, date impérative de remise du dossier, était presque là, il y avait de quoi perdre la tête.

« Le mercredi et le jeudi, la commission travailla presque sans interruption. En plus de l'âge, de la profession et de la situation familiale, toutes choses relativement faciles à déterminer (on préconisa un âge d'environ vingt-cinq ans, la profession de militaire – d'ascendance paysanne, cela s'entend – et l'état de célibataire libre indépendant de toute attache autre que l'amour maternel), il fallait fixer aussi, et ce n'était pas là la moindre difficulté, divers autres attributs de l'homme modèle, comme ses gestes quotidiens, sa formation idéologique et, autant que possible, la nature de ses jugements. C'est à ces dernières questions, précisément, que la commission consacra le plus clair du temps qui lui restait. Malgré la fatigue qui pesait sur les paupières, les discussions redevinrent des plus animées. Tandis qu'on établissait, pour le héros chinois – qui devait ignorer tout sentiment d'orgueil, tout individualisme, tout souci du confort matériel –, la possibilité de s'occuper, par exemple, à ramasser de vieux tubes de dentifrice pour les vendre ensuite au profit de l'État, un des membres de la commission demanda si cette qualité ne risquait pas de faire ressembler leur homme à l'un de ces personnages d'avares tout à fait négatifs – tel le Pliouchkine des *Âmes mortes* de Gogol, etc. Bien entendu, ce doute fut aussitôt balayé, mais non sans laisser sur le visage renfrogné des membres de la commission comme un sombre voile de colère. " Notre héros ne cherchera même pas à savoir ce que sont ces torchons de papier qu'on appelle romans ", répétaient-ils, d'un air mauvais. De fait, si leur esprit restait torturé par le souvenir de ces fantômes littéraires, ils se consolaient à l'idée que les générations futures seraient, elles, heureuses d'en être à jamais délivrées. Ce n'était pas pour rien que le grand Mao s'employait à extirper toute forme de littérature de la surface de la terre.

« " Notre héros sera quelqu'un de modeste, clamaient-ils encore. Modeste jusqu'à l'abnégation de soi, jusqu'à se réduire à une ombre, et telle sera même son essence profonde : une ombre, un reflet, une vis de la pensée de Mao. Certains, en Europe, le considéreront peut-être comme un être dégradé, comme une sorte de sous-homme, mais Mao nous a appris à ne faire aucun cas de ce que pensent de nous les Européens ou les maudits Américains. Oui, une vis de la pensée du président Mao, affirmaient les membres de la commission, telle sera la définition même de notre créature, sa profonde raison d'être. Et il serait même bon que l'intéressé recopie plus d'une fois cette formule sur son carnet intime. "

« La commission avait d'ores et déjà décidé, en effet, que le futur héros devrait garder une trace écrite non pas seulement de ses pensées, mais aussi de tous ses actes. On avait longuement discuté sur le point de savoir si ces révélations devaient se faire sous forme de lettre, d'article ou de rapport présenté dans des réunions d'éducation politique, ou encore sous forme de témoignages ou de dénonciations auprès du comité du Parti ou du ministère public, et l'on avait opté, en dernière analyse, pour ce carnet intime, jugé plus conforme aux besoins que tous les autres moyens envisagés. Pendant que se déroulaient les autres travaux de la commission, deux de ses membres étaient occupés à établir un modèle de ce carnet, sur lequel ils notaient un à un, comme exemples de menus faits ou de réflexions que le héros pourrait s'attribuer, chacune des décisions prises au cours des débats.

« La réunion du jeudi se prolongea jusqu'à trois heures du matin. Le président ayant alors proposé une interruption de séance, avant d'aborder le point final, les membres de la commission s'apprêtèrent chacun à faire un petit somme, affalés sur leur siège, mais à leur grand étonnement, le président spécifia ensuite qu'ils pouvaient rentrer chez eux pour goûter quelques heures d'un vrai sommeil. C'est ce qu'ils n'avaient pas fait de toute la semaine, et la plupart n'osèrent en croire leurs oreilles jusqu'à ce que le président eût répété ce qu'il venait de dire. L'ultime point à traiter concernait la mort du héros et il les autorisait donc à dormir préalablement d'un profond sommeil, comme s'il eût été nécessaire de plonger vers les confins de la mort avant d'avoir à méditer sur elle. Que le héros dût mourir un jour, le fait avait été acquis d'emblée, car c'était le seul moyen de rendre tout leur poids à ses paroles et à ses actes, et cela permettrait en outre de mieux le soustraire aux regards curieux de ses contemporains, à ceux des journalistes étrangers, en particulier, car ils allaient se démener, sans doute, pour obtenir une interview de l'homme idéal de la Chine nouvelle.

« Toute la journée du vendredi, la dernière du délai accordé, la commission s'attacha donc à définir pour l'homme idéal quelle serait la mort la plus appropriée. Aucun des membres n'aurait pu imaginer que ce serait là le moment le plus délicat de leur travail. Tous, au contraire, s'étaient figurés que cette dernière question serait la plus facile de toutes, allant même jusqu'à considérer que leur mission serait pratiquement terminée dès l'instant qu'il ne resterait plus qu'à trancher de la mort du héros.

« Or, il en alla tout autrement. La matinée du vendredi passa, puis la mi-journée, puis l'après-midi, et le crépuscule tombait déjà qu'ils n'avaient pour ainsi dire fait aucun progrès. En fait, plus les heures passaient, plus la confusion était grande. " Mon Dieu, murmurait le président, nous voilà en plein chaos! "

« Et telle apparaissait bien la situation. Avis et suggestions fusaient de tous côtés, et tous avaient l'impression d'avancer, mais en définitive, on ne faisait que revenir au point de départ. Un voile de plus en plus épais enveloppait les esprits de plus en plus impuissants à le déchirer. Ils en étaient à discuter du choix entre une mort naturelle, causée par la maladie, et une mort accidentelle, et là-dessus, bien sûr, la polémique repartait sur le choix de la maladie la plus digne du héros chinois, autrement dit la plus discrète qui fût, la plus opposée à ces maladies dont les intellectuels bourgeois affectaient complaisamment les héros de leurs romans : crises cardiaques, hémorragies cérébrales (ah, quelle sournoise glorification du travail intellectuel!), diabète ou leucémie; non, ce qu'il fallait, c'était une maladie toute simple, aussi simple que tout le reste du personnage, et une de celles, en particulier, dont on veut parfois se moquer avec esprit, comme la dysenterie, ou bien qui ont trait à la campagne, que l'on attrape au contact des bêtes de somme. Mais au moment où la discussion parvenait à son comble, un des membres de la commission faisait immanquablement observer qu'on perdait un temps précieux à parler de maladies alors qu'on n'avait pas encore fait le choix entre une mort naturelle et une mort accidentelle. Du coup, la discussion reprenait à son début, ou plutôt à partir du point où elle avait dévié, à savoir l'alternative entre le hasard et la nécessité, autrement dit, entre l'accident imprévu et l'issue fatale d'une maladie – tout cela à grand renfort de citations de Mao, lesquelles, cependant, se contredisaient parfois l'une l'autre, ce qui entraînait de nouvelles et longues palabres sur l'interprétation qu'il convenait d'en faire, si bien qu'on arrivait à ne plus savoir de quoi l'on était en train de parler, et la conversation virait alors sur le genre d'accidents à retenir, dans l'hypothèse, bien sûr, où l'unanimité viendrait à se faire sur le principe même de la mort par accident. Mais cette question s'avérait tout aussi délicate que la précédente, car elle ouvrait pareillement la voie à des opinions multiples, dans le bon ou le mauvais sens. Outre l'hésitation entre un accident banal ou hors du commun – hésitation plus justifiée encore que dans le cas de la maladie, car on sait qu'il peut y avoir des accidents plus impressionnants qu'une maladie –, on avait à résoudre quelques autres problèmes particulièrement difficiles. Par exemple, dans chacun des cas suivants : passage sous un train, chute de cheval, incendie ou noyade, il convenait d'examiner par le menu tous les prolongements symboliques de la forme de décès en question, car ils pouvaient aller, sans y prendre garde, jusqu'à remettre en cause la ligne générale du Parti, jusqu'à impliquer les deux tendances qui s'opposaient au sein de la direction, voire toucher à ce sujet dont la seule idée donnait la chair de poule : la succession de Mao Zedong.

« Des heures durant, la commission resta plongée dans toutes ces considérations. On écarta finalement l'hypothèse d'une mort sous les pieds d'un cheval, parce que trop favorable à ceux qui voyaient dans la paysannerie une force de frein dans le développement de la révolution, l'image du héros piétiné par un cheval risquant d'apparaître, en effet, comme l'illustration la plus explicite de cette thèse réactionnaire. On était sur le point de le faire mourir, par contradiction, écrasé sous les roues d'un train, lorsqu'un des membres se leva pour dire que cette mort différait, assurément, de la précédente, mais qu'elle ne s'accordait nullement avec l'idée de Mao selon laquelle le village doit envelopper la ville. " Or, dans cette confrontation du héros et du train, c'est-à-dire du village et de la ville, c'est la ville qui triomphe, expliqua-t-il : voilà ce dont nous devons nous inquiéter. " Ces propos ramenèrent la conversation à l'étape précédente. Le recours au cheval ne paraissait plus être une si mauvaise solution, ce qui incita deux ou trois personnes à suggérer une synthèse des deux formes de décès : faire mourir le héros alors qu'il s'efforçait de sauver un cheval qui était à deux doigts de se faire écraser par un train. Tout d'abord, on jugea que c'était là une trouvaille, mais on eut tôt fait de se raviser et de déceler le point faible de cette solution. L'un des membres estima même qu'elle était pire encore que les deux autres, car elle en réunissait tous les aspects négatifs. Ils finirent par s'emmêler tant et si bien dans les multiples relations entre l'homme, le train et le cheval qu'ils décidèrent d'abandonner cet écheveau inextricable et de se mettre en quête d'autres sortes de trépas. L'eau et le feu apparurent d'emblée comme les moyens les plus simples, mais là encore, plus on approfondissait la question, plus la réponse devenait problématique. " Le feu, lança l'un des membres, c'est là un mot apparemment innocent, mais qui recouvre en fait toute une série de points d'interrogations. Primo : qu'abandonne-t-on exactement à ce feu? Secundo : le feu, la flamme, ne sont-ils pas des symboles du mouvement révolutionnaire? Pour ma part, je pencherais plutôt pour l'eau. " Mais le choix de l'eau souleva aussi des difficultés imprévues, car vu l'amour de

Mao pour les fleuves, tel qu'il se lisait dans nombre de ses pensées, amour qu'il avait confirmé par la suite – et avec quel éclat! – en remontant le Yang-tseu à la nage (à la suite de quoi des millions de Chinois s'étaient jetés qui dans la mer, qui dans des canaux, qui dans des bassins ou des mares), il était de la dernière indécence que le Chinois modèle pût mourir en se noyant dans un fleuve. Ce serait dire, d'une certaine façon, que le président Mao avait lui-même poussé cet homme vers son destin, l'avait en somme attiré dans cette eau courante pour qu'il y pérît. Non. Non et mille fois non!

« Il était trois heures et demie du matin et l'on débattait encore de ce dernier point. Tous se rendaient compte que leurs esprits épuisaient rapidement leurs dernières réserves de lucidité. Encore un peu et ce serait le trou complet. " Mon Dieu, que tout se termine au plus vite, avant que nous devenions fous! " implorait parfois secrètement le président. A quatre heures et demie, ils en étaient encore à parler de fleuves, de mares, de trains qui poursuivaient des chevaux pour leur rouler dessus, cédant à une sorte de délire, que trahissaient non seulement les idées exprimées, mais aussi le débit de leurs propos. L'aube blanchissait déjà quand l'un des membres de la commission s'écria tout à coup, comme réveillé en sursaut : " Il n'a donc pas rendu l'âme? Étranglez-le, pour l'amour de Dieu, assommez-le de la manière que vous voudrez, afin de le sauver, et nous-mêmes avec lui, de cette agonie! "

« Cette explosion eut le don de rappeler à lui le président de la commission. Il s'ébroua subitement et, puisant dans ses ultimes ressources, lâcha cette proposition :

« " Je suis d'avis qu'on dise tout simplement

qu'il est mort accidentellement en cherchant à sauver un camarade. Je n'en puis plus, je suis à bout; il faut me comprendre, cela est au-dessus de mes forces. "

« Les autres hochèrent la tête en signe d'assentiment, et le président fut presque surpris de voir tous ces cous se dresser encore sous le poids des têtes qu'ils portaient – poids centuplé par le sommeil.

« Celui qui rédigeait le procès-verbal était en train de consigner la forme de décès ainsi adoptée lorsque quelqu'un s'écria soudain : " Et le nom! Nous avons oublié de lui donner un nom! " Le baptême ne dura pas plus d'une minute. Ils lui attribuèrent le premier nom qui leur passa par la tête – Lei Feng – et le dossier fut clos.

« Le jour se levait déjà quand ils sortirent à la queue leu leu de la salle des débats, silencieux comme des ombres. Le président, lui, ne bougea pas. Il resta ainsi longtemps immobile, comme soudé à la table sur laquelle reposait le dossier. Il se leva enfin et s'approcha de la fenêtre, d'où il regarda ses collaborateurs qui s'éloignaient lentement vers le bout de la rue déserte. " Vous vous dandinez comme des femmes qui viennent d'accoucher, marmonna-t-il, c'est tout juste si vous tenez sur pied. Et je vous comprends, ajouta-t-il au bout d'un instant. Ce n'était pas rien que de venir à bout de cette affaire. "

« Et de nouveau, au fond de son esprit brouillé, il prenait conscience de l'œuvre ainsi accomplie : tous ensemble, ils avaient accouché d'un homme mort.

« Le matin le trouva toujours là, seul avec son dossier. Il chargea le premier courrier qui se présenta de le porter au Zhongnanhai, puis retourna se poster près de la fenêtre tandis que l'autre descendait l'escalier. Ses yeux scrutaient la rue, attendant de voir le messager s'éloigner avec le dossier sous le bras. Deux ou trois fois, une envie folle le prit de courir après lui, de le rattraper, de lui arracher le dossier des mains et de le déchirer en mille morceaux, là, sous le nez des passants. Tandis qu'il imaginait la scène, il serrait ses mains qui tremblaient, les ongles enfoncés dans les paumes, comme s'il avait cru voir, jonchant le sol, les os de cet homme qu'ils avaient fait naître et mourir après tant de douleurs.

« " Monstre! lâchait-il en lui-même, tout en cherchant encore des yeux la silhouette du courrier qui venait de disparaître au coin de la rue. Monstre enfermé dans ce dossier semeur de peste, plus rien ne t'empêche, à présent, d'infuser ta maladie à la Chine entière! " »

Skender Bermema repoussa les feuillets accumulés devant lui puis se gratta le front. Il avait mal aux tempes. Il alla s'allonger sur le lit et resta un moment sans bouger, les yeux fixés sur les rideaux. Puis il se leva et se mit à faire les cent pas.

Il passa ainsi toute la fin de la matinée, tantôt allongé sur son lit, tantôt allant et venant dans sa chambre.

A midi, C. V. vint frapper à sa porte pour l'avertir que c'était l'heure du déjeuner. Ils descendirent ensemble dans la salle à manger, qu'ils trouvèrent presque vide, et prirent leur repas sans échanger plus de trois mots.

De retour dans sa chambre, Skender Bermema eut le sentiment que ce dimanche ne finirait jamais. Dans son désœuvrement il appuya sur la sonnette du service et quand le garçon passa la tête par la porte entrebâillée, il lui commanda une bière.

A trois heures de l'après-midi, on frappa à nouveau, mais cette fois-ci, ce n'était pas C. V. Avant même d'avoir pu identifier son visiteur, Skender Bermema remarqua le carton incroyablement long qu'il tenait à la main et sur lequel apparaissait une suite de hiéroglyphes rouges : c'était à l'évidence un carton d'invitation. Skender Bermema n'aurait su dire si ses yeux s'étaient arrêtés simplement par hasard sur ce carton d'invitation, ou si cela tenait au messager lui-même, lequel, à force d'exercice, avait peut-être appris à s'escamoter ainsi derrière son carton de la manière la plus naturelle.

Skender Bermema tendit la main vers le carton tout en demandant d'une simple mimique de quoi il s'agissait.

« D'un concert », répondit l'homme en souriant.

Skender Bermema tourna un moment le long bristol entre ses doigts. « Quel est donc ce concert ? » se demanda-t-il. Puis, au milieu des hiéroglyphes il distingua les chiffres 19.30 et en conclut qu'ils indiquaient l'heure d'ouverture.

« Un concert », songeait-il. Au fond, cela tombait plutôt bien, au milieu de cet océan d'ennui. Bien qu'il ne fût pas encore quatre heures, il ouvrit l'armoire de sa chambre et entreprit de choisir la chemise qu'il mettrait pour la circonstance, ravi d'avoir trouvé de quoi s'occuper un peu.

Au bout d'une heure – le temps pour Skender Bermema de se raser deux fois après avoir enfin arrêté le choix de sa chemise, tandis que C. V., avec qui il ne s'était nullement concerté, en faisait tout autant dans la chambre voisine – les mille cent cartes d'invitation avaient été distribuées dans tout

Pékin et la plupart des invités avaient commencé à se mettre en tenue, plantés devant le miroir ou l'armoire de leur chambre.

Un certain nombre d'entre eux – des femmes, surtout – se prélassaient encore dans leur bain, le corps à demi flou sous les jeux de l'eau si douce, tandis que de derrière la porte arrivait la voix à peine audible de leurs époux, qui, accrochés au téléphone, appelaient leur ambassade pour savoir ce que c'était que ce concert improvisé pour lequel on distribuait des invitations juste trois heures avant. Était-ce là un simple trait de la manière chinoise, ou bien cela cachait-il quelque chose ? De fait, on avait tout lieu de se poser la question... Cette précipitation, cet empressement à annoncer le concert qui était peut-être initialement prévu pour une date plus tardive... Pourquoi une telle impatience ? Depuis quelque temps, déjà, il se disait que Mao était malade... A moins que ce ne fût Zhou Enlai ? Allez donc savoir, allez donc savoir !

Skender Bermema finissait de nouer sa cravate devant le miroir, tout en louchant sur la coupure qu'il s'était faite à la joue droite en se rasant. En ce même moment, chacun des mille cent invités était nécessairement en train d'accomplir un geste en rapport avec le concert, passant ou retirant un vêtement, ajustant un col de chemise ou se peignant. Les ambassadeurs ne cessaient leurs va-et-vient entre le miroir et le téléphone, qui sonnait de plus en plus fréquemment, tandis que leurs épouses sortaient enfin du bain dans une gerbe d'eau et un dernier ruissellement qui tenait à la fois du cri de plaisir et du sanglot, recouvrant cent petits mystères intimes qu'elles-mêmes n'auraient jamais pu dévoiler à quiconque, même si elles l'avaient désiré. Et, encore nues, elles commençaient à choisir les bijoux dont elles se pareraient, tandis que leurs époux, toujours suspendus au téléphone, continuaient le jeu des hypothèses entamé une heure auparavant. « Crois-tu que ça ait un rapport avec Mao? Ou peut-être avec Zhou Enlai? Ce n'est pas impossible, maintenant qu'on le sait malade, lui aussi... »

Contrairement à son habitude, Zhou Enlai s'était planté devant un miroir, les yeux rivés sur son propre visage. Il avait le teint jaune, et ce teint prenait un reflet verdâtre et glacé dans les parties saillantes. Il essayait d'imaginer l'impression que ferait ce visage quand il paraîtrait dans sa loge. Ceux qui rêvaient depuis des années de prendre sa place, Wang Hongwen, Zhang Chunqiao ou Hua Guofeng, lâcheraient sans doute un soupir de soulagement. Toute chose, à la fin, arrivait à son dénouement. Zhou Enlai eut un sourire amer. Quoi qu'il pût faire, désormais, il n'était plus en mesure de leur enlever cette joie. Dès le premier instant de son apparition en public, tous auraient une seule et même pensée : il assistait là à son dernier concert. Et c'était bien la vérité.

Il voulut se détacher du miroir, mais quelque chose le retenait devant cette glace. Il s'effleura le visage de la main comme s'il eût éprouvé un masque. Chaque fois qu'il devait se montrer à un meeting, une assemblée officielle, une réunion du Bureau politique ou une réception officielle, il jetait un bref et dernier coup d'œil à son miroir avant de quitter sa résidence, comme s'il eût voulu se persuader qu'il n'avait pas oublié de revêtir le masque de rigueur. Cette idée du masque était d'abord apparue dans les descriptions que les journalistes et les agences étrangères avaient données de son visage, à moins que ce ne fût dans les bruits qu'on faisait courir sur les hauts dirigeants et que le Zhongnanhai avait recueillis à travers tout le pays – lui-même n'en savait trop rien. Mais aucune importance. Il était à ce point familiarisé, désormais, avec sa propre image que si, au moment de passer la porte, il avait entendu Deng Yingchao, son épouse, lui demander : « As-tu bien pris ton masque, Zhou ? », exactement comme on demande à quelqu'un s'il n'a point oublié son sac ou ses gants, cela ne l'eût aucunement étonné.

Les commentaires qu'on faisait là-dessus duraient depuis longtemps, mais ce n'était pas du tout un mal à ses yeux, car il disposait en fait de trois masques qu'il revêtait alternativement selon les circonstances : le masque du tyran, le masque de l'homme convaincu de ce qu'on lui dit, et le masque glacé. Les deux premiers étaient habituellement réservés aux réunions du Bureau politique ou du gouvernement, ou à des comités plus restreints. Le troisième servait plutôt dans les manifestations publiques.

Six coups retentirent derrière lui, à la pendule murale. C'était la première fois qu'il quittait sa maison sans se munir de l'un quelconque de ses trois masques. Aucun d'eux n'était plus de saison. Un quatrième lui collait maintenant à la peau du visage, souverain et funèbre : le masque du cancer.

Sur la commode que surmontait le miroir était disposée l'enveloppe contenant son testament, qu'il comptait adresser à Mao ce soir même. Il la considéra un moment d'un regard en coin. Combien d'hommes auraient brûlé d'en connaître le contenu ! A commencer par ceux qui attendaient de prendre sa place. Mais il n'avait rien écrit là de ce qu'on croyait. Le document ne contenait que quelques considérations d'ordre général qu'il concluait en exprimant le vœu que ses cendres fussent dispersées dans le ciel de la Chine.

« Une poignée de poussière, pensa-t-il. Voilà par quoi tout finira. » Tous voudraient trouver là des noms de successeurs, des accusations ou des règlements de comptes. Mais tout cela était maintenant relégué loin derrière lui. Il n'avait plus commerce avec le monde. Il ne lui restait plus qu'à se rendre à ce concert, en attendant que tombe le rideau. Puis ce serait le néant.

Juste à côté du testament se trouvait le carton d'invitation. « Peut-être ai-je déjà cessé d'exister, pensa-t-il, peut-être est-ce mon ombre seulement qui se rend là-bas. »

Et l'on pouvait dire, en effet, qu'il n'existait déjà plus. Ce concert était leur affaire; il n'y allait, lui, qu'en simple visiteur. Un visiteur à demi vivant et à demi mort, en quelque sorte. C'était à la fois son premier et son dernier concert. Le dernier de sa vie et le premier de sa mort.

« Voilà la réalité, se dit-il. J'y serai et n'y serai pas. » Il n'aurait guère plus de présence au concert de ce soir qu'à toutes les soirées futures où n'apparaîtrait que son fantôme. « Tiens, c'est là qu'il se tenait », diraient plus tard les gens en regardant sa loge (vide, vraiment ?)... Quant à lui, il savourerait dès ce soir son détachement. Délivré enfin de la passion et des rivalités du pouvoir, il assisterait à ce concert d'une loge lointaine, située par-delà les frontières de la vie.

Derrière lui, l'horloge sonna de nouveau. C'était tantôt le fantôme et tantôt l'homme réel qu'il sentait prédominer en lui. « Il faut partir, se répéta-t-il à deux ou trois reprises. Allons faire une dernière promenade dans Pékin, juste avant le début de la séance. » Mais cette idée s'effaça aussitôt. Il s'imaginait avoir le loisir de faire n'importe quoi. Il avait l'impression qu'il lui suffisait de désirer se trouver dans sa loge pour qu'il y parût à l'instant, sans avoir besoin d'aucune voiture, d'aucun itinéraire, d'aucune escorte.

C'était bien naturel, pensait-il : une ombre n'avait pas à s'embarrasser de tout cela. « De cette manière ou d'une autre, toutefois, il est nécessaire que je m'y rende, se dit-il encore, en songeant qu'au dernier moment, d'autres pourraient occuper sa loge... Ainsi la loge est pleine... » Où donc avait-il entendu ces mots?

Le maoïste franco-espagnol Juan Maria Kohn saisit à nouveau son carton d'invitation pour s'assurer qu'il ne s'était pas trompé sur l'heure du début du concert et, croyant qu'il avait encore le temps devant lui, se carra dans un fauteuil près de la fenêtre. Mais pas pour longtemps. Car il s'avisa tout à coup qu'il n'avait repéré aucun chiffre à côté du 19.30. Il reprit la carte dans ses mains et constata que c'était bien le seul chiffre qui y figurât. Le numéro de la place n'était pas porté et même, d'après le peu de chinois que comprenait Juan Maria, il put voir qu'on n'avait pas précisé non plus si c'était une place de loge ou de parterre qui lui était réservée. Comment un tel oubli était-il possible dans un concert officiel?

Juan Maria sortit de sa chambre et dévala l'escalier de la villa. Comme d'habitude, un de ses accompagnateurs se tenait dans le salon du premier étage. Juan Maria lui tendit l'invitation en lui faisant remarquer que leur numéro de place n'était pas spécifié. A son grand étonnement, l'accompagnateur ne se troubla pas le moins du monde.

« Ne vous inquiétez pas, camarade Juan, répondit-il avec un sourire. C'est moi qui ai le numéro des places.

– Ah! Autrement dit...

– Oui, oui, tout est en règle, camarade Juan. »

Kohn remonta l'escalier, mais d'un pas moins vif qu'il ne l'avait descendu. Tout cela était plutôt bizarre. Sans se départir de son sourire, l'accompagnateur s'était bien gardé de lui préciser quelles places leur avaient été assignées. Sans doute cela cachait-il une mesure liée à la sécurité des hauts dirigeants, mais Kohn n'en trouvait pas pour autant la chose moins offensante. Était-ce envers lui, « le fils adoptif européen » du président Mao, comme l'appelaient ses amis et ennemis, d'un ton mi-plaisant mi-sérieux, qu'on montrait une telle défiance? Il avait appris à pardonner aux Chinois ce genre de surprises, mais cette fois-ci, ils exagéraient un peu. « Peut-être que cela ne vaut pas que pour moi, se dit-il pour se rassurer, un instant après. Il est bien possible que le même traitement s'applique à tout le monde. » De fait, dans la situation très tendue que connaissaient présentement les Chinois, laquelle ne laissait présager que des morts et des bouleversements, la chose paraissait des plus vraisemblables.

« C'est ça, oui, c'est ça », se dit-il peu après. Il ne fallait pas se montrer mesquin. D'autres sujets d'inquiétude s'attachaient à ce concert, plus graves que l'attribution d'une place de loge ou de parterre. C'était surtout là l'occasion, pour lui, de deviner laquelle des deux tendances l'emporterait sur l'autre, quel était leur rapport de force, qui jouissait pour l'heure de la plus grande faveur de Mao. Car de l'issue de cet affrontement dépendait l'attitude qu'il adopterait lui-même avec son groupe prochinois. Et de cette attitude dépendait totalement leur existence future.

Tous les invités chinois s'apprêtaient de même à gagner la salle du concert. Ils étaient près de sept cents, tous des personnalités officielles – hauts fonctionnaires pour la plupart, ministres, membres du comité central, gouverneurs de régions militaires, maréchaux, représentants des différentes nationalités, vétérans de la Grande Marche, directeurs du Zhongnanhai, ce mystérieux bureau du comité central, etc.

S'arrêtant à nouveau pour considérer le numéro de sa loge – la loge numéro 7 –, le membre du Bureau politique qui portait toujours un bandeau autour de la tête laissa échapper un soupir. Il avait hâte de savoir dans quelle loge serait installé « Double-Fût » – comme on appelait son rival, l'homme qui se piquait de vivre juché sur deux tonneaux de petits pois. L'idée qu'il n'était pas le seul à se poser la question, mais que des dizaines d'autres personnes allaient écarquiller les yeux pour en connaître la réponse au moment où les dirigeants suprêmes prendraient place dans les loges, atténua quelque peu son angoisse.

En réalité, ce n'était là qu'une question de détail parmi toutes celles qui allaient retenir l'attention des invités. D'autres angoisses serreraient les poitrines, des cœurs palpiteraient, le sang battrait aux tempes comme un marteau pour de plus graves mystères dont les Chinois s'efforceraient d'appréhender le sens dès l'entrée de ces hauts dirigeants dans la salle. Il y allait pour eux de la vie et de la mort, car, dans leur majorité, ils étaient liés les uns aux autres dans des clans secrets ou déclarés, et tous, autant qu'ils étaient, savaient parfaitement que dans ces alignements de têtes qui émergeaient des sièges tendus de velours rouge couraient par dizaines des idées de complots, de coups d'État, de putsches ou de massacres. Tous ces projets étaient conçus selon des variantes qui obéissaient à diverses éventualités – la mort de Mao, la mort de Zhou Enlai, ou les deux réunies, la prise du pouvoir par Deng Xiaoping ou par Jiang Qing et son groupe, trois morts d'un seul coup, des violences limitées à une nuit ou du sang coulant à flots des années durant, etc. On avait également pris en compte d'autres facteurs afférant à la situation intérieure ou extérieure ou découlant de certains phénomènes naturels, dans la mesure où ils pouvaient offrir un prétexte à telle ou telle entreprise, comme l'eussent fait, par exemple, des provocations émanant de l'U.R.S.S. ou des États-Unis, un effondrement de la situation au Viêt-nam, la réduction de moitié de la population indienne par suite d'une famine, une sécheresse dans le nord de la Chine, des inondations causées par des fleuves, des tremblements de terre, une épidémie de variole, une invasion de rats ou de sauterelles, etc. Tout ce monde-là s'efforcerait d'obtenir des éléments de réponse à chacune des hypothèses élaborées lors du présent concert en lisant les symboles contenus dans les mouvements et les couleurs des différentes scènes du ballet, dans la manière, entre autres, dont les chevaliers fantômes étendraient les mains, dans le rouge foncé du manteau de la première danseuse, dans le blanc du manteau de la seconde danseuse, dans les oscillations de la queue du dragon à l'avant-scène, dans les gesticulations du petit singe au milieu de la scène, dans la tête des chevaux errant à travers le désert où ne règne que l'effroi des mystères, jusqu'à l'ensanglantement final, où on les verrait disparaître en coulisse. Tout cela, cependant, ne se déchiffrait pas aisément. On risquait fort, au contraire, de tomber dans l'erreur.

Les fenêtres des villas où logeaient les hôtes officiels, dans la partie ouest du grand parc résidentiel, étaient éclairées à tous les étages. Deux rois, quatre cheiks, un imam malade, deux régents chassés de leur pays, une reine veuve, auxquels s'ajoutaient les accompagnateurs, les gardes du corps, les ordonnances et les concubines, tous ces gens s'apprêtaient aussi pour le concert. De forts effluves de parfum se répandaient jusqu'à l'extérieur des bâtiments où les automobiles, dont le moteur tournait déjà, attendaient les invités.

Dans la dernière villa, la plus modeste de toutes, située légèrement à l'écart, Pol Pot, le maître du Cambodge, était penché sur un traité des symboles qu'il feuilletait impatiemment. Tout au long de ces dernières nuits, dans le secret de son cerveau, il avait esquissé un nouveau massacre d'une ampleur encore inédite non seulement dans son propre pays mais à travers toute l'Asie, si ce n'était dans le monde entier. Il ne s'était ouvert à personne de la dimension exacte du projet, et il espérait deviner au travers du concert de ce soir si le temps était mûr pour un tel carnage. Depuis l'instant où il avait reçu son invitation, il était plongé dans ce vieil ouvrage d'herméneutique, mais il était difficile, en un temps aussi court, d'apprendre à se fonder sur des symboles. Il avait l'intuition que la réponse à la question qu'il se posait devait se trouver dans les mouvements et les couleurs de la deuxième danseuse, en relation avec la figure du vieux serpent, mais un doute subsistait en lui. Il craignait de se tromper dans l'interprétation du message, erreur qui pouvait lui coûter cher, quelques jours plus tard, quand il solliciterait l'aval des Chinois pour l'exécution de son projet.

« Tout cela n'est pas simple », se répétait-il, les

doigts tremblant de nervosité. Il avait mal aux yeux et se sentait si fatigué qu'il en vint même à s'apitoyer sur son propre sort. Au lieu d'attendre avec sérénité l'heure du concert et de goûter comme tout le monde une belle soirée, il était contraint de travailler, de travailler, sans le moindre répit.

Dans les coulisses du théâtre où devait avoir lieu le concert, c'était un va-et-vient général, comme à l'accoutumée. D'un pas toujours pressé, on voyait apparaître puis s'éclipser du côté des cabines de maquillage les danseuses et les danseurs costumés en magiciens, en princesses ou en prêtres qui devaient immoler des victimes humaines, des serpents ou la queue du dragon. Les anciennes gloires de la troupe, les metteurs en scène et les responsables techniques apparaissaient et disparaissaient de même avec des mines renfrognées. Une partie de leur inquiétude passait de leur visage dans ceux de leurs collaborateurs et même des danseurs – malgré l'épaisseur d'un maquillage qui, semblait-il, aurait dû les rendre imperméables à toute autre passion que celle que le maquilleur y avait imprimée de sa main.

De fait, cette alarme n'était pas injustifiée. Comme tout concert officiel, celui-ci comptait plus que les autres, car on y attendait en principe les plus hauts dirigeants du Parti et de l'État, ainsi que le corps diplomatique. Mais outre cela – et c'était peut-être là l'élément décisif –, on avait vu arriver, au moment des répétitions, de mystérieux fonctionnaires, dont nul n'avait jusqu'alors remarqué la présence dans les milieux artistiques. On les disait envoyés sur ordre de Jiang Qing, et l'on entendit même murmurer plusieurs fois que Jiang Qing pourrait assister en personne à la générale. Puis d'autres rumeurs affirmèrent que ces individus sortaient des repaires secrets du Zhongnanhai, nouvelle qui ne fit qu'attiser l'émoi de la troupe. En fait, nul ne put jamais établir l'identité de ces gens qui suivaient les répétitions. Ce qu'on savait de sûr, c'était que certaines scènes particulières, l'éclairage de la rampe à différents moments du spectacle, les mouvements des principaux danseurs, les couleurs de leur costume, tout cela avait été modifié à plusieurs reprises jusqu'au soir de la générale. Les danseurs, les costumiers et, en fait, la majeure partie de la troupe, étaient avertis de certaines choses; ils en étaient même avertis depuis longtemps, les ayant pressenties d'eux-mêmes ou sachant ce qui se murmurait sur l'importance des symboles attachés au théâtre, surtout lorsqu'il s'agissait d'un concert officiel. Ce n'étaient là, toutefois, que des notions confuses. Quant aux organisateurs de la soirée, s'ils étaient probablement mieux informés, ils ne savaient rien, eux aussi, que de très brumeux. Que n'avait-on pas chuchoté, ces dernières années, à propos de ces mystères! On avait même répandu le bruit que certains groupes anti-Parti, comme celui du « Village des trois », avaient fait passer entre eux des signaux et des messages par le biais de ces représentations, et cela dans la perspective de certaines calamités telles que le renversement de Mao ou la clémence qu'avait sollicitée de ses juges Peng Dehuai, le ministre déchu. Toutefois, même après la découverte du complot et les nombreuses arrestations qu'elle entraîna parmi les responsables et les membres de la troupe, nul ne sut jamais exactement de quelle manière les messages avaient été transmis.

Et voilà qu'on racontait maintenant qu'à la fin de la première scène, puis quelque part au milieu de la troisième, ainsi qu'à la sortie de la cigogne jaune, un peu avant l'entracte, dans les mouvements de la seconde danseuse, au moment de l'ouverture, et plus encore dans la couleur lilas de son costume, se cachait quelque chose de très, très important, quelque chose (« Baisse la voix, encore, encore, plaque bien ta bouche contre mon oreille ! ») qui se rattachait peut-être à la mort imminente de Mao et au choix de son successeur. Cela faisait véritablement frémir, rien que d'en entendre parler. En outre, l'affaire était susceptible de connaître des rebondissements jusque sur le plan international, d'entrer dans une conjoncture plus générale, liée à la terreur rouge, à de possibles massacres dans diverses régions du globe, et qui sait quels impensables messages allaient encore être transmis ce soir-là et faire de ce concert un oracle fatal.

Appuyée contre une colonne, tout près du couloir menant aux loges, la deuxième danseuse promenait un regard perdu sur toute cette agitation. A cause de son épais maquillage, tout son visage semblait pris dans un plâtre. Seule l'expression chagrine de ses yeux, qu'accentuait le masque de plâtre, offrait un signe de vie. « Elle est rongée d'inquiétude, pensa l'un des maquilleurs qui la remarqua au passage. Peut-être a-t-elle appris la signification du symbole qu'on lui fait porter... » En vérité, lui-même ne savait rien de précis à ce sujet. Tout en l'observant à la dérobée, il se demanda lequel de ses attributs pouvait bien annoncer ce massacre de l'intelligentsia dont parlaient certains – à supposer qu'il ne s'agît pas d'une invention délirante ?

« Tu te fais du souci ? lui demanda une des danseuses les plus anciennes de la troupe. Tu n'as rien à te reprocher... J'ai été moi aussi dans ce cas-là, il y a quelques années : j'avais, paraît-il, conduit deux ministres au suicide! En fait, je n'y étais pour rien... Je sais bien que tu portes écrits sur toi des événements d'une autre envergure, de terribles massacres, à ce qu'on dit, mais ce n'est pas une raison pour te mettre en peine : tout cela ne dépend pas de toi, pas vrai?

– Je ne comprends absolument rien de ce que tu me racontes, répondit la jeune fille; c'est la deuxième fois qu'on me tient de ces propos pleins de mystère et je n'y comprends toujours rien.

– Je m'étais imaginé que tu te rongeais à propos de...

– Mais pas du tout! Je pensais à tout autre chose. Et sais-tu à quoi? » Ses yeux s'ouvrirent soudain plus grand encore. « Je te le confie à toi, Lin Min, mais n'en souffle mot à personne!

– Bien entendu. »

La jeune fille la regarda un instant, retenue par une dernière hésitation, puis elle lâcha :

« Je ne veux même pas savoir de quoi tu voulais parler, Lin Min. Et ces choses-là, du reste, m'échappent complètement. Tout ce que j'ai en tête, c'est le moment qui suivra la représentation, quand les spectateurs étrangers monteront sur scène pour nous féliciter... et je rêve à l'accolade que me donnera l'un d'eux, si j'ai un peu de chance... Tu comprends, Lin Min? Au concert donné en octobre, il y avait un blond qui sentait si bon... jamais je ne pourrai l'oublier. »

Pendant que la jeune ballerine parlait, l'autre la regardait d'un air dont on ne savait s'il voulait dire : « La chance que tu as! » ou : « Comme tu es à plaindre! »

Là-dessus, l'ancienne danseuse s'éloigna et la jeune fille se retrouva seule. Elle s'approcha à pas prudents du lourd rideau de velours, en écarta un coin et découvrit la salle, écrasée elle aussi sous le même velours pourpre qui tapissait les loges et les sièges. « Les invités ne sont pas encore arrivés », pensa-t-elle, dans une sorte d'engourdissement. Un lourd silence emplissait la salle vide. La jeune fille laissa retomber le coin du rideau en soupirant.

Hua Guofeng trouva que les coups de la pendule murale, qui s'était mise à sonner, n'avaient pas le même tintement que d'habitude. Sans trop savoir pourquoi, il s'immobilisa un instant dans la position où il était, peigne et ciseaux en main, attendant le septième et dernier coup. « Il ne me reste pas plus de dix minutes », pensa-t-il. Approchant alors le peigne et les ciseaux de sa tête, il se rendit compte que ses mains tremblaient. Il était clair que son retard le rendait nerveux. Il aurait dû se mettre à ces soins bien plus tôt. Mais ce n'était pas de sa faute. L'idée que sa ressemblance avec Mao pouvait être poussée au-delà de l'œuvre même de la nature avait subitement surgi en lui en ce tout dernier après-midi. A la joie de cette découverte se mêlait l'étonnement qu'il éprouvait de ne s'être pas avisé plus tôt de cette possibilité. Sa ressemblance avec le président n'était pas passée inaperçue, elle avait nourri plus d'une conversation et l'on en avait plaisanté parfois entre amis de la manière la plus risquée; mais qu'elle pût être renforcée, rehaussée, cultivée comme ces fruits dont on parvient à améliorer l'espèce, cela n'était jamais venu à l'esprit de personne. En lui-même, apparemment, cette idée n'avait cheminé que par des voies détournées, mystérieuses, comme cheminent en fait la plupart de nos idées. S'interrogeant depuis longtemps déjà sur les successeurs possibles de Mao, il avait confusément pensé, quelquefois, aux ombres des Kagemusha, ces doubles que les chefs guerriers, dans le Japon du Moyen Age, se permettaient de déléguer en leur lieu et place dans des combats ou des fêtes. « J'aurais pu être le Kagemusha de Mao, si je lui avais ressemblé davantage », s'était-il dit à plusieurs reprises. Quelque temps plus tard, quand il devint de plus en plus difficile à Mao de présider les cérémonies ou recevoir les personnalités étrangères, et surtout quand le Bureau politique eut délibéré pour savoir si le président ne devait pas s'abstenir, désormais, de paraître en public, l'idée du Kagemusha progressa plus que jamais dans son esprit. Elle dormait en somme au fond de lui, prisonnière encore de la sphère des rêves. Et ce n'était qu'en ce dernier après-midi, au cours de la réunion du Bureau politique – jamais cet instant ne s'effacerait de sa mémoire –, que tout s'était glacé autour de lui et que l'idée qui, jusque-là, tenait plutôt du monde des rêves, avait émergé de cette froideur de pierre pour faire irruption, à la folle vitesse d'une onde cosmique, dans l'univers réel... La conversation roulait sur autre chose, mais comme dans toutes les réunions de ces derniers temps, chacun pensait visiblement à la succession. On connaissait plus ou moins les données du problème que les uns et les autres agitaient dans leur cerveau : le cancer de Zhou, Jiang Qing qui, après tout, en sa qualité d'épouse... le groupe de ses fidèles... le clan de Deng Xiaoping... On murmurait que le testament de Zhou devait incessamment arriver chez Mao... Tous cédaient à une sorte de délire. C'est alors qu'une voix intérieure lui cria : « Et pourquoi pas toi? Pourquoi es-tu le seul à te tenir à l'écart, comme un pêcheur honteux? En quoi tous ceux-là sont-ils plus proches de lui que toi-même? Tu possèdes du moins un atout indéniable, ton visage, ton apparence physique, car, pour l'esprit, nul ne peut rien dire... » Et là-dessus, ce fut un flot de pensées chaotiques qui se bousculaient au hasard – une psychose collective, le regret nostalgique du chef disparu, l'aspiration à voir son visage ressuscité en haut de la tribune.

« Ce soir même! lui hurla la voix intérieure des tréfonds de son être. Tu offriras son visage dès ce soir. Et ce sera le signe sous lequel tu vaincras. »

Une fois rentré chez lui, il se mit à tourner en rond, allant d'une pièce à l'autre, jusqu'à ce qu'il comprît ce qu'il cherchait : un miroir. Il s'immobilisa un moment face à la glace, comme s'il eût été son prisonnier. Faire venir du théâtre un coiffeur ou un maquilleur, non, jamais de la vie, il n'en était pas question, nul ne devait être au courant. Ils étaient tous, depuis quelques jours, dans le plus grand émoi, sur le qui-vive. Il ferait cela lui-même.

A pas légers, comme s'il eût craint d'être entendu, il approcha d'un placard situé tout près, fouilla un moment dans les tiroirs et revint armé d'un peigne et d'une paire de ciseaux. « Pourquoi tes mains tremblent-elles? se dit-il, irrité contre lui-même. D'autres que toi se sont servis du poignard et du poison. »

Cette pensée le rasséréna quelque peu. Mais lorsque les premières touffes de cheveux tombèrent au pied du miroir, il s'étonna presque de voir qu'elles n'étaient pas maculées de sang. Il avait commencé son ouvrage à cinq heures et demie, et à sept, il n'avait pas encore fini. Tandis qu'il maniait à tour de rôle le peigne et les ciseaux, sa pensée volait sans cesse vers les loges de la salle de concert, encore inoccupées, vers l'enveloppe qui contenait le testament de Zhou Enlai, et d'autres choses plus anodines. Ses mains continuaient de trembler. Il avait tantôt l'impression que la ressemblance s'accentuait, tantôt qu'elle se dissipait complètement. A un moment donné, il se tourna brusquement vers le portrait de Mao accroché au mur et il lui sembla que ce dernier le regardait d'un air narquois. Des ciseaux qu'il tenait en main partirent alors des éclairs menaçants.

A sept heures un quart, il entendit l'un de ses hommes de garde frapper prudemment à la porte. « C'est l'heure », pensa-t-il, et du même pas léger qu'il était allé les prendre, il s'en fut ranger le peigne et les ciseaux, qu'il fourra sous une serviette tout au fond du tiroir, avant de gagner enfin la porte. Au moment même où il l'ouvrait, il s'avisa de retourner devant le miroir au pied duquel étaient restées quelques touffes de cheveux. Il les recueillit soigneusement dans son mouchoir, puis essuya rapidement l'endroit, et ce n'est qu'après avoir bien vérifié qu'il ne laissait aucune trace derrière lui qu'il se dirigea de nouveau vers la porte.

La voiture qui amenait Skender Bermema et C. V. s'arrêta devant les marches du théâtre. En mettant pied à terre, ils aperçurent des groupes d'autres invités, chinois ou étrangers, qui se dirigeaient vers l'entrée toute baignée de lumière. Après avoir déposé leurs passagers, les voitures officielles repartaient vers le parc de stationnement en roulant au pas, telles des coquilles vides glissant sur l'asphalte.

En entrant dans la salle, Skender Bermema fut ébloui par l'éclat rouge du velours. Le parterre avait commencé à se remplir, mais les loges, à quelques exceptions près, étaient encore vacantes.

Les deux invités albanais suivirent leur accompagnateur, qui finit par repérer les places qu'on leur avait assignées. Trouvant la salle moins bruyante qu'il ne s'y attendait, Skender Bermema promena son regard autour de lui. Maintenant, le parterre était presque complet. Seuls de rares attardés se faufilaient encore entre les rangées de fauteuils pour atteindre leur siège. Les loges elles-mêmes commençaient à se remplir. Skender Bermema se rendit compte que les gens qui étaient assis à ses côtés regardaient eux aussi dans cette direction, mais sans tourner ostensiblement la tête. Il était sept heures vingt-cinq. Comme tout le monde, Skender Bermema continuait de suivre des yeux l'arrivée des dignitaires dans les loges. Il aperçut l'ambassadeur albanais, une de ses vieilles connaissances, et eut envie de lui faire un signe de la main, bien que l'autre fût évidemment trop éloigné pour pouvoir le remarquer au milieu de l'assistance. Il repéra ensuite le membre du Bureau politique qui portait toujours ce curieux bandeau autour de la tête : il occupait la même loge que « Double-Fût ». Skender Bermema reconnut ce dernier pour l'avoir vu à la télévision italienne et se retint de rire de justesse.

A sept heures vingt-huit, on vit apparaître Jiang Qing et Wang Hongwen. Il ne restait plus maintenant que deux loges vacantes. On avait tout d'abord l'impression que le pouvoir de l'État était tout entier rassemblé dans les loges occupées et que les loges vides ne comptaient pour rien, mais presque aussitôt, sous l'effet d'on ne sait quelle mystérieuse influence, on se disait que la réalité était tout autre et des frissons couraient dans le dos de chacun à la seule évocation des personnalités absentes. Elles pouvaient apparaître d'une seconde à l'autre, avec leurs visages blêmes et leurs sourires triomphants : « Vous vous êtes réjouis trop tôt, ha! ha! ha! »

Aucun murmure ne s'éleva; le silence, au

contraire, se creusa, et c'est l'ombre d'un murmure, ou plutôt un murmure parfaitement constitué, mais muet, qui parcourut la salle lorsque Hua Guofeng fit son entrée dans l'une des deux loges restées vides. « Qu'est-ce que c'est que cela ? » s'écrièrent en même temps des centaines de personnes, mais sans qu'on entendît le moindre son, chacun refoulant ses paroles au plus profond de lui-même. Skender Bermema observait le profil de leur accompagnateur : son visage, habituellement pâle, était soudain devenu violacé, comme baigné d'une lumière sulfureuse, et il arborait une expression mêlée de joie et de terreur – celle d'un homme qui demande grâce. « La tête de Hua Guofeng ! s'exclama Skender Bermema, mais sans qu'aucun son sortît de sa bouche. Que lui est-il donc arrivé ? » En réalité, il ne s'attendait pas à recevoir de réponse à sa question sur cette terre livrée à des puissances invisibles. « Sa tête... sa tête... On dirait qu'elle s'est transformée. » L'aptitude particulière de son cerveau à produire selon son désir – et parfois de manière involontaire – les associations d'idées les plus inattendues lui fit concevoir aussitôt diverses versions de ce qui était arrivé ou pouvait arriver. Le visage de Hua Guofeng ressemblait terriblement à celui de Mao. Hua avait pratiqué lui-même une opération de chirurgie plastique pour obtenir cette ressemblance... Il avait écorché le visage de Mao et collé sa peau sur son propre visage... Bien d'autres que Skender Bermema devaient agiter en ce moment les mêmes horribles pensées, car la salle tout entière semblait avoir été électrocutée.

Il était exactement sept heures trente lorsque les lumières commencèrent à baisser. La peau collée sur son visage... Au même moment, tandis que la lumière déclinait et que l'obscurité commençait à envelopper la salle, Zhou Enlai apparut dans l'unique loge demeurée vide.

« Les loges sont donc au complet », pensa Skender Bermema. La silhouette de Zhou Enlai oscillait sans cesse entre deux images : tantôt on voyait le fantôme, tantôt l'homme de chair et de sang. Le rideau se levait lentement. « Mon Dieu ! » s'exclama intérieurement Skender Bermema, et il s'étonna d'avoir prononcé un mot qui ne servait plus depuis si longtemps.

Le concert durait depuis plus d'une heure déjà et, de toute évidence, on n'avait pas prévu d'entracte. Des centaines de têtes suivaient, immobiles dans l'ombre, le spectacle qui se déroulait sur la scène. Bien que tout offrît une apparence de froideur et de rigidité, on sentait d'instinct le frisson d'inquiétude qui passait de la scène dans la salle et inversement. Au moment où la deuxième danseuse vint effleurer la cigogne jaune en faisant froufrouter sa jupe de soie couleur lilas, toute la salle retint son souffle. « Bah, je n'ai rien à voir dans tout cela ! » se dit Skender Bermema, cherchant à se rassurer. Mais il avait beau tenter de la repousser, il cédait lui aussi à l'angoisse générale.

La danseuse tournoyait de plus en plus lentement près de la cigogne. La salle, hypnotisée, était suspendue à ses évolutions. Soudain, à la suite d'une fausse manœuvre, la lumière rouge d'un projecteur vint balayer les loges, et on eut l'impression que du sang suintait des murs tendus de velours. Au passage du faisceau, Skender Bermema eut le temps de distinguer deux yeux que l'extase faisait ressembler à ceux d'un homme ivre. Le visage ne lui était pas vraiment inconnu. Il l'avait déjà aperçu quelque part dans un livre, ou peut-être un journal, qui parlait du Cambodge. Il se répéta : « Je n'ai rien à voir dans tout cela », mais plus il s'efforçait de se rassurer, plus son inquiétude augmentait. Et les accords d'une musique lancinante continuaient d'inonder la salle.

Du coin de l'œil, Skender Bermema observa le profil de C. V. et s'irrita de le voir tout entier absorbé par le spectacle. Il approcha sa tête de la sienne, et d'une voix sourde, si étouffée que lui-même n'entendait pas ses propres paroles, murmura dans son oreille : « Que se passe-t-il donc ? »

C. V. ne broncha pas, mais entre la tempe et la pommette, Skender Bermema crut distinguer un plissement ironique. « A qui me suis-je adressé ? » se dit-il, furieux. Le reflet huileux qu'il avait surpris sur le visage de C. V. résultait-il de sa question ou tout simplement de l'admiration de son confrère pour le spectacle ? Skender Bermema n'aurait su le dire. Et soudain, à deux ou trois reprises, l'envie le prit de frapper cet homme.

Quelques minutes avant la fin de la représentation, un vague mouvement dans la salle – peut-être un spectateur qui avait tourné la tête – poussa Skender Bermema à lever les yeux vers les loges, et ce qu'il vit l'étonna prodigieusement : certaines d'entre elles se vidaient déjà. Il fut l'un des premiers à le remarquer; quelques secondes plus tard, la salle tout entière enregistrait ce fait absolument sans précédent : une partie de la direction politique – en fait, les plus hautes personnalités de l'État – quittait la représentation avant même la tombée du rideau.

« Que se passe-t-il ? Que se passe-t-il ? » Nul, à vrai dire, ne prononçait ces mots, mais on les entendait de toutes parts, bien plus puissants que s'ils avaient été diffusés par des haut-parleurs. Le spectacle leur avait-il déplu ? Y avait-il eu un accroc dans la combinaison des symboles ? Skender Bermema pensa même, un moment, qu'une émeute sanglante avait éclaté à l'extérieur...

Enfin le rideau tomba et les lumières revinrent, comme après un long évanouissement. Les spectateurs, qui se levaient pour partir, contemplaient maintenant sans crainte les loges vides. Jian Qing, Wang Hongwen et Zhou Enlai s'en étaient allés. Ceux qui avaient choisi de rester étaient plus nombreux, mais vus sur un fond que l'absence des autres rendait menaçant, ils semblaient n'avoir plus ni poids ni couleur.

« Que se passe-t-il? » demanda Skender Bermema à l'ambassadeur albanais lorsqu'il le retrouva enfin à la sortie du théâtre.

Le regard du diplomate se fit plus hermétique que Skender Bermema aurait pu l'imaginer. L'éclair qu'il crut y voir passer n'émanait pas des yeux de l'ambassadeur, il provenait de ses lunettes.

« Je ne sais pas, répondit l'ambassadeur. Peut-être que Mao... Il est alité depuis assez longtemps, comme tu le sais...

– Je vois. Mais je t'avoue que j'avais imaginé tout autre chose. »

L'ambassadeur sourit.

« Il se peut aussi que tout s'explique selon cette autre chose.

– Comment peux-tu savoir ce que j'ai imaginé? »

L'ambassadeur sourit de nouveau, et le sourire, cette fois, demeura plus longtemps sur ses lèvres.

*Traduction d'Alexandre Zotos*

# Table

IMPRIMÉ EN FRANCE PAR BRODARD ET TAUPIN
Usine de La Flèche (Sarthe).
LIBRAIRIE GÉNÉRALE FRANÇAISE - 6, rue Pierre-Sarrazin - 75006 Paris.
ISBN : 2 - 253 - 05490 - 9 42/3147/8